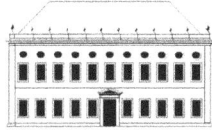

D      O      C      U      M      E      N      T      O      S

IMPRENSA DA UNIVERSIDADE DE COIMBRA
COIMBRA UNIVERSITY PRESS

EDIÇÃO

Imprensa da Universidade de Coimbra
Email: imprensa@uc.pt
URL: http//www.uc.pt/imprensa_uc
Vendas online: http://livrariadaimprensa.uc.pt

COORDENAÇÃO EDITORIAL

Imprensa da Universidade de Coimbra

CONCEÇÃO GRÁFICA

Imprensa da Universidade de Coimbra

IMAGEM DA CAPA

By qimono
via Pixabay

INFOGRAFIA

Simões e Linhares, Lda.

INFOGRAFIA DA CAPA

Mickael Silva

PRINT BY

CreateSpace

ISBN

978-989-26-1379-6

ISBN DIGITAL

978-989-26-1380-2

DOI

https://doi.org/10.14195/978-989-26-1380-2

© JANEIRO 2018, IMPRENSA DA UNIVERSIDADE DE COIMBRA

# ÉTICA

## INDAGAÇÕES E HORIZONTES

Maria Formosinho
Paulo Jesus
Carlos Reis
(Coord.)

IMPRENSA DA UNIVERSIDADE DE COIMBRA
2018

*IN MEMORIAM*

Professora Doutora Maria da Conceição Taborda Simões,
académica que enobreceu a Razão que a si própria se vigia.

# SUMÁRIO

# CAPÍTULO IX
## GÉNERO Y FORMACIÓN INTERCULTURAL:
## DESAFÍO Y REFLEXIÓN DESDE LA FILOSOFÍA IBEROAMERICANA

# CAPÍTULO X
## PLURALISMO DE DERECHO COMO RESPUESTA A LOS DESAFÍOS
## DEL DERECHO A CAUSA DE LA GLOBALIZACIÓN Y LA MIGRACIÓN?
## PERSPECTIVAS ETNOLÓGICAS Y FILOSÓFICAS

# CAPÍTULO XI
## ÉTICA, ECOLOGÍA Y UNA VIDA AUTÉNTICA SOBRE LA TIERRA.
## EL PRINCIPIO DE RESPONSABILIDAD DE HANS JONAS ANTE SUS CRÍTICOS

# PREFÁCIO

## ETHICS: PROJECTS AND CONUNDRA FOR MEANINGFUL PRACTICE

Students in the professions are almost uniformly required to enroll in courses in *ethics*. In most places, they bridle at so doing, and understandably so. For the most part, such courses, and the texts that accompany them, fall into one of two categories. Far too often the course materials are lofty, and so abstract as to mark an impossible distance from anything the students have known, or think they will encounter in their professional activities. Worse, these materials, including innumerable books conceived for them, are possessed of a haughty, moralizing, tone, telling us in sometimes unintelligible language why we are deficient, and should be better than we are, or would be better if we only understood the obscure babbling of the authors, and could translate their superior understanding and character into the impoverished condition of our own lives. The ancient philosophers have been denuded of the living seminars in which their thought was being worked out, and the superior attitudes of ecclesial authorities, and their condescending preaching, transparently, for us, composed to preserve their systems of power and delusions of God-given grandeur, have been replaced by "ethicists" no closer to our condition than were the emperors and clerics who fiddled while Rome burned, or the desires of their people did, without any sense of meaningful semblance between the preaching of the authorities and the lived experience of their people.

In the second category come courses and texts which read like a veritable how-to manual, tepid fix-alls that fall flat of the ears of their listeners, so precise and specific as to elude any encounter with the complex realities of students', and future professionals' lives. If in the first category courses and books are so haughty and abstract as to defy practicability, the second is replete with manuals which are out-of-date as soon as they are published, life and the professions having marched on in their complexity so as to leave the technical textbooks to float in the tides of other times, and other minds.

The current volume, so admirably conceived and composed by two thinkers and practitioners of broad culture and years of immersion in the nitty-gritty of practice, avoids the pitfalls of these all-too-common categories, returning us to the very groundwork of ethical questioning and its roots in the human predicament: how could it be, when things could have been different, and better, that we've ended up here? How, given the suffering occasioned by our condition and what we have made of it, might we strive for, and implement, projects that would make for greater solidarity, and reduce unnecessary cruelty to a minimum? What is the best case scenario for where we might yet go, and how might we proceed so that potentially edifying endpoints might become accessible, giving us anchor points for hope, and for meaningful effort?

This book, with its magisterial treatment of classical questions and sources, in dialogue with outstanding researchers engaged themselves in professional practice and their commitment to working out such questions *in situ*, keeps alive the tension at the root of ethical questioning, whilst bringing to the fore state-of-the-art work investigating the processes that make possible some hope for ethical learning and development, holding out together the hope that we may yet attain to the horizon of a more promising, more just, and more compassionate, world.

Away, then, with lofty discourse without poesis, and with uber-practicality become *banal*. In this book, suitable for beginning students in ethics, and for students across domains of professional specialization, we have a hugely vital resource showing how and why ethical questions are important, how classical sources can find renewed vitality, and how psychological and social processes, when better understood, furnish abundant resources for attuning us to the very purposes, and prospects, for ethical functioning. It is to be commended, most warmly, then, for its rich intellectual quality, and its potential good, in practice.

**James Meredith Day**
(Professor at the Université Catholique de Louvain,
Very Distinguished Visiting Professor in the University of Uppsala)

# INTRODUÇÃO

# APRESENTAÇÃO DA OBRA

A realização da presente obra vem motivada por um incoercível propósito crítico face a certas formas de irracionalismo, que se vão propalando encapotadas, tanto em discursos autoritários e totalitaristas em torno das questões morais, como em melífluas tentativas de liquefação hedonista e utilitarista de toda a normatividade, relegada a um cálculo de custos e benefícios de recorte subjetivista.

Almeja-se, com esta reflexão, reencontrar um desafio intelectual, mobilizador de uma genuína permuta interdisciplinar entre a Filosofia e as várias áreas das Ciências Humanas e Sociais, que torne legível e dê inteligibilidade ao novo espetro de desafios éticos com os quais a nossa contemporaneidade se confronta. Vazam-se, nesta discussão, as categorias que têm entretecido o pensamento ocidental desde a emergência da filosofia grega e nos mobilizam culturalmente para a discussão dos próprios conceitos figurativos de toda a ética, como sejam os conceitos de responsabilidade e dever, identidade e pessoa, liberdade e racionalidade crítica. Dentro do magno horizonte hermenêutico, em que estes conceitos figuram como eixos articulantes, possibilita-se uma consciência da genealogia da moral, confrontada com a alteridade sincrónica e diacrónica dos seus próprios discursos.

Do ponto de vista da estrutura interna da obra, responde-se ao desiderato de volver compreensível a função de vigília conceptual a que a reflexão filosófica obriga, debatendo, nos primeiros capítulos, questões teoréticas que corporizaram o pensamento ocidental, desde a Antiguidade, e encontram ainda eco nas reflexões dos nossos contemporâneos. De seguida, incluímos estudos que inscrevem um ponto de vista diferencial no próprio debate ético, seja atendendo às diferenças evolutivas que marcam o raciocínio moral, seja apontando para a necessidade de conceder um lugar próprio para o debate feminista e para as questões interculturais. Revisitando conceitos oriundos da antropologia, da psicologia e da sociologia, os autores veiculam um discurso contra a univocidade do ser, em favor do reconhecimento do direito à alteridade de outras "vozes", subalternizadas no diálogo secularmente entretecido pelos académicos. Por fim, um outro conjunto de capítulos agrupa pesquisas e reflexões em torno de questões que figuram de grande atualidade no campo da Ética aplicada, nomeadamente questões que têm diretamente a ver com o domínio emergente da Bioética e Ecoética assim como questões de cariz deontológico que remetem para debates fulcrais no seio de certos domínios profissionais, como sejam os da educação.

Permeabilizando a reflexividade ética uma controvertida exposição de argumentos e opiniões, foi intenção dos organizadores da obra fornecer aos leitores um quadro amplo e heteróclito de discussão com salvaguarda de um fio condutor que possibilitasse uma hermenêutica estruturante dos textos. Sem dúvida que os horizontes da contemporaneidade, com os seus ingentes desafios, comportam uma complexificação das questões morais, abordadas tradicionalmente numa vertente de cariz filosófico ou teológico, de que a autoridade não estava ausente. Com os seus imperativos de racionalidade, a modernidade exorcizou essa mutilação antropológica, mas da dissociação das matrizes culturais, que se foram interpenetrando e desencontrando no pensamento ocidental, resulta um novo figurino conceptual que foge a categorizações delimitadoras na tentativa reiterada de nos devolver uma imagem especular que, não sendo monolítica, possa ainda assim tornar recognoscente a nossa comum humanidade. Por esta razão, abre o livro com um primeiro capítulo subscrito por Maria Formosinho e Carlos Sousa Reis sobre *Liberdade e identidade humana: entre autonomia e contingência*, em que se discute a própria racionalidade que configura a identidade humana, não como uma essência predeterminada, mas antes como uma liberdade contingente que pela ação se realiza como existência. A autoconsciência desta liberdade que não é unívoca, nem intemporal, mas traz na sua própria inscrição a marca dos discursos heteróclitos, em torno da experiência humana, faz irromper como primordial à ética o próprio problema da identificação, como nos demonstra Soraya Nour, no segundo capítulo, intitulado *Identidade: de Freud às teorias contemporâneas do reconhecimento*. Partindo de uma hermenêutica que toma por referência textos freudianos, a autora analisa a dinâmica conflitual que rege o processo de individualização na sua ligação constitutiva com os mecanismos relacionais e organizacionais que lhe dão suporte. Dado que a ligação "erótica" se inscreve como material para as formas de socialização que tornam viável a construção das identidades, torna-se evidente que as mesmas se configuram, em rigor, como identidades que trazem nas marcas da sua individualização as configurações dos encontros relacionais. E se a instauração da díade precede o reconhecimento auto-identitário, verdade é que a libido não se transfere a qualquer objeto, pelo que nas vicissitudes do processo de identificação, o indivíduo corre o risco de fixar-se numa identidade excludente que sonega o reconhecimento devido ao outro, com efeitos éticos e jurídicos perniciosos, nem sempre sinalizados.

No terceiro capítulo, *Ethos e praxis na Poética aristotélica*, Martinho Soares faz uma aproximação à ética aristotélica, tida como uma referência fundadora em toda a reflexão ocidental, como representativa de uma ética da virtude. Enquadrando a sua abordagem na leitura da *Poética*, o autor explora o campo semântico-psicológico de ligação entre a tessitura mítica e a moral, considerando que os textos dramáticos e épicos da literatura grega figuram como genuínas experiências de teor existencial, em que a conexão interna da intriga gera no espectador juízos de valor e de avaliação moral. E se neste texto aristotélico, diferentemente do que propõe a *Ética a Nicómaco*, a dimensão da *poiesis* se sobrepõe à dimensão ética, por efeito da prevalência da ação (*praxis*) sobre o agente (*êthos*), não deixa de ser salientado o nexo intrínseco entre o mundo prático da ética e o mundo ficcional da poética. Pois, se a *Ética* aborda a questão da felicidade de forma potencial e normativa, ensinando ao homem a reta prática das virtudes, a tragédia urde-se com as peripécias que tornam implacável o infortúnio para personagens de nobre carácter, fazendo figurar como aleatória, em certas circunstâncias, a ligação predita entre a felicidade e a virtude. Por isso mesmo, o *mythos* trágico, explorado no texto da *Poética,* torna-se um contraponto reflexivo à visão eudemonista da ética, concitando afetos que tornam tangível o seu efeito moralizante nos cidadãos, pelos próprios efeitos catárticos que gera. Donde se a *mimesis* implica sempre a *phronesis*, ou seja, a inteligência da ação, torna-se inequívoco que o *mythos* concretiza, na singularidade da trama narrativa, universais que não são noéticos, mas parentes da sabedoria prática e, logo, da ética e da política.

De forma conexa com esta problemática, Paulo Jesus e Maria Helena F. Jesus discutem no quarto capítulo, *Ética e estética: sobre a poesia após Auschwitz*, a interpenetração das questões éticas na dimensão estética da arte. Sem se deixar submeter a uma lógica de conflitualidade entre a liberdade estética e o compromisso moral, os autores enfatizam a semanticidade inerente à dimensão lúdica e poiética da arte e dela constitutiva. Razão pela qual se a *poiesis* artística se autogera na liberdade da criação, a que o contexto histórico dá sentido, será de admitir que a operação poiética é uma ação significativamente situada num sistema semântico e relacional, "cuja significação se define pela dialética entre a situação na história e a sua projeção na história". Deste modo, é o próprio devir da historicidade que interpela o artista, modelando a intenção hermenêutica e pragmática que o mobiliza para a criação imaginante e imaginária que o coletivo nunca deixa de habitar. Na sequência de tais reflexões, fazendo eco à indagação de Adorno, e ao dilema que o mesmo nos coloca perante a mutação da consciência cultural no pós-Auschwitz, o que nos é proposto não é a negação da barbárie ou o seu olvido, mas antes a assunção de um princípio da esperança pela abertura da imaginação a outros mundos possíveis. Um princípio de esperança que torne desejável e possível a habitabilidade da Poesia por um sentido de hospitalidade universal que credite ao humano a responsabilidade de se figurar humano na contracorrente do vazio existencial que pode suceder à barbárie, fecundando-a com nova vitalidade criativa. Daí a necessidade imperativa de Poesia, depois de Auschwitz.

Avançando no périplo pela discussão crítica dos fundamentos da ética, no quinto capítulo, *The critical function of the genealogy in the thought of J.-J. Rousseau*, F. Neuhouser enfatiza a importância que a filosofia moderna tem vindo a atribuir à reconstrução genealógica das práticas normativas de forma a elucidar os contextos e normas da sua legitimação contra qualquer pretensa naturalização. Estabelecendo uma intrínseca conexão entre a obra de Rousseau — *Discurso sobre a origem e os fundamentos da desigualdade entre os homens* — e a *Genealogia da moral* de Nietzsche, o autor centra-se na exegese do célebre *Segundo discurso*, para analisar a forma como Rousseau delimitou a questão da origem das desigualdades sociais. Admitindo que tais desigualdades não podem ser imputadas ao que de mais essencial há na natureza original do homem, mas só podem ser explicadas de forma histórica, o filósofo genebrino assume que a "genealogia" traçada configura uma "história hipotética", baseada em "conjeturas", que se assumem como interpretativas dos dados antropológicos em questão. Nessa medida, a "teoria do bom selvagem", conceptualizada como reinterpretação mítica de uma fase igualitária entre os homens, torna credível o nexo causal que estabelece entre os mecanismos de sujeição e a mútua dependência gerada pelo próprio processo civilizacional.

Como insiste Neuhouser, a história real assume uma importância menor no quadro genealógico que Rousseau pretende traçar, pelo que é o elemento psicológico — o amor próprio — que se torna proeminente na explicação justificativa da desigualdade social, ao propulsionar o desejo individual de ser "reconhecido" na medida das capacidades que nos valorizam. Sendo este traço psicológico uma condição interna da desigualdade, é evidente que a mesma não se estabelece socialmente sem o concurso de outras causas extrínsecas e fortuitas. E assim, se a genealogia permite esclarecer a origem e o curso das desigualdades sociais, a sua legitimação obriga ao estabelecimento de normas, de forma a que a liberdade universal seja preservada. Daí o sentido moral do contrato social que postula os limites que facultam legitimidade às desigualdades, no intuito de dissipar os seus efeitos potencialmente perniciosos no direito de cada um à liberdade e felicidade. E sendo objetivo do filósofo do *Contrato social* fazer perceber aos homens a natureza humana das misérias que a si próprios se infligem, é de reconhecer que o projeto genealógico admite uma intenção, quer crítica, quer reformista.

Num salto cronológico que pressupõe a viragem moderna para a filosofia da consciência que consagra a desontologização da axiologia e da ética, ditada pela rutura entre o Ser e o Valor, e mais especificamente para a filosofia husserliana da subjetividade fenomenológica, Lucian Delescu questiona, no sexto capítulo, que intitula *Natural subjectivity: an ethical issue in the naturalization of the phenomenological concept of subject*, a possibilidade e o sentido de um processo legítimo de naturalização da fenomenologia. Contrariamente à conceção canónica da subjetividade fenomenológica como esfera de doação e produção de sentido, cuja modalidade seria irredutível à natureza biológica ou psicológica, L. Delescu adota uma posição que sustém a unidade do sujeito e, por conseguinte, a identidade não-problemática e não-reducionista entre fenomenologia, natureza e experiência ética.

No sétimo capítulo, *Naturalização da Ética: o que significa?* Susana Cadilha discute as virtualidades e limites inerentes a um projeto filosófico de naturalização da ética, alimentado por contributos interdisciplinares, que tendem a naturalizar a dimensão normativa e racional dos juízos morais. Analisando as implicações decorrentes de um tal propósito, tanto a nível empírico, como a nível meta-ético, a autora desenvolve um conjunto de argumentos que questionam tanto a postura epistémica do realismo normativo, quanto uma deriva naturalizante no domínio da ética, que desafete a regulação moral do sentido de autonomia que lhe é constituinte.

Introduzindo a questão da alteridade e da diferença no próprio seio do raciocínio moral, o oitavo capítulo da autoria de James Meredith Day, denominado "*The psychology of religious, spiritual, and moral development: conceptual and empirical relationships*", entretece um diálogo frutuoso entre a Ética e a Psicologia. Partindo da afinidade estrutural, em termos psicogenéticos, entre desenvolvimento da cognição moral e desenvolvimento da cognição religiosa ou espiritual, o autor procede a uma exposição argumentativa e avaliação crítica dos paradigmas teórico-empíricos dominantes desta área da Psicologia do Desenvolvimento. Pelo seu impato e pela sua robustez explicativa, os modelos cognitivo-desenvolvimentais piagetianos e neo-piagetianos são abordados em primeiro lugar, analisando-se as virtudes e os limites do construtivismo estruturalista e da sua organização em estádios qualitativamente irredutíveis no domínio moral e religioso. No seguimento do estruturalismo piagetiano, avalia-se o contributo do Modelo de Complexidade Hierárquica para a identificação de níveis cognitivos diferenciais. Equilibrando a interpretação cognitiva com uma leitura afetiva do desenvolvimento moral e religioso, o autor considera a teoria das relações objetais, oriunda da pedopsicanálise britânica. Esta fornece uma descrição fina dos processos socioemocionais que organizam a moralidade e a religiosidade, nomeadamente a qualidade da vinculação precoce e inscrição do sujeito numa ecologia transicional que promove a criatividade simbólica. Tal criatividade enraíza-se, porém, no sistema cultural cujos recursos semióticos são apropriados e expressos em construções identitárias onde se formam vozes narrativas e práticas discursivas de subjetivação. Deste modo, fecha-se e abre-se um círculo hermenêutico em que a auto-interpretação do sujeito moral e religioso requer a exegese das mediações simbólicas internalizadas e, assim, re-poetizadas.

O nono capítulo, *Género e formação intercultural: desafio e reflexão desde a filosofia ibero-americana* da autoria de Diana Vallescar, reflete sobre as questões de género a partir de um paradigma intercultural. A intenção de fundo deste estudo é tornar audíveis "as diferentes vozes das mulheres", reinterpretando a leitura das suas próprias experiências e formas de viver a transgressão. Procurando inscrever-se num quadro conceptual que relaciona os estudos de género e os estudos interculturais, a autora relembra algumas das raízes conceptuais e metodológicas dos estudos de género que permitiram a sua afirmação académica.

Não obstante o poder crítico e alcance emancipatório desses trabalhos, a visibilidade concedida a certos cenários sociais obliterou a temática da diferença cultural e a distinta capacidade das mulheres para articularem comportamentos de transgressão que são vivenciados como formas emancipatórias suscetíveis de afirmar o sujeito plural e a voz singular das mulheres. A adoção de uma perspetiva multicultural possibilita um enriquecimento crítico do monolitismo de alguns discursos feministas que tendem a suprimir a diferenciação cultural entre as mulheres e o peso que a mesma tem na sua vivência e estratégias operativas de transgressão.

No centro do debate teórico que integra a primeira parte da obra, Matthias Kaufmann apresenta o décimo capítulo dedicado às questões ético-jurídicas, significativamente intitulado *Pluralismo de derecho como respuesta a los desafíos del derecho a causa de la globalización y la migración? Perspectivas etnológicas y filosóficas*. Como o autor sublinha, apesar de todas as diferenças teóricas, juristas como Kelsen, Hart e Dworkin concordaram com a maioria dos teóricos do direito, sustentando que a unidade do sistema jurídico é um princípio fundamental e inabalável. No entanto, tem vindo a emergir em vários Estados — muitas vezes pós-coloniais — e também no direito transnacional, a existência factual de um pluralismo jurídico, sendo de realçar ainda a formulação de propostas a sugerirem a introdução parcial de estruturas de pluralismo jurídico em países "ocidentais". Dados os vários óbices à concretização de tais propostas, o autor propõe que nas situações em que as múltiplas influências culturais induzam conflitualidade ético-jurídica se tente uma negociação de questões específicas, sem a pretensão de se criar, por este meio, um novo ordenamento jurídico. E sem abdicar, em circunstância alguma, de uma garantia de compromisso, pelas partes envolvidas, de respeito pela observância dos direitos humanos.

Os capítulos seguintes denotam uma maior proximidade relativamente à denominada Ética Aplicada, polarizando a sua indagação reflexiva em torno das questões de *Bioética e Ecoética*, domínios que têm vindo a adquirir uma relevância cada vez maior nas controvérsias éticas do cenário contemporâneo.

No décimo primeiro capítulo, *Ética, ecología y una vida auténtica sobre la tierra: el principio de responsabilidad de Hans Jonas ante sus críticos*, Angela Miranda e Agustín Ferraro analisam as origens teóricas da obra de Jonas, ao mesmo tempo que destacam a sua influência omnipresente nos vários movimentos ecológicos. Esclarecendo o trilho teórico que o filósofo percorreu desde a sua formação fenomenológica inicial, colhida junto de Heidegger e Bultmann, até à influência metafísico-teológica que o impeliu à crítica da ciência positivista moderna, os autores refutam a validade de certas críticas que têm vindo a ser endereçadas às suas teses. Destacando, assim, as críticas dirigidas por parte de K.-O. Apel ao "consequencialismo" de Jonas, ou a presumida "falácia naturalista" de que enfermam as suas propostas no parecer de outros, os autores sublinham o facto de que, para o filósofo, o princípio da responsabilidade assume antes de mais um cariz metafísico que se implica na consideração de que cada ser é uma entidade autotélica. Contra-argumentando várias das críticas mais correntes, designadamente as propaladas por Echevarría, os autores demonstram a necessidade de se compreender a dimensão ontológica em que Jonas inscreve a sua interpretação da técnica, enquanto dimensão constitutiva do mundo que habitamos e pelo qual necessariamente temos de nos responsabilizar.

No décimo segundo capítulo, *Para uma ética do encontro clínico, antes dos princípios*, Nuno Miguel Proença revisita algumas das teses sobre as origens da psicanálise para esclarecer aspetos éticos associados à relação clínica. De forma central, o autor destaca a ancoragem da relação clínica no sistema afetivo-relacional que configura qualquer encontro humano que admite, na raiz, conexões irrepresentáveis no psiquismo humano consciente. Nesta medida, assume que a relação terapêutica pode, em si mesma, fazer evoluir o quadro clínico, independentemente da ação médica apoiada nos meios operacionais do tratamento; ao mesmo tempo, reconhece que a dinâmica relacional instaurada exerce uma influência sobre o terapeuta, que não há que escamotear, sem que se possa figurar qualquer intermutabilidade de papéis, pois o encontro entre cuidador e paciente comporta uma especificidade própria, que a exigência de formação científica implicita.

Tal formação deve tornar o terapeuta atento à dimensão ética da clínica, que se prende, antes de mais, com o reconhecimento da singularidade e *ipseidade* do cliente, portador de uma qualquer patologia ou necessidade própria, mas inequivocamente inscrito na densidade constitutiva comum do humano, a despeito da fragilidade que o habita. Como adverte o autor, sem este reconhecimento paritário no seio da relação de ajuda clínica, o ato terapêutico torna-se estigmatizante e inapto para mobilizar dinâmicas afetivas e existenciais a partir das próprias potencialidades relacionais do encontro. Consciente, por influência das várias fontes citadas, que o reconhecimento intersubjetivo figura como condição *sine qua non* da ética clínica, Proença centraliza a dimensão terapêutica na possibilidade advinda com o encontro de "reconduzir ao mundo comum alguém que se lhe subtraiu em virtude do ensimesmamento da doença". Invocando o conceito de "transpassibilidade" de Henry Maldiney, religa conceptualmente as teses deste autor às de Michel Henry para sublinhar que é precisamente a disponibilidade para acolher o imprevisível que figura relevante na capacidade para lidar emocionalmente com as formações patológicas que motivaram o pedido de ajuda do cliente. Deste modo, e porque o encontro clínico tem de se afirmar como um encontro empático e recognoscente da alteridade do outro, o terapeuta deve ser capaz de articular as prefigurações científicas que o preparam para o diagnóstico e intervenção com a "abertura" exigida pelo recorte singularmente identitário de cada encontro.

No capítulo décimo terceiro, *Ética y educación: la relación con los otros y con lo otro,* José Muñoz Rodriguez e Cristobal Ruiz Roman começam por salientar a intrínseca conexão entre educação e ética, pelo facto de a dimensão moral se tornar um eixo vertebrante de qualquer intento educativo. Por tal razão, e sem esquecer as distintas orientações que têm norteado a pedagogia moral, polarizam a sua atenção para as coordenadas que delimitam, de modo básico, a reinterpretação moral a fazer do contexto contemporâneo, designadamente, no que à representação da própria normatividade diz respeito. Sem entrar em considerações que remetem para a pulverização das imagens auto-identitárias legadas pela antropologia e sociologia, os autores concluem que a educação, sendo uma relação de alteridade, tem de atuar do interior de si própria, como proposta para uma ética de alteridade que respeite a condição autónoma do outro. Nesta medida, a proposta educativa deverá mediar a razoabilidade de uma ética processual que assuma pressupostos mínimos, consensualizados como valores que se validam mediante um acordo intersubjetivo. Como sublinham, a heterogeneidade e a multiculturalidade, que tipificam as presentes sociedades industrializadas, impossibilitam o unilateralismo de posições, constituindo, porém, condições favoráveis a uma tomada de consciência coletiva sobre a responsabilidade ecológica comum. Apresentada de forma lata e inscrita num quadro de exigência ético-crítica, a Educação Ambiental justifica-se a partir de um princípio de interdependência dos elementos da biodiversidade que nos ancoram, fazendo-nos reconhecer como elementos-chave na sustentabilidade de tais sistemas, através de políticas de "cuidado" que se concetualizem como isomorfas das nossas práticas morais.

M. Formosinho
Paulo Jesus

# CAPÍTULO I

## LIBERDADE E IDENTIDADE HUMANA: ENTRE AUTONOMIA E CONTINGÊNCIA

Maria Formosinho[1] & Carlos Sousa Reis[2]

## 1. A liberdade: problemática e sentidos

A Declaração Universal dos Direitos Humanos é hoje uma referência incontornável que suscita o reconhecimento explícito, não tanto de que nascemos, propriamente, livres, mas para a liberdade. Uma liberdade que deve ser propiciada como um direito desde o início da vida, ou poder-se-ia correr o risco de nunca se afirmar com todas as suas potencialidades[3]. Mas isto significa também o reconhecimento da liberdade humana como sediada na consciência e na capacidade racional dos humanos, de modo que, só respeitando *ab initio* a condição da dignidade humana, a liberdade pode emergir. Trata-se, pois, de promover, pela educação, a pessoa que pode e deve encarregar-se de si própria, ser responsável por si e, portanto, responsabilizável em relação ao seu semelhante, abrindo-se-lhe assim a via moral própria do humano.

Ser humano e ser livre são consubstanciais por causa da inerente indeterminação do humano, "por essência, *um projeto*, algo não previamente determinado nem definido, na sua totalidade, por algo ou alguém alheio ao sujeito que vive" (Camps, 1996, p. 30). Tal indeterminação torna a vida uma aventura e uma tarefa tão incontornável quanto aberta ao "fazer-se" que se encarrega de si de modo existencial. Não sendo "perfeito" desde a nascença, mas perfectível por-

---

[1] CEIS20, Universidade de Coimbra.

[2] Faculdade de Psicologia e de Ciências da Educação, Universidade de Coimbra.

[3] A Declaração proclama, no seu Artigo 1.º, que "Todos os seres humanos nascem livres e iguais em dignidade e em direitos. Dotados de razão e de consciência, devem agir uns para com os outros em espírito de fraternidade".

DOI: https://doi.org/10.14195/978-989-26-1380-2_1

quanto é livre, o próprio do humano é esse reconhecimento da possibilidade de eleição, aspirando a ser feliz na senda do seu projetar-se pessoal[4].

Tanto em termos individuais como coletivos é, portanto, necessário assumir que os humanos são capazes, até certo ponto, de transcenderem as determinações naturais e sociais por meio de atos que são dotados de significado a partir de uma determinação interior, racional e volitiva[5]. Sem escamotear a existência de determinismos inconscientes, sejam os inculcados pela estrutura social, sejam os decorrentes da dinâmica das pulsões, importa reconhecer que a razão pode, em larga medida, obviar a tais imperativos (Ferry & Vincent, 2003). De forma evidente, o humano pode transpor-se para além dos códigos da história e da natureza, não nos sendo permitido, porém, deixar seduzir pela simplificação dos extremos: nem tudo está determinado pelo genético, como nem tudo pode ser conseguido pelo meio e pela educação, ou pela consciência e vontade. Temos, assim, de conceber a liberdade humana no limite da possibilidade de desvio relativamente aos determinantes naturais e históricos e, dada a propensão humana para o aperfeiçoamento, torna-se factível entendê-la como a abertura existencial e ética direcionada por valores e ideais.

Isaiah Berlin (1969) aprofundou esta temática, assinalando que a liberdade remete para dois sentidos: um sentido negativo ou externo, respeitante ao estar livre de coações e que remete para o conjunto das liberdades civis e políticas, tanto quanto para as indispensáveis condições materiais; e um sentido positivo ou interno, relativo à autonomia para fazer escolhas racionais dotadas de sentido, o dar-se a si, no sentido kantiano, as suas próprias leis e razões para agir[6].

A perspetiva de sermos — em sentido duplo — suficientemente livres, mas também em certa medida condicionados, é fruto de uma reflexão que se foi operando no decurso histórico do pensamento ocidental[7]. Em primeiro lugar, parece ter-se concebido a liberdade, no sentido negativo, de independência, que é algo objetivo e verificável. Entre os Gregos, a liberdade antes de ser equacionada como uma forma de libertação interior, como acontecerá com Sócrates,

---

[4] Tanto mais assim é que, dada a polissemia do conceito de felicidade, já denotada por Aristóteles (1990), ou o que afinal vem a ser o mesmo, o facto de se tratar de um ideal não concretizável da imaginação, como queria Kant (1999), tão pouco podemos dizer com exatidão como se pode realizar plenamente o humano, isto é, como pode definir-se exatamente o projeto existencial e ético de cada um.

[5] Isto implica recusar a tese da liberdade como uma mera ilusão, produto do desconhecimento do jogo imperativo de complexos determinismos de natureza biologizante ou social.

[6] Tudo o que se disse demonstra que, para usar a terminologia de Isaiah Berlin, nos entendemos como seres dotados de uma dignidade consubstancial a uma liberdade duplamente entendida: um "estar livre de" e um "ser livre para".

[7] Nesta indagação recorrente, que denota a acutilância antropofilosófica da questão, é antes de mais o ceticismo que norteia a reflexão. Como assinala André Barata (2012, p. 287), "a pergunta mais incidente foi a relativa à possibilidade da liberdade, o que pressupõe uma crença pré-filosófica, e até certo ponto espontânea, na sua existência".

começa por ser pensada por oposição à escravatura e ao estar livre do trabalho utilitário que denota dependência das tarefas de sobrevivência e, em última instância, dependência da natureza[8]. Nesta esteira, a modernidade, com a revolução antropocêntrica que operou, virá dilatar este conceito de liberdade entendida como independência ou ausência de obstáculos externos à ação do sujeito, isto é, como liberdade de ação do indivíduo privado com os seus interesses particulares face à ordem natural e social que o pode coagir (Laupies, 2005). Nesta aceção, a liberdade é ainda apreendida segundo uma relação de exterioridade, pois falta pensá-la a partir da consciência do agente que se autodetermina, o que fez Descartes ao colocar a questão no plano da metafísica da interioridade da deliberação. Na sua análise, a liberdade exprime-se, desde logo, no próprio ato de dúvida, em que se afirma a vontade livre correspondente ao poder de recusar o que não se conhece bem. Como refere explicitamente, somos dotados de "um livre-arbítrio que faz com que nos possamos abster de sermos enganados" (Descartes, 1984, p. 54), devendo apenas aceitar o que tivermos por claro e distinto. Donde o erro e o pecado resultarem do extravasar da vontade para além dos limites do entendimento.

A modernidade trouxe também, como se sabe, a aporia do "Demónio de Laplace" (Laplace, 1814)[9], isto é, o problema da compatibilização da liberdade individual com o determinismo das causas eficientes que governam o mundo material[10]. Lembremos que, já para Espinosa (1677), a liberdade não passaria de uma simples ilusão criada pela ignorância de que estamos determinados pelo devir da essência divina como causalidade necessária, sendo que o humano não pode derrogar o nexo universal, porque o que existe é o que tem de existir. Tendo de se submeter ao determinismo dos acontecimentos, o poder humano não pode, pois, exercer-se sobre os factos, só pode incidir sobre as ideias, na busca da contemplação do verdadeiro, coisa que o vulgo preso às paixões não alcança por efeito da ilusão antropocêntrica que alimenta. Com este repto, o paradoxo está, pois, lançado e Kant, na sua *Crítica da Razão Pura* (1781), enfrentou o problema de articular a existência da liberdade com a universalidade

---

[8] Não será de esquecer, com efeito, o fatalismo que parece figurar implícito à conceção do homem homérico, sujeito à Moira que tudo parece dominar, determinando a vida ou morte de todos os mortais; numa outra escala, os próprios deuses se lhe sujeitam, para cumprimento da ordem estabelecida, porventura ameaçada pelo ilimite das suas paixões. De forma compatível com a inalterabilidade do Destino, o herói homérico denota sentido de responsabilidade moral ao procurar deliberadamente a excelência na pugna ou na assembleia (Rocha Pereira, 1993, pp.131-136).

[9] Na história da ciência, o "demónio de Laplace" aparece na primeira publicação articulada sobre o determinismo causal. Segundo Laplace (1814), o determinismo implicava que se alguém (um demónio ou génio) conhecesse com precisão a posição e *momentum* de cada átomo do universo poderia também predizer os seus valores passados e futuros, isto é, o passado e o futuro poderiam ser calculados a partir das leis da física clássica.

[10] Para um enquadramento sinóptico das várias posições que são subsumidas nas teses compatibilista e incompatibilista, ver Barata (2012).

da lei natural da causalidade, o que o leva a postular uma causalidade específica para a faculdade da razão[11]. Se o humano e o seu arbítrio têm um carácter fenoménico e empírico que determina as suas ações, a razão, no entanto, não é um fenómeno, não está na ordem da sucessão temporal e da lei dinâmica da natureza. Ela é a condição incondicionada das ações voluntárias e livres: quer negativamente, dada a sua independência, quer positivamente, dada a sua faculdade de suscitar os acontecimentos.

O criticismo excluiu o conhecimento *a priori* do ser, mas Kant acabará abrindo a senda a uma nova metafísica, distinguindo entre o mundo dos *fenómenos* e o dos *númenos,* onde situa outro tipo de causalidade, a inteligível, própria da liberdade[12]. Sem dilatar o domínio do conhecimento ao conhecimento metafísico, abre a possibilidade da causalidade livre ao sediá-la no campo da razão prática. Daí que o imperativo categórico, enquanto forma de uma lei universal, sem conteúdo, que obriga o querer, porque é universal, não se fundamente no campo da experiência, mas obrigue antes ao reconhecimento de que uma vontade determinada pelo imperativo tenha de ser concebida como independente da lei natural dos fenómenos. Ou seja, pensar a lei moral exige admitir a liberdade, pois a liberdade é o querer autodeterminar-se, reconhecendo-se a si mesmo e aos outros como fins e não como meros meios instrumentais. Por esta possibilidade de autodeterminação, e ainda que os nossos desejos e emoções sejam o resultado das causas eficientes naturais, o homem é vontade livre[13].

Se a partir de Kant se consuma a impossibilidade de pensar a liberdade como simples livre arbítrio, pois há que contar com as limitações da condição humana, será precisamente o ser particular, único e marcado pela finitude, constituindo uma existência irredutível, que o existencialismo procurará compreender. Sartre (1943) interpreta-a como consciência de si (por si), que não pode ser um algo fixado de modo definitivo, mas é antes um nada, cujo ato próprio consistiria em projetar-se, negando o ser. No projeto de si, o escolher-se nega-se, de modo que o sentido do que devém nunca é definitivo. Esta construção de si demonstra que a existência precede a essência, mas também que nunca pode fixar-se ou

---

[11] Uma faculdade que se refere a condições próprias, não sensíveis, e que, portanto, não relevam da série de encadeamentos que remetem para um começo, sendo antes empiricamente incondicionada, estando fora da série dos fenómenos, embora, por outro lado, nela se inclua.

[12] A causalidade pela liberdade torna-se, assim, antinómica da causalidade pela natureza, pois, como afirma Kant, "a par dessa faculdade da liberdade, independente das leis, mal se pode pensar a natureza, porque as leis desta última seriam incessantemente alteradas pelas influências da primeira e o jogo dos fenómenos que, pela simples natureza deveria ser regular e uniforme, ficaria desse modo perturbado e desconexo." (Kant, 1985, p. 411)

[13] Se o livre uso da racionalidade impõe ao homem a autodeterminação, tal significa que no *arbitrium liberum*, como afirma Kant, a sensibilidade não torna necessária a sua ação e o homem possui a capacidade de determinar-se por si, independentemente da coação dos impulsos sensíveis.

dar-se por estabelecida. Assim, emerge a angústia do ter de escolher-se e o medo da própria liberdade que patenteia o constante redefinir-se, redimensionando o passado e antecipando o futuro a partir do presente. Porém, querer livrar-se da própria liberdade conduz ao reinterpretar-se sobre o modo da coisa. Fazer-se coisa para se esquecer de assumir-se como livre leva à "má-fé," que enquadra o sujeito no regime do determinismo natural. Pois, se a existência precede a essência (o "nada" precede sempre o ser), a liberdade é em si mesma irredutível a toda a determinação fisiológica, psicológica ou social. Cabe-nos assim, como notam Ferry e Vincent (2003), recusar suspender a liberdade para não assumir "personagens de comédia", que reificam o humano a troco de escapar às mil angústias das aventuras da liberdade do fazer-se e projetar-se.

Mas sendo irredutível a toda a determinação, o sujeito encontra-se sempre em situação que o limita mas não determina, deixando-o livre para conferir um sentido à sua ação. O existencialismo recusa confundir situação e determi-nação: estar em situação, ter uma natureza e uma história não significa para o ser humano reduzir-se a elas[14]. Mesmo assim, realizar-se, por si, num em si definitivo, ou seja, alcançar um plano do "em-si e por-si" é próprio de uma gesta que se projeta para além da condição humana[15].

## 2. Liberdade e contingência no agir humano

Um esforço notável para definir o sentido da liberdade humana a rebate do simples livre arbítrio todo-poderoso, isto é, a liberdade como condicionada, inscrita num quadro de limitações intrínsecas e extrínsecas, encontramo-lo em Daniel Dennett (2005). Para este assumido naturalista, adepto de uma conceção materialista da consciência, o livre-arbítrio é real, mas não é um aspeto preexistente da nossa existência, nem um poder divino que dispense a pessoa do tecido causal do mundo físico. Neste sentido, Dennett descar-ta quer a relação direta entre determinismo e inevitabilidade, quer a ideia de que o determinismo anularia o livre-arbítrio. Ambas as ideias são ilusões cognitivas ou seja crenças auto-induzidas, pelo que "o determinismo é per-feitamente compatível com a noção de que alguns acontecimentos não têm qualquer causa" (Dennett, 2005, p.100). Aliás, o determinismo não exclui o

---

[14] Na verdade, "a minha liberdade não é destruída pelas situações mais ou menos constrange-doras em que estou constantemente metido. Pelo contrário, é em relação a estas que ela se exerce." (Ferry & Vincent, 2003, p. 28). Pode colocá-las em perspetiva e encará-las criticamente.

[15] Seja porque o humano deve libertar-se da natureza pelo trabalho, seja porque a dominação vigora no quadro social, seja ainda porque a situação o condiciona, ou seja porque tem de escolher-se de modo limitado entre opções limitativas. No entanto, devemos notar que, se consideramos todas estas limitações, não é menos verdade que o seu sentido só se delimita se a liberdade for pressuposta e só em função dela podemos configurar a ética.

jogo das probabilidades (a aleatoriedade), nem implica um futuro fechado. Se ao nível físico, do micro-acontecimento, reina um regime de funcionamento estável, isso não impede que a um nível superior tenhamos uma abertura de opções, onde a novidade é possível e o aperfeiçoamento se consubstancia, pela capacidade revelada pelo indivíduo humano para aprender e se autodefinir e, portanto, para alterar de modo limitado a sua natureza. A complexidade dos nossos cérebros, que está na base das nossas mentes, capacita-nos a ser não só máquinas de situação-ação, mas máquinas de escolha, capazes de previsão e de aprendizagem ao longo da vida.

Dennett reclama-se de um "modelo darwinista do pensamento" e entende que é necessário conceber a liberdade por referência a um novo modelo que substitua o cartesiano, o "teatro cartesiano", por um complexo de redes neuronais semi-independentes em competição entre si, por meio das quais o pensamento tem lugar produzindo as razões subjacentes às ações pessoais (Dennett, 2005, p. 200). Mas estas razões, como as atitudes, os hábitos, as preferências e até a moralidade não deixam de exigir um sustentáculo biológico: à semelhança das células, que desenvolvem um sistema de regras para poderem funcionar como unidades adaptativas, também as comunidades de indivíduos as desenvolvem naturalmente[16]. Surge-nos então a ideia de um ser humano dotado de elevada capacidade de autocontrolo, de compromisso e capaz de um livre-arbítrio moral sem deixar de ser natural.

Ao admitir que certos mecanismos inconscientes criam em nós o pensamento consciente e o próprio sentido de arbítrio como base causal da ação, podendo nós apenas inferir a causalidade externa e interna, torna-se evidente que as nossas mentes não são transparentes, nem a introspeção pode ser absoluta[17]. A auto--monitorização da causalidade mental, que nos distingue dos outros animais, é limitada e constitui uma evolução de processos ideomotores não monitorizados pela consciência, que prolongam o próprio plano biológico elementar. Somos, ainda assim, dotados de um subsistema funcional ou mente capaz de estabelecer prioridades e justificar argumentativamente a nossa conduta, o que nos torna seres morais livres, imputáveis e responsáveis[18]. E se o sujeito, no seu núcleo central,

---

[16] Tudo concorre nesta linha de argumentação para excluir a referência à alma imortal, imaterial e "miraculosa". Reserva-se, no entanto, ao humano a possibilidade de atingir o patamar cognitivo em que os impulsos e a reflexão se articulam no terreno de um poder deliberativo capaz de ponderação moral, suscitando uma volição capaz de dominar os instintos que emerge da aprendizagem e se correlaciona com capacidades de cooperação, compromisso, responsabilidade, confiabilidade e prudência.

[17] Morin (2005), depois de salientar a debilidade da nossa consciência, pela sua propensão para a autoilusão e o esquecimento seletivo, limita-a ainda pela impossibilidade de sermos totalmente conscientes do que se passa no nosso psiquismo, conservando-se nele sempre um fundo inconsciente, que o impede de se compreender completamente a si próprio.

[18] Somos seres capazes de escolher e agir com base na antecipação dos resultados, com alguma independência da cega tentativa de ensaio e erro. A nossa monitorização pelo eu é capaz de escalo-

tem de ser capaz de manter o controlo e interagir consigo mesmo, isso não quer dizer que os conteúdos conscientes se organizem por um processo misterioso ou de direção predefinida. Apenas ocorre que venceram os concorrentes, impondo-se para o controlo do comportamento. Nesta medida, e embora o autor não exclua um agente moral com razões argumentadas e compartilháveis, dispensa a ilusão do "teatro cartesiano", substancialista, para referir a monitorização pelo eu.

Segundo Dennett, o eu é agente, emergente no âmbito de um processo de evolução cultural aliada à biológica, capaz de objetividade, racionalidade e assunção de responsabilidade moral. O que não faz da ética mais do que uma tecnologia humana que aperfeiçoou os instintos com vista ao sucesso adaptativo, porquanto a reflexão nos permite controlá-los e dirigi-los ao fim em vista. Acedemos lenta e naturalmente à racionalidade, através de um processo de socialização/educação, em que no quadro de uma consciência que enfrenta os dilemas do concreto se requer um agente autocontrolado capaz de refletir sobre os seus impulsos e dirigi-los. Uma liberdade responsável tem por requisitos uma mente flexível, informada, socialmente integrada e capaz do controlo dos impulsos básicos. Na verdade, a frágil liberdade humana, fruto de um processo evolutivo ainda em curso, exige o autodomínio e a capacidade de resistir à tentação. É na consecução desta capacidade que se forma a pessoa, implicando a racionalidade a capacidade de sopesar os prós e os contras que afetamos à ação[19].

Nesta mesma linha de argumentação, insiste Laupies (2005) que, além da liberdade de agir e fazer o que nos propomos, temos de considerar também a liberdade de querer, a interioridade da deliberação, que requer a consciência de si como agente. A liberdade implica, pois, independência e autonomia ou autodeterminação[20]. O poder deliberativo assenta em representações que podem provir do inconsciente e do meio social, mas nem por isso são para nós uma fatalidade, porquanto o sujeito pode refletir sobre as representações, assumi-las ou rejeitá-las, fazê-las passar pelo crivo do sentido crítico que requer razões. Mesmo o inconsciente que reflui pode ser objeto, como motivo que se impõe à consciência, de um tal escrutínio. Este procedimento, capaz de fundamentar a escolha, remete para um eu com sentido de identidade e continuidade, um

---

nar prioridades entre esquemas de situação-ação. E, ademais, as nossas decisões e ações potenciam efeitos com valor autoformativo.

[19] Mas a tarefa de selecionar os motivos pertinentes às decisões ou ações não cabe a qualquer alma imaterial ou *ego* cartesiano, senão a uma estrutura cognitiva complexa, um agente capaz de agir mediante estratégias referenciadas a razões argumentativas, que lhe provêm da educação e da experiência.

[20] Como liberdade de ação, trata-se de que uma qualidade exterior, objetiva e verificável, com sentido plural, de diferentes liberdades de ação identificáveis no campo social e político. Como liberdade de volição, "a liberdade é indissociável de uma subjetividade apta a voltar-se sobre si mesma, para se demarcar daquilo que a condiciona." (Laupies, 2005, p. 37). Não é plural, pois o humano apenas possui uma vontade e uma consciência pressupostas na capacidade de autodeterminação.

sujeito que, transformando-se segundo uma história que é a sua, subjaz ao devir das representações e o apreende.

O sujeito livre afirma-se escolhendo entre possíveis, que ele próprio sulca e não preexistem, e isso faz da decisão um determinante produzido pelo sujeito que há-de, no entanto, ter de deparar-se com a realidade que limita a ação, como também com os limites da sua apreensão das possibilidades a considerar. Em todo o caso, quando pensa, pensa segundo uma lógica argumentativa consensuada, pelo que se trata de uma necessidade que o liberta, como o libertará, no caso da tentativa de dominação pelos outros, a falta de reconhecimento da lógica subjacente ao seu discurso. A verdade exigida e reconhecida liberta, então, tanto da sujeição como do mal moral, se o entendermos como a falta do reconhecimento devido ao outro, no império do desejo pessoal.

A nossa liberdade é um modo condicionado, não rompe com a causa-lidade, acolhe-a, procura compreender o que nos coage e sabe reorientar as pulsões internas e as pressões externas. Isto faz com que a liberdade do querer, sempre subjetiva, por vezes entre em contradição com a possibilidade do agir e necessite como autonomia de se referenciar normativamente a leis e valores que nos orientam para lá do subsumir-se ao fluxo heterónomo das tendências e dos móbeis do desejo. A inevitável inscrição no campo da razão e da exigência universal liberta quer da dominação, quer do império das inclinações ou apetites. Esta liberdade interior é fundamental, mas exige as liberdades correlativas ao agir, sem as quais não poderá emergir nem pro-mover-se. De alguma forma subordina-se a essas liberdades de se instruir, circular e reunir, que se podem condensar na liberdade de comunicar, como mostrou eloquentemente Kant[21].

Mais uma vez nos apercebemos do carácter limitado e frágil da nossa con-dição, pois esta pressupõe sempre a inscrição no real e a sua reinterpretação, porquanto a autonomia tem de ser equacionada a partir de um horizonte social concreto, que mediatiza o acesso ao nosso próprio espaço de liberdade. Com tudo isto chegamos, enfim, à conclusão de que a liberdade, como autonomia, nos impõe o reconhecimento da contingência da existência[22], da limitação intelectiva, da dependência objetiva, da relatividade do agir sempre estreitado

---

[21] "Assim, a liberdade de comunicar encontra-se na articulação do interior com o exterior, do subjetivo com o objetivo. Pode ser considerada como a norma e o limite das liberdades concretas" (Laupies, 2005, p. 105). Sem a norma da comunicação caímos no síndrome do anacoreta, que pensa poder escapar ao que possibilitou a sua condição de existência; sem a liberdade de comunicação ficamos sujeitos às ideologias e barbáries que cerceiam a liberdade. Tendo de constituir-se em relação a um "nós", o eu livre é também abertura na exigência de coexistência de liberdades, uma vez que o fundamento básico da sua existência é a possibilidade de troca simbólica.

[22] A liberdade não é a independência ontológica, ou seja, "a autonomia diz apenas respeito à relação do sujeito com a sua faculdade de se determinar. Não implica uma autoposição na ordem do ser" (Laupies, 2005, p. 108).

entre possibilidades virtualmente concebidas e coações impostas, sendo, no entanto, sempre absoluta, porque sempre imputável a uma consciência responsável que a determina.

A nossa liberdade de querer é a de um ser tributário de uma realidade que em parte não pode produzir, nem suprimir, mas se inscreve na dinâmica constituída e constituinte do seu ser, corporal e temporalmente. Por isso, também, a liberdade se afirma sempre como busca de sentido, incorporação e referência a valores transubjetivos. Entre o que lhe é dado, reconhecendo as limitações, e o que deve conquistar, perspetivando as possibilidades, se afirma a liberdade. Isto estabelece uma verdadeira dialética entre o dado e o conquistado pela ação da liberdade limitada, incarnada, que projeta o sujeito para compreender o mundo e o seu lugar nele. Um processo pelo qual poderá, aliás, também constituir o mundo que o constitui, mas que é sempre algo a resgatar no esforço árduo de domínio sobre si e em luta contra os obstáculos. Em grande medida implica renúncia, sempre consubstancial à escolha. Sulca a trama histórica do irreversível, embora tenha margem para se redefinir. Tem de comprometer-se sem poder realizar nunca todos os possíveis. Não é substância, mas qualidade de pensamento e ação, nunca se consumando de modo definitivo.

Max Scheler (1960), na sua análise fenomenológica, deixou-nos uma síntese do significado da liberdade, da sua essência e dos seus graus[23]. Para o filósofo, a independência corresponde apenas a uma faceta da liberdade, pois a verdadeira liberdade encontra-se no ser determinado por valores. Como refere, a liberdade implica sempre algum modo de relação[24], "deve aludir a algo, seja algo 'do' qual se é livre, seja algo 'para' o qual se é livre" (Scheler, 1960, p. 20). Numa disposição volitiva assumem-se valores a realizar, que constituem assim projetos, em relação aos quais se articulam fins e motivos. Agir impulsivamente é agir sem motivo querido e determinado, enquanto *"ser livre é atuar só devido a uma volição motivada* [...ou] o atuar que tem lugar com

---

[23] Este autor começa por distinguir a consciência do poder da vontade de decidir-se a escolher e a estrita "liberdade para" escolher. Ambas estão relacionadas e a segunda varia em função das possibilidades de que dispomos, enquanto a primeira radica a essência da espontaneidade da liberdade. É por isso que a "liberdade para" funda-se e depende do poder da vontade a decidir-se a escolher, sendo que a escolha amplia-se ou diminui em função desse poder. Comenta Scheler: "Quanto maior o poder dado, tanto maior a quantidade de tendências distintas, diferenciadas mediante valores qualitativos, que se dão também junto com a consciência do poder, e se desenvolvem em direções diversas. Por isso pode dizer-se que o querer outorga liberdade" (1960, p. 8). Neste sentido, a indeterminação, como sugere, dá-nos apenas a noção negativa de liberdade e não a positiva que enraíza na vivência do poder, mas não nos é dada pelo conhecimento da indeterminação.

[24] Scheler afirma que "o ser 'livre' refere-se sempre a uma pluralidade de conexões que se diferenciam pela sua essência e pode naturalmente ser-se 'livre' a respeito de uma e 'não-livre' com respeito a outra. Radica evidentemente nisto que se tenham designado sempre coisas muito distintas ao usar expressões tais como 'liberdade de volição', 'liberdade de fazer' e os seus contrários" (1960, p. 20).

base numa volição cujos projetos *possuam uma conexão de sentido* de acordo com as suas motivações" (Scheler, 1960, p. 22).

A volição motivada ou plena de sentido abre, no entanto, a problemática da liberdade se enfrentar com uma pluralidade de projetos e ter de saber-se: 1) que liberdade de decisão existe; 2) qual o grau de liberdade da esfera de motivos; 3) qual o grau de liberdade permitido pela esfera de eleição, contando com a sua amplitude específica. Se nos comparamos com um ser omnipotente, não limitado por uma esfera de eleição, vemos que estamos obrigados a ela em geral. Embora sejamos capazes de um livre "poder-querer", este está referido a um "poder-escolher" e a um "ter-de-escolher" que, qualquer que seja a abrangência da esfera da escolha, limita o nosso "poder-querer". Contudo, quanto mais lata for a esfera de escolha maior poderá ser a nossa liberdade.

Nós "podemos-querer", isto é, o nosso querer não está totalmente determinado de forma heterónoma, temos poder sobre o nosso querer. Mas "termos de escolher" limita a nossa liberdade de "poder-escolher", se nos compararmos com um ser dono absoluto da sua volição e podendo tudo querer imediatamente sem necessidade de escolha. Mais, temos ainda que relacionar a esfera volitiva (o "poder-querer") com o "poder-fazer" e o "fazer mesmo", relativos ao vasto âmbito das liberdades circunstanciais de distinta natureza. Devendo notar-se que o "poder-fazer" pode ver-se limitado quando a nossa ação estiver coartada por um qualquer tipo de coerção, será de admitir que o sentimento de coerção será sempre inversamente proporcional à amplitude da esfera de escolha conjugada com a energia própria do "poder-fazer". Aliás, se um sujeito possuir uma esfera de escolha limitada não disporá de certos vetores do "poder-fazer", pelo que a dilatação das esferas de escolha promove uma crescente sensação de liberdade. Em síntese, ser livre é autodeterminar-se por volições motivadas.

## 3. Liberdade e responsabilidade: do indivíduo à pessoa moral

Se na viragem formalista da ética kantiana, o agente moral passa a ser pensado fora do contexto da sua psicologia empírica, certo é que a ação moral é constitutivamente *pessoal*, na liberdade que lhe é determinante (Bilbeny, 2012, p. 75). Por tal razão, importa que elucidemos um pouco mais em que medida a reflexão ética tem de fazer emergir a noção de *pessoa*, para além da noção de indivíduo. Como denotava Julián Marías (1970, p. 41), "el tema de la persona es de los más difíciles y elusivos de toda la historia de la filosofia, y ello por razones nada casuales: en torno a él há acontecido quizá la transformación mas radical de toda esa historia…"

Com efeito, este conceito nuclear na genealogia da tradição humanista liga-se etimologicamente à palavra latina *persona,* identificada com a máscara cómica ou trágica dos atores, para se substancializar na conceção escolástica, que analogicamente definia o homem por referência à Pessoa divina. Em rutura com a conceção teocêntrica, que resgata o homem da própria corporeidade experiencial que o habita, é por ação do pensamento secularizante do Renascimento que o indivíduo se subtrai a essa imagem puramente especular que o exalta tanto quanto o avilta, por imperativo da liberdade que o recria. Na pena de Pico della Mirandola, numa obra que foi considerada como o Manifesto do Renascimento, a "Oração sobre a dignidade do homem" (1480), o Homem figura como uma criatura cuja essência não se apresenta predefinida e que, por isso, possui a potencialidade de desenvolver todas as qualidades e capacidades que foram dadas às outras criaturas separadamente.

E se, com efeito, nos inspirou iniciar esta reflexão pela abordagem do conceito de liberdade, é porque as suspeições do pensamento pós-moderno relativamente à autonomia do sujeito e à sua capacidade de se autodeterminar podem sabotar qualquer intento fundado de reconstrução de uma reflexão ética, não fora a própria representação atomística de indivíduo, como a modernidade a modelou, poder ser inapelavelmente recuperada pela de *pessoa*. Na densidade do mistério que a convoca e a subtrai à lógica redutora de uma razão instrumentalizante, numa era maciçamente tecnologizada, que robotiza o sujeito e o pulveriza nas figurações científicas que o retraem de qualquer compreensão unificadora. Donde, uma reflexão ética que queira deixar-se interpelar pela "condição" da pessoa terá de retematizar o *logos* individual no compromisso com a alteridade que lhe é constitutiva e originária, mediadora da própria identidade, e onde se esclarece o horizonte da responsabilidade pelo outro e perante o outro na tessitura da circunstância que lhes é envolvente e na qual estão "comprometidos", por cometimento da própria liberdade. Nessa retematização abre-se um espaço teórico à dimensão existencial do "ser com", que permite afirmar a inviolabilidade de cada pessoa, como o pretendia o próprio Kant.

Se a psique humana ancora no biológico, não deixa de ser, em si mesma, um núcleo de possibilidades indefiníveis de que emerge, pela integração das bases psíquicas da sociabilidade e da afetividade, a *pessoa* a que, por tradição, se associa o espírito e a alma. E se existe uma prioridade corpórea sobre o espírito e a alma, não deixa de ter de reconhecer-se a estes a sua transcendência. E é evocando a inalienável liberdade e densidade da pessoa que Morin afirma que "a alma não é localizável, nem sequer verdadeiramente definível (…), a alma não tem fronteiras nem tem fundo". (Morin, 2003, pp. 105-106). Ainda assim, o autor insiste, a alma e o espírito "são emergências, virtudes de complexidade" (Morin, 2003, p. 106). Já a consciência como atributiva da pessoa, ao apresentar-se simultânea e paradoxalmente como epifenómeno e núcleo central da vida psíquica, não deixa de constituir "a qualidade global mais extraordinária saída do cérebro, a autorreflexão por intermédio da qual o ego-Eu emerge ao espírito" (Morin, 2003, p. 107). A ela assiste a capacidade de retroação sobre o mundo e sobre o comportamento, sendo o movimento reflexivo que a produz aquele que permite o metanível em que o pensamento, uno e plural, retroage sobre si, como condição essencial do exame crítico de tudo o que se lhe pode apresentar, incluindo o próprio pensamento e a própria consciência. É dos seus movimentos que se desprende a poderosa meditação dos humanos.

Não admira, pois, que seja preciso reconhecer que a consciência é "o produto supremo, o mais rico do espírito humano" (Morin, 2003, p. 108), em que se substancializa a vocação da liberdade responsável da pessoa humana. E mesmo se nunca pode ultrapassar a fragilidade da determinação que a ameaça, de fora e de dentro, nem erradicar, em absoluto, o espetro temível do erro que atravessa o seu esforçado jogo de busca da verdade, não carece dúvida de que, sendo a emergência última da biologia, no jogo relacional das interdependências que mantém com outras consciências, "é ao mesmo tempo sempre subjetiva e sempre objetiva, interior a si diante de si, estranha e íntima, periférica e central, epifenomenal e essencial, necessária e ameaçada" (Morin, 2003, p. 109-110).

Se a consciência tem o seu antes e se funda na própria alteridade que lhe é constitutiva, verdade é que se torna consubstantiva à pessoa que, sendo por si um valor inalienável, é portadora de valores e realizadora de valores, de modo que, em concomitância, lhe devemos reconhecer a capacidade de ser fonte de sentido. Ou seja, por um lado, é preciso admitir que a pessoa está no mundo e, como tal devemos reconhecer a sua imanência; por outro, é preciso ver a sua especificidade na ordem natural, entendendo a sua transcendência ontológica como um desafio. O que significa protegê-la, resguardá-la da recusa desse valor de transcendência, sem o qual se aliena da definição identitária da sua condição.

Neste sentido, a nossa posição ancora-se na via já aberta por Mounier (2004), quando via no modo humano e pessoal de existir o culminar de uma evolução natural, bem explicitada por Teilhard de Chardin. A perspetiva deste movimento natural de "personalização" só pode entender a pessoa como existência incorporada e mergulhada na natureza, inscrevendo o sentido ético de responsabilidade na convivialidade para que o homem está predisposto por natureza, embora a ética vá para além de todos os planos naturais que a preparam e possibilitam. Com efeito, "o homem singulariza-se por uma dupla capacidade de romper com a natureza" (Mounier, 2004, p. 50), já que por efeito da sua liberdade se resgata tanto do determinismo natural, como do social. Por outro lado, há que convir que o homem inaugura a consciência reflexiva e a reciprocidade das consciências, sendo certo que o próprio conceito de pessoa nos exige a indispensável superação do solipsismo pelo reconhecimento do carácter relacional inerente à génese da consciência, traduzido no múltiplo enraizamento que a condiciona e constitui no jogo da interação que a responsabiliza face ao *outro* no contexto sócio-histórico que os circunscreve. A base indispensável, para revalidar a noção de pessoa, é reconhecê-la pela intersubjetividade constituinte da sua identidade, da qual emana o sentido de responsabilidade pelo outro como magma de toda a configuração ética do agir. Como relembra Mounier, "a pessoa surge-nos como uma presença voltada para o mundo e para as outras pessoas, sem limites, misturada com elas numa perspetiva de universalidade. As outras pessoas não a limitam, fazem-na ser e crescer. Não existe senão para os outros, não se conhece senão pelos outros, não se encontra senão nos outros. A experiência primitiva da pessoa é a experiência da segunda pessoa. O *tu* e, adentro dele, o *nós*, precede o *eu*, ou pelo menos acompanha-o" (Mounier, 2004, p72)[25]. Donde não há egoidade sem alteridade.

Partindo, pois, deste princípio da primazia da relação, é-nos dado reconhecer que a consciência emerge de um processo interdiscursivo, simbolicamente mediado, pelo que a pessoa e a sua identidade são sempre resultado de relações interlocutivas. O eu pessoal constrói-se, de modo progressivo, por um trabalho de identificação que envolve o "dizer a outrem" e o "dizer com outrem", isto é, a relação à segunda e à terceira pessoas, que fazem figurar a relação e a linguagem como constitutivas e essenciais à consciência. Nesta mesma linha de pensamento, Adalberto de Carvalho assinala que a pessoa deve ser reconhecida como sede de liberdade operatória, que emerge na dialética do Eu-Tu-Nós. As principais características atribuídas à pessoa são as seguintes: "como condições mínimas" temos a consciência, a razão e a autonomia; como "propriedades orgânicas", temos a unicidade, a unidade e a abertura; como "exigências funcionais", temos a liberdade, a solidariedade e a responsabilidade. De modo que "no grupo dos componentes funcionais aparece-nos o *sujeito*, o *socius*, o *indivíduo* e a *pessoa* em sentido estrito, a que correspondem, conforme os casos, os processos de *subjetivação*, de *sociação*, de *individuação* e de *personalização*, acabando este último por englobar os restantes" (Carvalho, 1998, p. 30). A pessoa-núcleo é o centro das valorizações e escolhas, enquanto a pessoa-sistema recolhe e unifica as outras funções com que se desenvolve a personalização. Sem dúvida que esta conceção de pessoa depura-a do idealismo solipsista e nem o imanente que a configura na sua subjetividade é desprezado, nem a alteridade que a habita é liminarmente recusada, ampliando-se o sentido de alteridade à própria vocação de transcendência que a habita.

Assim, se o dado originário da pessoa a habilita a atuar autodeterminativamente, por eleição dos fins e modos de ação, atuar de forma ética exige o concerto da razão e da vontade. E se pela sua condição biológica e psíquica, o homem adquire uma operatividade distinta da do animal, que lhe possibilita a autodeterminação, será antes de mais por essa possibilidade autodeterminativa que o homem se torna um ser constitutivamente moral. Por esta capacidade de autodeterminação, aliena-se o homem do estatuto de "coisa", pois o valor que

---

[25] Neste mesmo sentido, também Levinas destacou o papel do outro na configuração da pessoa. Porém, segundo Lopes (2004), ambos se mantiveram dentro de uma conceção metafísica do sujeito, não tendo acedido a uma fundamentação interlocucional da pessoa, que só a antropologia relacional facultaria.

lhe é intrínseco fá-lo figurar como um fim em si mesmo, segundo determina a máxima kantiana.

E porque a racionalidade ética obriga antes de mais o indivíduo a reconhecer-se na sua dignidade de pessoa, é que o próprio aperfeiçoamento pessoal se impõe como dever outorgado pelo próprio para consigo mesmo. De modo que nesta retematização do sujeito da ética, enquanto pessoa, assumir a responsabilidade pelo outro pressupõe assumir a responsabilidade da própria dignidade na forma como me relaciona com o(s) "outro(s)". Porquanto se a alteridade se inscreve na própria identidade como dado que lhe é constitutivo, será apenas na assunção de uma reflexividade que se torna presente à consciência que o agir ético se potencia como responsabilização pelo outro, tanto quanto por si próprio. Verdade é que tematizado, na mediação da cultura que nos informa e forma, como o radicalmente diferente (*alius*) ou o semelhante (*alter*), o outro é sempre apreendido através da esfera de valorações do próprio, pois como afirma Bilbeny (2012, p. 82) "aunque distintos no se pueden concebir separadas la *identidade* del uno mismo y la *alteridad*, para éste, del otro".

E, como é evidente, se o conceito de "pessoa", mais do que o de indivíduo se tornou central nesta discussão para religar o conceito de eticidade ao sentido de responsabilidade que da pessoa dimana, perante si e o(s) outro(s), torna-se evidente que tal sentido de responsabilidade só pode ser esclarecido pelo uso da razão, que recria as condições de autonomia dos próprios sujeitos. Neste sentido, importa sublinhar, mais uma vez, a irredutibilidade do dado moral à facticidade fenomenal, que impossibilita a "naturalização" da ética, tanto quanto a sua sociologização.

Na verdade, o sentido de racionalidade inscrito no agir ético obriga a que, no âmbito de uma autonomia dialogicamente entendida, se consensuem mínimos normativos, que possam ser defendidos com argumentos que não invoquem interesses particulares ou de grupos, mas antes se inscrevam num horizonte universalizável, segundo um princípio de dignidade de toda a pessoa humana, contextualizada à situação sócio-histórica em que nos inscrevemos. E se, como Kant afirmava, a racionalidade em que nos descobrimos e configuramos propende naturalmente para a realização do bem, não há dúvida que o ser humano carece de educação que lhe oriente a vontade e potencie a consciência da nossa responsabilidade ética coletiva, que se amplia na proporção do nosso avanço tecnológico, obrigando a um "cuidado" vigilante pelo destino da espécie humana, perdida a esperança de uma "redenção" de que o homem não seja autor. O que não significa idealizar a propensão humana, mas antes motivar para uma abordagem que capte a sua ambivalência, dilucidando as suas virtualidades antinómicas.

Torna-se, assim, possível reconhecer no humano, e no mundo animal em geral, tanto o princípio egocêntrico e egoísta, que nos coloca no centro do mundo excluindo os outros, como o princípio altruísta que inclui o Eu no Nós, figurando este como centro de referenciação. Um princípio que se manifesta "quase desde o nascimento, pela pulsão de ligação à pessoa próxima" e que "pode levar ao sacrifício de si mesmo pelos seus, pela sua comunidade, pelo ser amado (...). Tudo se passa como se cada indivíduo-sujeito abarcasse em si um duplo conjunto de procedimentos lógicos, um comandando o 'para si', outro comandando o 'para nós' ou 'para os outros'. Um comandando o egoísmo, outro comandando o altruísmo. O fechamento egocêntrico torna o outro estranho para nós; a abertura torna-o fraternal. O princípio egocêntrico traz em si a potencialidade de concorrência e de antagonismo a respeito do semelhante, até do irmão, e conduz Caim ao crime. Neste sentido, o sujeito traz em si a morte do outro; mas, em sentido inverso, traz em si o amor pelo outro" (Morin, 2005, p. 20).

Se, por um lado, temos de aceitar a violência como uma dimensão antropológica, temos também de admitir que o cuidado é um *a priori* de toda a situação e atitude humanas. Isto quer dizer que "o cuidado se encontra na raiz primeira do ser humano, antes que ele faça qualquer coisa. E, se fizer, ela sempre vem acompanhada de cuidado e imbuída de cuidado. O que significa reconhecer o cuidado como um *modo-de-ser* essencial, sempre presente e irredutível" (Boff, 2002, p. 34). Na verdade, significa mesmo que temos de ver o cuidado como sendo "uma dimensão fontal, originária, ontológica, impossível de ser desvirtuada" (Boff, 2002, p. 34). O cuidado inscreve-se, de forma intrínseca, na constituição da natureza humana e revela o seu modo-de-ser. Traduz, aliás, algo que é base possibilitadora da nossa existência. Em si mesmo, o cuidado tem uma natureza peculiar: "Cuidar é mais que um *acto*, é uma *atitude*. Portanto abrange mais que um *momento* de atenção, de zelo e de desvelo. Representa uma *atitude* de ocupação, de preocupação, de responsabilização e de envolvimento afectivo com o outro" (Boff, 2002, p. 33)[26]. Nesta medida, como enfatiza Ricoeur (1990, p. 6), o "cuidado de si" "não se confunde com o "mim", aquela posição *egológica* que o encontro com o outro necessariamente transmuta. No plano do "mim" não há encontro, há desencontro e indiferença. Tenhamos atenção aqui à derivação prefixal de contrariedade ou negação. O cuidar de si, como momento reflexivo da *praxis*, está subjacente às capacidades de agir intencionalmente e de tomar iniciativa sobre o curso das coisas no mundo, que nos transmitem a noção de sermos autores, agentes e não agidos. No cuidar de si, o sujeito descobre a estima de si em duplo sentido: porque aprecia as suas ações, no que se descobre como autor no mundo, logo capaz de autonomia, e assim cuida de si; por outro lado, ao escolher estima-se, busca o melhor para si, na senda da via ética. Para Ricoeur esta é apenas uma dimensão da perspetiva ética, que comporta ainda *o desígnio da vida boa*, com e *para os outros*, segundo instituições justas. Sendo necessário considerar o outro como o que é igualmente capaz de dizer "eu" e

---

[26] Na expressão do teólogo, será no cuidado que reside "o *ethos* fundamental, a chave decifradora do humano e de suas virtualidades" (Boff, 2002, p. 83).

"tomar-se por agente, autor e responsável dos seus atos" (Ricoeur, 1990, p. 7). De modo que, por este reconhecimento do insubstituível si do outro, é que pode haver reciprocidade entre nós. Por seu efeito entramos no contexto da solicitude ética, a que corresponde, no domínio da moral e da regra, o respeito.

A solicitude implica a amizade e, no mínimo, a compaixão, que restabelece a igualdade. Já as "instituições justas" referenciam-se "às estruturas do viver em conjunto", que asseguram a reciprocidade segundo um regime de deveres e direitos que incumbem ou são outorgados, mediante os méritos, os contributos e, acrescentaríamos nós, em certos casos, as necessidades.

Para concluir, diríamos que a liberdade, matizada pela consciência das suas limitações, pode pois abrir-se ao plano da responsabilidade, cuja estrutura reflete a presença do outro pela dialógica do "encontro", em que a diferença ontológica reverbera a reciprocidade (Buber, 1993). Mas também a dinâmica do encontro apresenta a sua antinómica. No encontro, o nível de relacionamento eu-tu não é desenvolvido de forma continuada; alterna com a relação *coisificadora*, a relação com supostos objetos que consistem num *terem sido* e onde se sonega a inscrição no presente que corporiza a verdadeira dimensão do encontro. As pessoas buscam, no entanto, a dimensão da intimidade, onde se realizam melhor. Buscam o ser com outro ser, concedendo-lhe a presença que lhe cabe, ou melhor, valorizando a sua presença. Este é o plano ontológico do relacionamento mais prometedor, dado que, como explica McHenry (1997, p. 347), o relacionamento é " o solo onde o Ser cresce." E dele podemos esperar o crescimento do nosso ser.

## Bibliografia

Agostinho, Santo (1986). *O livre arbítrio* (trad. de António Soares Pinheiro). Braga: Faculdade de Filosofia.

Aristote (1990). *Éthique à Nicomaque* (trad. et notes par J. Tricot). Paris: Librairie Vrin.

Barata, A. (2012). A (in)compatibilidade entre liberdade e determinismo. In C. Beckert, M. J. Pires, S. Fernandes, & T. Antunes (2012). Ética: *Teoria e Prática* (pp. 287-301). Lisboa: Centro de Filosofia da Universidade de Lisboa.

Berlin, I. (1969). *Four Essays on Liberty*. Oxford: Oxford University Press.

Bilbney, N. (2012) *Ética*. Barcelona: Editorial Planeta/Ariel.

Boff, L. (2002). *Saber cuidar: Ética do humano — Compaixão pela terra*. Petrópolis: Vozes.

Buber, M. (1993). *Yo y tu*. Madrid: Caparrós Editores.

Camps, V. (1996). *Los valores de la educación*. Madrid: Anaya.

Carvalho. A. D. (1998). *A educação como projecto antropológico*. Porto: Edições Afrontamento.

Dennet, D. (2005). *A liberdade evolui*. Lisboa: Temas e Debates.

Descartes, R. (1984). *Discurso do Método*. Lisboa: Sá da Costa.

Ferry, L. & Vincent, J.-D. (2003). *O que é o Homem: Sobre os fundamentos da biologia e da filosofia*. Porto: Edições ASA.

Guyer, P. (2000). *Kant on Freedom, Law and Happiness*. Cambridge: Cambridge University Press.

Kant, I. (1985). *Crítica da Razão Pura* (tradução portuguesa de M. Pinto dos Santos e A. Fradique Morujão). Lisboa: Fundação Calouste Gulbenkian.

Kant, I. (1999). *Fundamentos da metafísica dos costumes*. Lisboa: Didáctica Editora.

Kant, I. (2005). *Crítica da Razão Prática*. Lisboa: Edições 70.

Laplace, P. Simon (1814). *Essai Philosophique sur les Probabilités*. Paris: Courcier Imprimeur-Libraire.

Laupies, F. (2005). *A liberdade*. Mem Martins: Publicações Europa-América.

Lopes, B. (2004). A problemática do sujeito esgotar-se-á na metafísica da subjectividade? In A. D. Carvalho (Org.), *Problemáticas filosóficas da educação* (pp. 25-35). Porto: Edições Afrontamento.

McHenry, H. D. (1997). Education as encounter: Buber's pragmatic ontology. *Educational Theory*, *47*(3), 341-357.

Morin, E. (2005). *O método VI. A ética*. Mem Martins: Publicações Europa-América.

Mounier, E. (2004). *O personalismo*. Coimbra: Ariadne Editora.

Organização das Nações Unidas (2000). *Declaração Universal dos Direitos Humanos*. Acedida em http://www.onu.org.br/a-onu-em-acao/a-onu-e-os-direitos-humanos/ [18 dezembro 2012]

Pereira, M. H. R. (1993). *Estudos de História de Cultura Clássica, vol. I - Cultura Grega*. Lisboa: Fundação Calouste Gulbenkian.

Pico della Mirandola, G. (2012). *Oration on the dignity of Man: A new translation and commentary*. Cambridge: Cambridge University Press.

Ricoeur, P. (1990). Éthique et morale. *Revista Portuguesa de Filosofia*, 48 (1), 5-17.

Sartre, J.-P. (2005). *O Ser e o Nada: Ensaio de ontologia fenomenológica*. São Paulo: Vozes.

Scheler, M. (1960). *Metafísica de la libertad*. Buenos Aires: Editorial Nova.

Sève, L. (2006). *Qu'est-ce que la personne humaine* ? Paris: Editions La Dispute.

Spinoza, B. (2005). *Éthique* (traduction et commentaires de R. Misrahi). Paris: Éditions de l'Éclat.

Wegner, D. M. (2003). *The illusion of free will*. Cambridge, MA: MIT Press.

Wilfert, J. (1997). *La liberté*. Paris: Ellipses.

## CAPÍTULO II

## IDENTIDADE: DE FREUD ÀS TEORIAS CONTEMPORÂNEAS DO RECONHECIMENTO

Soraya Nour[1]

## Introdução

As divergências teóricas no debate contemporâneo sobre as identidades referem-se a uma clássica questão ética: em que medida construo autonomamente minha identidade? A reflexão sobre este tema vai além de uma perspetiva meramente subjetiva, associando-se também a uma problemática intersubjetiva e social: em que medida as interações sociais participam da construção de minha identidade? Alguns autores questionam ainda como a luta por reconhecimento influencia as interações sociais e, consequentemente, a construção da identidade pessoal. Estas questões éticas e sociais atingem uma dimensão propriamente política e mesmo jurídica quando os conflitos de identidade se tornam violentos. Este processo será analisado aqui a partir do conceito de identificação de Freud, que será confrontado com algumas discussões contemporâneas sobre a identidade formuladas nas teorias sobre o reconhecimento.

Trata-se assim de analisar, em um primeiro momento, de acordo com a tradição da psicologia social freudiana, o problema da "identificação", o processo pelo qual tanto a identidade pessoal com as relações sociais são construídas. Freud observa que pela identificação aos vários grupos sociais aos quais pertence, o indivíduo constrói uma identidade original, que vai para além de todos os modelos, construindo ao mesmo tempo, pelas relações afetivas com aquele com quem se identifica, relações sociais. Axel Honneth encontra na identificação a primeira forma de reconhecimento, desenvolvendo uma teoria da identidade pessoal fundamentada na psicanálise, que ele reconstrói em dois sentidos, de

---

[1] Centro de Filosofia da Universidade de Lisboa.

DOI: https://doi.org/10.14195/978-989-26-1380-2_2

carácter ético-normativo: a psicanálise deve dar conta de uma compreensão das interações sociais enquanto luta por reconhecimento; e a psicanálise deve construir um modelo ideal de personalidade que seja fluido.

Em um segundo momento, trata-se de analisar com Freud o carácter problemático da identificação. Esta pode também gerar efeitos negativos quando se fixa sobre uma identidade "exclusiva": submeto-me à identidade com a qual me identifico e excluo aqueles que não se adaptam, um fenómeno que pode tornar-se muito violento sobretudo quando toma uma forma institucionalizada (permanente e organizada). Perante este problema, outros teóricos contemporâneos do reconhecimento consideram que a política e a justiça devem referir-se não somente aos valores universais, mas também às particularidades. Assim, na política do reconhecimento proposta por Charles Taylor, uma política da universalidade, que considera os valores universais e o respeito por todos, deve ser completada por uma política da diferença, que visa valorizar (e não apenas tolerar) o que cada um tem de particular, suas práticas e convicções concretas; e Emmanuel Renault (2004) reivindica igualmente que a justiça diga respeito não somente ao reconhecimento dos valores universais, mas também ao reconhecimento das conceções particulares de boa vida.

## 1. Identidade e relação social

### 1.1. Perspetiva freudiana

A relação entre indivíduo e sociedade, ou entre o processo de individuação e o de socialização, constitui o problema principal da psicologia social de inspiração freudiana: por que motivo em vez do ideal de construção de uma personalidade autónoma do ponto vista ético (que não se submete a nenhuma instância exterior) e autêntica do ponto de vista de suas particularidades (que não se reduz a imitar nenhum modelo preexistente), ocorre frequentemente na realidade justamente o contrário, a construção de uma personalidade submetida e adaptada às estruturas existentes? Por que em vez do ideal de uma socialização marcada pela identificação a vários modelos sem fixação em nenhum deles, o mundo real dá geralmente provas do oposto, a fixação em um mesmo grupo e exclusão dos que pertencem a um outro?

A construção de minha própria personalidade ocorre no mesmo movimento de minha inserção no mundo social. Esta relação está no cerne do estudo de Freud sobre o narcisista, aquele que julga o mundo a partir de si próprio, ou melhor, a partir da imagem que tem de si próprio, à qual objetivamente nem ele próprio corresponde completamente. Temporalmente, isso implica uma relação tanto à imagem presente do que crê ser, como à imagem passada do que crê ter sido e à imagem futura do que crê que será. Assim o narcisista constrói um ideal pelo qual ele se julga a si próprio e aos seus, geralmente considerados mais próximos deste ideal, bem como aos outros, geralmente considerados mais distantes. Mas este ideal pessoal em nada abstrai de sua dimensão social e mesmo política. Ao contrário, são os coletivos dos quais o narcisista participa que são eleitos como ideal: trata-se da imagem de uma família ideal, de uma classe social ideal, de uma nação ideal... (Freud, 1914, p. 68). A imagem que tenho do que idealmente sou, fui ou quero ser, refere-se assim à autodefinição (objetiva ou não) dos grupos sociais aos quais pertenço.

É pela análise do narcisista que Freud explica como as regras sociais são interiorizadas. Em um primeiro momento, é o medo de perder o amor dos que me cercam, não o medo da punição, que me faz respeitar as regras sociais. Este medo é generalizado, transformando-se em "medo social", o medo de ser condenado por toda a sociedade na qual vivo (Freud, 1914, p. 68). A interiorização do modelo social explica por que razão, quando não cumpro as regras sociais, tenho "má consciência" e sentimento de culpa. Tivesse eu apenas medo de perder o amor dos meus, temeria apenas a descoberta. Mas a transformação deste medo em uma consciência da qual não posso esconder meus pensamentos faz com que mesmo apenas a intenção provoque já um sentimento de culpa, como se tivesse sido uma ação (Freud, 1930, p. 252). Ao construir socialmente minha personalidade, faço de meu meio ambiente um ideal que funciona como um juiz interno. Isso inverte o sentido do narcisismo: narcisista não é simplesmente aquele que julga o mundo a partir de sua própria medida, mas antes de tudo aquele que se sente incessantemente julgado pelo seu mundo particular (a partir do qual ele julga outros mundos). A internalização do ideal social como instância crítica caracteriza assim uma ligação do indivíduo com a sociedade marcada pela submissão e pelo sentimento de culpabilidade.

Com base nestes estudos sobre a internalização da instância crítica no narcisismo, Freud reformula suas análises sobre a melancolia. A melancolia assemelha-se ao luto causado pela perda de um objeto amado, tal qual uma pessoa, um ideal como a liberdade, um valor como a pátria etc. Os efeitos da melancolia e do luto se assemelham, tratando-se em ambos os casos de uma profunda tristeza, de uma perda de interesse pelo mundo exterior que impede qualquer forma de produtividade, mesmo da capacidade de amar. A diferença é que apenas na melancolia, e não no luto, o amor-próprio é perturbado. A pessoa melancólica se faz acusações e espera, consciente ou não, por uma punição (Freud, 1917, p. 198). Para aquela que está em luto, o mundo fica pobre e vazio, mas para a melancólica, quem fica pobre e vazia é ela mesma. Ela se vê como uma pessoa mesquinha, egoísta, incorreta, indecente. De facto, ironiza Freud, qualquer pessoa poderia bem se descrever assim, mas parece que é preciso ficar doente para reconhecê-lo. É que se tanto a pessoa em luto como a melancólica perderam um objeto amado, a primeira o perdeu pela sua morte, enquanto a segunda o perdeu por uma deceção. Nesta deceção, amor e ódio (sempre juntos, mas sempre ao mesmo tempo em conflito), entram em luta: não quero mais o objeto amado, devido a esta deceção, mas ao mesmo tempo não quero perdê-lo. Identifico-me assim com este objeto, que assume o lugar do meu "ideal": o objeto amado passa a ser o critério pelo qual me julgo a mim mesma e aos outros. Mas assim como o objeto amado me rejeitava, meu "ideal", dominado agora pela imagem deste objeto, condena-me sem piedade. Tal é o fenómeno mais importante que Freud considera nesta análise da melancolia: a posse do objeto é substituída pela identificação com o objeto. A fim de compensar sua perda e aliviar a dor que essa perda me causa, identifico-me com o objeto amado que já não mais tenho, transformo-me eu mesma naquilo que não mais posso possuir.

Esse mesmo processo de internalização da instância crítica no caso do narcisista e do melancólico é observado por Freud nos grupos coletivos. Em *Totem e Tabu*, Freud explica a internalização das normas sociais pelo autoritarismo de um chefe. Os selvagens consideram o totem como seu antepassado e pai primitivo. A autoridade do pai é tanto divina como social, determinando assim a partir de uma mesma origem as obrigações no domínio da religião e da sociedade. Na *Psicologia das Massas*, Freud desenvolve esta análise da internalização social da instância crítica (Freud, 1921, p. 98), distanciando-se da psicologia das massas elaborada por autores conservadores e antirrevolucionários como Le Bon (1895). Este observa que a estrutura psíquica particular a cada indivíduo desaparece na multidão, na qual cada um adquire as mesmas características que os outros, entrando num estado hipnótico que faz desvanecer sua personalidade consciente e parecendo realizar sem hesitar as ideias que lhe são sugeridas. A multidão, afirma Le Bon, mostra-se obediente e servil, produzindo ela própria o autoritarismo que a subjuga: "não é a necessidade de liberdade, mas de servidão que domina a alma das multidões. Sua sede de obediência a faz se submeter instintivamente a quem se declarar seu mestre" (Le Bon, 1981, p. 71). A justiça e a bondade de seus mestres, prossegue Le Bon, é desprezada pela multidão, que demonstra no entanto simpatia, admiração e respeito pela intolerância, força e tirania dos que a dominam vigorosamente, dobrando-se diante de seus heróis semelhantes a César: "seu panache a seduz, sua autoridade se impõe e seu sabre lhe faz medo" (Le Bon, 1981, p. 28). A multidão, observa ainda Le Bon, torna-se facilmente criminosa, pois um indivíduo que, se isolado, recearia satisfazer seus institutos de ferocidade destrutiva, sabe ter sua impunidade assegurada numa multidão (Le Bon, 1981, p. 29).

O problema que Le Bon apresenta é completamente reformulado por Freud. Se Le Bon criticava as multidões revolucionárias, caracterizadas por sua espontaneidade, Freud analisa justamente o contrário: as massas permanentes, ou seja, as instituições estabelecidas. Ainda que Freud diferencie as massas espontâneas das massas permanentes, a razão de ser destes dois tipos de massa é a mesma. O que dificilmente pode ser explicado na massa espontânea pode ser mais claramente apreendido na massa permanente. É por recorrer à análise da massa permanente que Freud considera poder compreender o fenômeno das massas que Le Bon descreve sem explicar adequadamente. Para Le Bon, a relação entre os participantes de uma massa reduz-se ao facto de todos estarem voltados para o mesmo fim, produzindo o que ele chama de uma "alma coletiva", explicada pela "raça" ou pela "nação". Freud, ao analisar o que caracteriza a relação entre as pessoas na multidão, faz do problema da massa o problema da relação social em geral. A formação de uma massa não pode ser explicada por um motivo racional, como o instinto de preservação, nem taõ pouco, como quer Le Bon, pelo "contágio" – a tendência a entrar no mesmo estado afetivo que os outros –, já que frequentemente contrariamos as expectativas. Freud explica a massa pela libido das relações de amor ou sentimentais. Se o indivíduo, na massa, abandona as suas características específicas, constitutivas de seu carácter, deixando-se influenciar por uma outra pessoa, é porque sente necessidade de estar em acordo com elas, e não em oposição. Ou seja, o indivíduo na massa age "por amor" ao outro (*ihnen zuliebe*). Para Freud, apenas Eros, que une o mundo, tem o poder necessário para unir uma massa.

Esta tese é fundada na doutrina das pulsões, que primeiro tinha sido concebida conforme o par Fome / Amor, de acordo com os versos de Schiller: "tudo o que move o mundo é a fome e o amor". A fome representa a pulsão de conservação de um eu centrado em si mesmo, enquanto o amor, ao contrário, volta-se para objetos: quando amo algo ou alguém, considero-o mais importante que mim mesmo. Mais tarde, o par Fome / Amor será substituído pelo par Ódio / Amor. Em seu ensaio *Além do princípio de prazer*, Freud analisa uma pulsão contrária à pulsão de vida que, correspondendo ao amor, quer preservar e unir: a pulsão de morte, que corresponde ao ódio, quer desagregar o que está unido, dissolvendo as unidades e conduzindo a vida ao estado anorgânico.

Freud denomina de "libido" a energia do que se chama de amor: o amor a si mesmo, aos pais, aos filhos, aos amigos, à humanidade, a objetos concretos e a ideias abstratas, comparado ao amor que Platão nomeou "Eros" e S. Paulo "Agape", considerando, em sua Carta aos Coríntios, como acima de tudo. Eros quer conservar a substância viva e unir em unidades sempre maiores – primeiro entre os indivíduos isolados, em seguida entre as famílias, as classes, os povos, as nações. Mesmo a cultura é compreendida como um processo a serviço de Eros. Freud diferencia dois tipos de relações libidinosas: o primeiro é o que se dá via um objeto de amor, tal como a prescrição religiosa de amar o próximo como a si mesmo (Freud, 1930, p. 238); o segundo é a identificação: "sobre ela repousa em grande parte a construção da sociedade humana" (Freud, 1933, p. 283). É também a identificação o tipo de relação afetiva libidinosa numa massa.

A identificação pode ter um sentido positivo para a construção da identidade e para as relações sociais. Pertenço a vários grupos sociais, a uma multiplicidade de identidades, como a minha família, a minha escola, a minha igreja e assim por diante. Identifico-me a várias pessoas, reais, ideais ou fictícias e, enfim, a imagens de identidades individuais ou coletivas. De cada uma rejeito certos traços e absorvo outros, modificando-os. Neste processo de identificação, pelo qual estou sempre em transformação, construo uma personalidade independente e original, além de todas as identidades às quais me identifico, não me limitando a nenhuma delas. Construo meu próprio "estilo", um visual diferenciado, uma autobiografia única, um modo de vida alternativo. Dedico toda minha vida ao desenvolvimento de mim mesma, de minha visão de mundo, de meus ideais. Exponho-me a vários riscos de perda de sentido, mas desenvolvo também as minhas próprias estratégias para vencê-los. Minha identidade é assim, como dizer Balibar, transindividual: nem meramente individual, nem meramente coletiva, construo um carácter singular que não se reduz a nenhum modelo. Por isso Balibar prefere utilizar, em vez do termo identidade, o termo identificação: a identidade nunca é dada para sempre e cada identidade ambígua de cada pessoa está sempre em conflito com as outras identidades que essa mesma pessoa comporta em si (Balibar, 1997, pp. 45-46). Paralelamente, desenvolvo também relações afetivas com aqueles com os quais me identifico. O processo de identificação favorece assim a vida *em comum*.

É porque Freud concebe uma forma de socialização baseada no amor enquanto identificação que ele pode encontrar em coletividades efeitos positivos: apenas a sociedade pode prescrever regras éticas aos indivíduos, considera Freud, e uma coletividade pode ser tomada por um entusiasmo responsável pelas mais belas conquistas da humanidade. A multidão, observa Freud, dispõe de uma capacidade genial de criação, como as línguas, as músicas populares, o folclore; mesmo os pensadores e poetas que aparentemente criam de forma individual devem muito às multidões nas quais vivem, sendo numerosos os que participam anonimamente de seu trabalho.

### 1.2. A teoria do reconhecimento de Axel Honneth

A ideia da construção da minha identidade singular numa relação com as outras pessoas, e o sentido positivo que isso pode ter tanto para o indivíduo como para a sociedade, é formulada por Axel Honneth em termos de uma teoria do reconhecimento. O fenómeno de identificação, tal como pensado na psicologia social desde Freud, é interpretado por Honneth como reconhecimento, que significa a atitude de assumir a perspetiva de uma segunda pessoa, o que supõe um momento de amor, de abertura. Para Honneth, a identificação demonstra, geneticamente, a precedência do reconhecimento sobre o conhecimento (Honneth, 2005, pp. 46-56). Esta demonstração refere-se às condições da criança de poder assumir uma perspetiva, do que depende sua capacidade de pensar e interagir. A criança se distancia da perspetiva egocêntrica quando, a partir da perspetiva de uma segunda pessoa, aprende a se referir a um mundo objetivo. A partir desta segunda perspetiva, o bebé aprende o mundo, adquirindo uma representação objetiva dos objetos, o que ocorre normalmente no nono mês de vida ("revolução dos nove meses").

A pessoa querida é percebida como um ator intencional, que se orienta pelo mundo a seu redor.

É do ponto de vista desta teoria do reconhecimento como identificação, ao menos no início da vida, que Honneth critica o caráter "cognitivista" da psicologia do desenvolvimento de Mead e Davidson. Estes, segundo Honneth, apesar de compreenderem que o pensamento simbólico só pode se desenvolver quando assume uma perspetiva, ignoram a importância decisiva que tem o aspeto emocional na relação entre o bebé e a pessoa de referência. Honneth, apoiando-se em autores como Peter Hobson e Michael Tomasello, critica esta abstração cognitivista: o mais importante, o que é realmente determinante, é o sentimento que a criança desenvolve em relação à pessoa de referência. É a identificação emocional que torna possível assumir uma perspetiva, condição para o desenvolvimento do pensamento simbólico. Esta conceção diferencia-se do cognitivismo por considerar a identificação precedente, ou seja, o sentimento de relação com a pessoa de referência. Quando a criança não se identifica, não respondendo à presença emocional da pessoa de referência, terá um déficit na função de pensar ou falar. Honneth encontra aqui um paralelo com Theodor Adorno, que em *Minima Moralia* condiciona o desenvolvimento do espírito humano à imitação da pessoa querida, forma originária do amor: "Uma pessoa torna-se uma pessoa", um ser espiritual, "apenas quando imita as outras pessoas" (Aph. 99). Enquanto Adorno fala em termos psicanalíticos de "uma possessão libidinosa do objeto", Honneth refere-se a esta relação de uma pessoa à outra, que permite a uma pessoa pôr-se na perspetiva da outra (Honneth, 2005, p. 51).

A tese de Honneth (2003) se apoia em três hipóteses: 1) a primeira é a prioridade da interação social na organização do psiquismo; 2) a segunda é a dupla função da interiorização como mecanismo de socialização e fator de independência; 3) a terceira é que a região pouco organizada do psiquismo, o "isto" (*das Es*) no sentido freudiano, é o fator de individuação.

É porque as interações sociais são interiorizadas que se produzem tanto a socialização como a individuação do sujeito. A dificuldade é como compreender que, em um mesmo processo, dois fenómenos contraditórios são produzidos: a socialização afirma a sociedade no psiquismo infantil, enquanto, nesse mesmo processo, a criança desenvolve sua personalidade única. Para explicar como esta socialização e individuação se produzem, Honneth considera que a interiorização não é uma neutralização da relação de comunicação externa, vivida de maneira passiva. Ao contrário, é porque a internalização resulta de uma interação que ela permite ao indivíduo se diferenciar de seu próprio meio-ambiente. A interiorização desta interação aumenta a capacidade do indivíduo de se liberar de objetos, pessoas de referência e impulsos externos, alargando o espaço no qual ele pode exprimir suas necessidades e fixar seus objetivos individuais.

Honneth considera, apoiando-se em Mead, que na socialização a criança interioriza as perspetivas externas de um "outro", no início concreto, e em seguida generalizado. A criança constrói, assim, em si mesma um "eu" que a ajuda a controlar de modo autónomo suas pulsões. A interiorização da solicitude da pessoa de referência dá à criança a capacidade de ficar só consigo própria, analisa Honneth com Winnicott, descobrindo criativamente ao brincar suas necessidades. O propulsor da individuação vem dessa instância pouco organizada que Freud chama de isto (*das Es*). Portanto, a interiorização dos esquemas de comunicação externa deixam de lado uma região que se torna um reservatório de motivações inconscientes e exigências pulsionais. Estas forças não passam pela representação reflexiva. Mas é do isto (*das Es*) que vem a pressão intra-psíquica que leva o sujeito a se individualizar enquanto cresce. Do isto (*das Es*), analisa Honneth, provêm exigências mudas que obrigam o indivíduo a ultrapassar o nível no qual ele tinha antes formado seu compromisso com o meio-ambiente social, e a se elevar a um estado superior de individuação. O processo de socialização se torna assim um processo de individuação.

O pressuposto é ter havido uma interação originária. Honneth considera, apoiando-se em Winnicott, que o bebê encontra-se em um estado originário chamado na tradição psicanalítica de simbiose com a pessoa de referência, ou ainda de narcisismo primário; separar-se da pessoa de referência, da qual o bebê não se diferencia, é para ele um choque difícil de ser assimilado. Suas impulsões e suas motivações são confundidas com as da pessoa de referência. O bebê é completamente dependente de seu referente primário não apenas quanto à sobrevivência material; ele não se distingue de seu meio-ambiente. A questão é como o bebê vai dominar a descoberta de uma realidade independente (problema central para Winnicott). Não seria tão importante a produção cognitiva da realidade objetiva, mas sim como a criança admite afetivamente a realidade de uma pessoa de referência independente. A criança precisará buscar um equilíbrio entre o desejo de fusão e a demarcação do eu. Honneth apoia-se aqui em Winnicott, que analisa como o bebê tem desejo de fusão, de simbiose com o meio-ambiente, desenvolvendo uma relação afetiva muito forte com certos objetos de seu meio-ambiente imediato, chamados de "objetos de transição". Mas nem o bebê nem o adulto conseguem responder adequadamente a esta separação.

Fundamental para Honneth é que também as reivindicações pulsionais são organizadas pela intersubjetividade. É assim da perspetiva da intersubjetividade que a formação do potencial pulsional do ser humano deve ser analisada. A organização de todo o psiquismo é considerada como um processo de estruturação de um potencial pulsional. Honneth se apoia aqui na tradição pragmática da teoria da socialização, que considera como o psiquismo individual se desenvolve no intercâmbio ininterrupto com seu meio ambiente. No início, o bebê tem uma atividade pulsional sem direção ou estrutura. As pulsões não estão associadas a objetos específicos. Não se trata de uma necessidade de um objeto do qual se tem a lembrança de uma experiência de satisfação. O impulso orgânico, entende Honneth se apoiando nos trabalhos de Hans Loewald, se transforma em pulsão quando a criança diferencia a solicitude da mãe do resto do meio ambiente. Trata-se do primeiro passo na organização das pulsões. Os cuidados do referente primário não são simplesmente o meio para suprimir os estados de excitação, mas são o ato criativo de produção e organização dos processos de excitação: os cuidados da mãe suscitam na criança as pulsões. O processo de individuação é assim concebido como uma diferenciação na vida pulsional. A energia pulsional é organizada no psiquismo do indivíduo.

A partir desta fase precoce de simbiose, há um processo de individuação como movimento de diferenciação da vida pulsional, que se subdivide em diferentes instâncias, que representam cada uma a interiorização de um certo modo de interação do bebé com seu meio ambiente. Os elementos da energia pulsional tomaram, ao longo do processo de interiorização, uma forma organizada. Em vez de tais unidades organizadas, há uma fase na qual a experiência simbiótica da criança é desmantelada e sua energia pulsional é libertada. A relação individual consigo próprio resulta de um processo de diferenciação que deve se efetuar pela interiorização de modos de interação externos. Assim, as operações do eu ou as funções do supra-eu não são forças opostas às pulsões, mas sua coordenação. A energia pulsional permite ao sujeito, após a separação da primeira infância, construir instâncias intrapsíquicas que resultam da interiorização de modos de comunicação externas: "Tudo que constitui nossa vida interior, nossos desejos, nossos movimentos de consciência, nossa apreciação do real, nossos ideais, tudo isso se une em uma pluralidade de vozes que são formas mais ou menos solidificadas de energia pulsional e que, corretamente interiorizadas, formam entre elas uma relação quase dialógica".

O psiquismo humano é compreendido como um dispositivo de interação interiorizado que completa o mundo da comunicação intersubjetiva, no qual o indivíduo encontra o outro em diversas relações de reconhecimento. Honneth entende assim que o indivíduo desenvolve a capacidade de uma fluidez anterior quando aceita se abandonar temporariamente a experiências que superam os limites de seu eu. Continuamos em contacto com experiências de fusão que foram ultrapassadas, preço de nossa individuação. Na abolição dos limites do eu encontramos a força necessária para manter a balança entre simbiose e independência. Há importantes deslocamentos de um estágio a outro em um indivíduo. Quanto mais o indivíduo é vivo (o que não quer dizer mais estável), mais rico é o espectro dos diferentes níveis do eu e da realidade. O eu plenamente desenvolvido não é o que se fixa no nível superior de seu desenvolvimento, mas é um eu que conserva precedentes graus de integração. O que importa para Honneth é, de um ponto de vista normativo, o que isso significa para o ideal da personalidade na psicanálise. A maturidade do sujeito não é a sua capacidade de controlar suas necessidades e o meio ambiente, mas de integrar diversas facetas de sua personalidade, seu carácter "vivo". O desenvolvimento da personalidade significa assim uma construção progressiva de um espaço de comunicação intrapsíquica pela interiorização de diversos esquemas de interação. Isso permite a Honneth apresentar uma nova definição de maturidade pessoal: "será considerado maduro, plenamente desenvolvido, o sujeito capaz de desenvolver sua aptidão ao diálogo interior, de fluidificar a relação a si mesmo, abrindo-se ao maior número possível de vozes, tecendo em sua própria interioridade as relações de interação as mais diversas". O que importa assim hoje, para Honneth, é esta pluralização interna dos sujeitos, a fluidificação de sua identidade. A psicanálise, entendida em termos de uma teoria do reconhecimento, permite assim a Honneth desenvolver o ideal normativo de uma personalidade fluida: a maturidade pessoal não significaria um eu forte e estável que domina a realidade, estabelecendo um equilíbrio entre as reivindicações pulsionais inconscientes e as normas sociais, mas sim um sujeito enriquecido por uma vida interior diversa.

## 2. Identidade e exclusão social

### 2.1. Perspetiva freudiana

Honneth considera que a reificação do outro ocorre quando a identificação originária é "esquecida". Para Freud, contudo, é a própria identificação que pode ter também um sentido negativo tanto para o indivíduo como para a vida social. O indivíduo não se desenvolve somente no sentido da autonomia e da integração de si mesmo e do outro (o que com efeito parece ser o privilégio de um número restrito), mas sobretudo no sentido da adaptação a um modelo e da exclusão dos que não se adaptam. A identificação é fixada numa identidade considerada "invariável", excluída pelos outros ou que exclui os outros. Portanto, se a identificação pode ter um sentido positivo para a relação e a integração social, pode também ter um sentido negativo, e significar exclusão. Nesse caso, tal como analisa Balibar, a individualidade pode reduzir-se a uma identidade "unívoca", "maciça" e "exclusiva", causando a identificação total do indivíduo ao seu papel (de mulher, estrangeiro, empregado etc.). Forma-se uma identidade que exclui o outro, qualquer vestígio de diversidade de "mim" e de "nós", que prefere a morte a qualquer mistura. A violência produz-se assim por demandas e imposições de identidades exclusivas, aniquiladores ou autoaniquiladoras (Balibar, 1997, pp. 46-47).

O processo de identificação resulta em uma polarização antagónica entre "nós" e "eles", que tem a sua contrapartida política. A conceção de "nós" é baseada em um conceito de "pureza". O místico "nós" deve ser redescoberto. Os outros são muito diferentes e têm costumes muito diferentes. Eles também são quantitativamente numerosos: eles tendem a se multiplicar. A afirmação de "nós" implica a destruição dos "outros". O inimigo constitui um "*complot*": politicamente, é o inimigo externo que ameaça a segurança das fronteiras e o inimigo interno que ataca as bases do regime. Assim, a minoria arménia na Turquia foi visto como cúmplice o inimigo externo, a Rússia; e em Ruanda, a ameaça estrangeira dos Tutsi foi associada aos Tutsis de dentro das fronteiras. Esta visão do outro como uma ameaça se torna uma profecia autorrealizável: cada um acha que seu inimigo está planejando seu extermínio. Para antecipar isso, dá o primeiro passo para o extermínio do inimigo, o que se justifica como uma "prevenção". No caso da fixação, a relação com o outro torna-se "psicótica" e "paranoica". Psicótica "porque o outro não é visto como semelhante; "Paranoica", porque o outro é visto como ameaçador e perigoso. A passagem desta visão do inimigo para seu extermínio efetivo não é automática. É o resultado de crises sociais, políticas, económicas, especialmente quando elas levaram a guerras. Neste caso, a visão de mundo particular e exclusivo é institucionalizado, o que parte do trabalho do poder para dar um "rosto" ao inimigo, para justificar o seu extermínio. A propaganda naturaliza o ódio, dando-lhe um caráter óbvio. Praxis excludente e discurso de legitimação estão intimamente ligados. Modernas técnicas de "psicologia das massas" racionalizam antigas técnicas de manipulação. Quando a violência é "legalizada" pelo Estado, seus cidadãos também tendem à violência. Ciência e as artes são mobilizados para atacar o inimigo. Num nível mais elevado, este processo pode levar ao massacre total ou parcial da população civil.

A adaptação a um modelo associa-se à imposição de uma autoridade. Isto constitui outro tipo de relação, diferente da identificação. Se entre os membros de uma massa há identificação (e exclusão dos que não se identificam), entre os membros da massa e seu chefe há um tipo de hipnose coletiva, pela qual um objeto comum, o líder (uma pessoa, uma instituição ou uma ideia abstrata), substitui a consciência, assumindo o papel de uma instância crítica interiorizada.

A psicologia social não pode, por conseguinte, basear-se apenas no princípio da sociabilidade dos seres humanos. Se há sociabilidade, a antissociabilidade é igualmente forte e determinante, as tendências sociais e anti-sociais coexistem. Como analisa Moscovici, uma relação social duradoura não se forma somente com base na sociabilidade, mas sobretudo na luta para vencer a antissociabilidade. A autorreferência do narcisismo significa amor exclusivo por seu próprio corpo e por si próprio, indiferença e impaciência em relação aos outros. Há certamente uma dimensão social coletiva no narcisismo: a minha família, a minha igreja, a minha raça, a minha nação, etc., mas nesse caso a libido não se transfere a qualquer objeto: o culto de si mesmo é acompanhado pelo culto dos que pertencem ao mesmo grupo e pela antipatia pelos que pertencem ao outro. Unicamente os do mesmo grupo, superiores aos outros, são tratados como humanos. Daí o racismo, a xenofobia, o preconceito contra as outras classes sociais e outras discriminações que destroem as relações sociais (Moscovici, 1985, pp. 309-310). Identificação e narcisismo não se excluem: os dois fenómenos coexistem e se condicionam reciprocamente. A identificação não pode ser abstraída dos indivíduos e dos grupos concretos, nem mesmo de instituições.

A substituição, no caso da melancolia, da possessão de um objeto pela identificação com este objeto, é compreendida por Freud como um fenómeno geral de constituição do carácter, do "eu". Este fenómeno é explicado na sua obra "O eu e o isto" (*Das Ich und das Es*) nos termos que Freud vai utilizar a partir de então para designar as diferentes instâncias do psiquismo. O "isto" (*das Es*), que estabelecia uma relação afetiva com o objeto, abandona-o, mas se identifica com ele. O eu se constitui por esta identificação, e assim seu carácter conta a história das escolhas dos objetos. A possessão do objeto conduz a uma transformação do eu mesmo antes da perda do objeto: transformo-me à imagem daquilo que amo. Sobrevivo à minha relação com o objeto, e o objeto sobrevive em mim mesmo após tê-lo perdido. Por outro lado, a escolha do objeto conduz à transformação de meu eu, que domina assim o isto (*das Es*). Assumo as características do objeto e apresento-me ao isto (*das Es*) como objeto de amor. Por este mesmo processo, emerge o "supra-eu" (*das Über-ich*): os comandos e proibições da autoridade que me é querida tornam-se minha consciência (Freud, 1923, pp. 296-303). Meu ideal exprime os mais importantes destinos do isto (*das Es*).

O que é criado no isto (*das Es*) torna-se parte da construção do ideal. O que estava nas profundezas da alma individual torna-se, na construção do ideal, nossos valores mais elevados. Professores e autoridades assumem mais tarde o papel do pai: comandos e proibições dominam no supra-eu, tornando-se agora a consciência moral. A tensão entre as exigências da consciência e a ação do eu é percebida como um "sentimento de culpabilidade": "Os sentimentos sociais se baseiam na identificação com outros com base no mesmo eu-ideal". O eu não se distingue absolutamente do isto (*das Es*), mas é "uma parte particularmente diferenciada do isto" (*das Es*). O eu também não se distingue absolutamente do supra-eu: "o eu cria seu supra-eu (*das Über-ich*) a partir do isto" (*das Es*). Os conflitos do eu com a posse do objeto pelo isto podem continuar em conflitos com sua herança, o supra-eu (*das Über-ich*) (Freud, 1923, pp. 303-305).

Tal como um juiz ou uma lei, o supra-eu exerce principalmente a função de proibição, que é acompanhada pelo sentimento de culpabilidade. Em vez de um processo de identificação a um modelo, como no caso do eu-ideal, o supra-eu se forma por leis: "O supra-eu da criança não se forma à imagem dos pais, mas à imagem do supra-eu destes; ele se preenche do mesmo conteúdo, torna-se o representante da tradição, de todos os julgamentos de valor que subsistem assim pelas gerações" (Freud, 1933a, p. 505). A lei do juiz que me condena torna-se mais forte do que a imagem ideal de quem amo – minha identidade e minha ligação aos grupos aos quais pertenço faz-se sobretudo pela modalidade da submissão, da punição e da culpabilidade.

Isso implica três problemas de carácter jurídico-político. O primeiro se refere ao Estado. Freud analisa o processo de identificação coletiva mais em relação a uma massa altamente organizada, artificial e permanente, ou seja, em relação às instituições, do que em relação à massa primitiva. Contudo, a *Psicologia das Massas* mostra apenas dois casos de massas permanentes, a Igreja e o Exército, e não o Estado que os unifica. Se *Totem e Tabu* já tratava da organização política, é apenas no seu ensaio *Considerações sobre a guerra e a morte* que Freud refere-se explicitamente ao Estado no seu sentido moderno. Em tempos de guerra, a violência do Estado pode desencadear a dos seus cidadãos: o Estado que tinha proibido a violência, detendo assim seu monopólio, exige agora a violência dos seus cidadãos assegurando-lhes impunidade. Partindo a violência parte do Estado, os indivíduos tendem a se tornar também violentos (Freud, 1915, pp. 38-39; Freud, 1930, cap. VII e VIII), e mesmo as ciências e as artes se mobilizam para atacar o inimigo, contrariando a hipótese de sua neutralidade. O antropólogo considera seu inimigo como inferior, o psiquiatra considera-o "perturbado mental ou espiritualmente" (Freud, 1915, p. 35).

O mesmo fenómeno que Freud observou no Exército e na Igreja pode ser identificado no Estado, como analisou o jurista Hans Kelsen. A identificação tem tanto consequências positivas como negativas para os membros de uma comunidade. Por um lado, é a identificação que permite a relação social; contudo, no caso de uma identificação unívoca e excludente, esta serve apenas para produzir hipóstases coletivas. Daí a necessidade de que o Estado seja distinguido de grupos onde há uma relação concreta, afetiva e pessoal. A tendência, no entanto, é de ver no Estado um ser pessoal, uma substância moral, social, histórica. Mas trata-se aqui para Kelsen de uma hipóstase ideológica. Esta hipóstase identifica o Estado com um conceito de nação, que cria a ideologia de uma homogeneidade (Balibar, 2007; Kelsen, 1925).

O segundo problema refere-se ao papel do líder. Freud observa que uma parte considerável da humanidade se sujeita incondicionalmente a uma autoridade que decide por ela (Freud, 1933, p. 284). Daí o lugar central das questões geradas na discussão sobre "a servidão voluntária", tal como foi formulada por La Boétie (Freud, 1933, pp. 276-7; La Boétie, 1577) no século XVI. Para La Boétie, a responsabilidade da servidão voluntária não está na alma do ser humano, mas é imputável aos tiranos. Para Freud, contudo, a tirania política impõe-se sobretudo porque um carácter não autónomo e submisso à autoridade foi constituído.

O terceiro problema refere-se ao direito. Na sua resposta à questão de Einstein "*Porquê a guerra?*", Freud critica a conceção abstrata e racional do direito, que o apresenta como o contrário da força bruta, a reação de uma maioria mais fraca contra uma minoria mais forte, o poder da comunidade contra o poder de só um[2]. A esta conceção abstrata do direito, cuja categoria fundamental é a unidade jurídica que transcende os conflitos sociais,

---

[2] Freud admite que a forma ideal de relação social "seria naturalmente uma comunidade de pessoas que conseguiram submeter suas pulsões à ditadura da razão. Apenas isso poderia ocasionar uma união das pessoas tão perfeita, tão sólida, mesmo se fosse necessário renunciar às relações sentimentais". (Freud, 1933b, p. 284). Esta ideia de submissão à razão é retomada em sua Lição N. 35, intitulada "De uma visão de mundo": "A nossa melhor esperança para o futuro é que o intelecto - o espírito científico, a razão - alcance com o tempo a ditadura sobre a alma humana na

opõe-se a conceção de direito cuja categoria fundamental é o conflito entre os seres humanos. Primeiro, estes conflitos são regulados pela força. As relações de força desiguais entre os membros de uma comunidade – homens e mulheres, pais e crianças, vencedores e vencidos das guerras (que assim se tornam mestres e escravos) condicionam o direito de uma comunidade. As mudanças históricas nas relações de força alteram o direito, seja por aqueles que, não aceitando as limitações que o direito impõe a todos, retornam à força bruta; seja pela reação dos mais fracos, que querem conquistar mais poder e direitos iguais para todos. Neste caso, ou o direito adapta-se às novas relações de força, ou, se há resistência em alterar o direito, ele é suspenso até que uma nova ordem jurídica seja instaurada. O direito resulta então de uma luta infinita (Freud, 1933b, pp. 277-9), o conflito no plano cultural não cessa no plano jurídico[3], tão conflituoso como a sociedade que o produz.

Esta conflitualidade no plano político-jurídico está em relação direta com os conflitos das pulsões. Por um lado, há uma contradição entre a pulsão de vida e a pulsão de morte, que se torna pulsão de destruição quando se volta contra um objeto externo (e uma parte desta pulsão age dentro do ser humano, destruindo ele próprio) (Freud, 1933b, p. 282). A pulsão de destruição é combatida pelo seu contrário, a pulsão de vida – Eros: "tudo que produz relações afetivas entre as pessoas deve agir contra a guerra" (Freud, 1933b, p. 283); no entanto, a pulsão de destruição também é combatida pelo mundo externo que transforma o indivíduo: "tudo que promove o desenvolvimento da cultura trabalha também contra a guerra" (Freud, 1933b, p. 286). Cabe à cultura alterar as disposições internas: Freud vê Einstein e a si próprio como pacifistas, que se indignam contra a guerra, que se tornou insuportável para eles, não por uma repulsa intelectual, mas por "uma intolerância constitutiva" (não natural, mas constituída) – de acordo com a qual é fácil encontrar os argumentos racionais a favor da paz.

## 2.2. Teoria do reconhecimento de Charles Taylor e Emmanuel Renault

Se a análise de Honneth lida com a difícil relação entre fusão e separação, há um outro fenómeno que Freud analisou no processo de individuação e socialização: a fusão (no processo de socialização) pode ser caracterizada por

---

vida [...]. A dominação da razão revelar-se-á a união mais forte entre as pessoas e abrirá caminho a outras uniões" (Freud, 1933b, p. 598).

[3] O direito, para Freud, tem necessidade de uma condição psicológica (e a união dos mais fracos para lutar contra o mais forte não é estável): o sentimento de pertencer a uma mesma comunidade, por relações afetivas entre os seus membros que podem estabelecer relações sociais que não excluem e não marginalizam. Freud explica estas relações pela sua doutrina das pulsões.

uma dominação daquele com o qual me identifico sobre mim, e a separação (no processo de individuação) por uma aversão contra aquele com o qual não me identifico. Esta questão cruza assim a do não-reconhecimento social e político das identidades, do qual se originam diversas formas contemporâneas de injustiça e de sofrimento.

Segundo a análise do filósofo Emmanuel Renault, a extensão mundial de um mesmo modelo cultural torna impossível para os indivíduos o reconhecimento do valor das suas identidades culturais (representações religiosas, formas de expressão artística, formas de cultura material como alimentação, vestuários, técnicas, etc.), bem como das suas identidades sociais e profissionais. Não se trata somente das identidades coletivas, mas de todas as características éticas que constituem a identidade e que são suscetíveis de uma desvalorização: os hábitos sexuais, o modo de vida, etc. A desigualdade entre os grupos sociais não é assim devida somente ao desrespeito dos direitos fundamentais e à distribuição desigual de riquezas, mas também aos efeitos da negação do reconhecimento, da institucionalização da cultura e de modelos normativos que provocam a desvalorização, a invisibilidade e a estigmatização (Renault, 2004, pp. 262-263).

Daí a pertinência de se perguntar como minha identidade pessoal se refere à vida pública. O debate em torno desta questão é marcado por três aspetos, como observa Renault: uma questão normativa (que direito é justo e que valor é bom?); uma questão de teoria social (o que permite a adesão dos indivíduos a estes princípios e quais instituições justas lhes correspondem?); e uma questão de antropologia filosófica (qual é a natureza da identidade pessoal em relação aos pertencimentos coletivos?) (Renault, 2004, p. 250).

Uma das respostas a esta questão considera que o espaço público deve se referir principalmente aos valores universais, garantindo uma neutralidade em relação às questões da identidade, a fim de permitir sua pluralidade. Os elementos biográficos, sociais e culturais da identidade têm um carácter específico e contingente que não poderiam definir o justo. Uma outra resposta considera tal neutralidade como impossível, já que a política e a justiça legitimam sempre certa conceção da identidade pessoal, tornando invisível, desvalorizando ou estigmatizando as outras. Esta recusa institucionalizada do reconhecimento da identidade, por conseguinte de particularidades, lesa a relação positiva de um indivíduo a si próprio, o que tornaria necessária uma política que considera o reconhecimento das particularidades como uma questão de política e de justiça (Renault, 2004, pp. 273-274).

A resposta tradicional da filosofia política é que a violência deve ser tratada de maneira preventiva por um Estado de Direito constituído para libertar os indivíduos. Cada um pode pertencer a múltiplas comunidades concretas (familiar, religiosa, profissional, política, etc.) adquirindo assim uma identidade abstrata e universal, condição de possibilidade das identidades concretas. Mas isso apresenta, analisa Balibar, três problemas. O primeiro problema é que o Estado hierarquiza a importância e o reconhecimento das identidades primárias, o que é também uma forma de violência. O segundo problema é que uma comunidade universalista, o Estado, ainda que republicana e laica, é também uma comunidade. Na época moderna, é uma comunidade nacional: os indivíduos devem constituir em seu imaginário a "substância" da sua identidade política – relações familiares, linguísticas, religiosas são depositadas nos lugares e nos mitos da memória histórica. Esta mediação é indispensável para exportar a crueldade para além das fronteiras, para "os outros". O terceiro problema é que o Estado constrói a sua universalidade incorporando o poder destrutivo do processo económico. Contudo, o mercado não está ao serviço da ética universal e da instituição política, e pode criar uma polarização de classes que destrói as condições da política. O Estado não é *per se* um agente de civilidade. Ao curso da história do século XX, observa Balibar, são as multidões que forçaram o Estado a reconhecer sua dignidade e a introduzir civilidade no espaço público. Isso foi possível apenas com uma autonomia suficiente da multidão. A institucionalização de certa visão do mundo que cria a recusa de reconhecimento não pode assim ser compreendida de maneira abstrata, mas apenas no contexto de uma exclusão crescente, de crise da representação política e do liberalismo económico (Balibar, 1997, pp. 48-51).

Alguns teóricos do reconhecimento consideram então que a política e a justiça, que visam a realização dos valores universais bem como a transformação socioeconómica, devem se referir igualmente ao reconhecimento das universalidades e das particularidades. A política do reconhecimento para Charles Taylor significa assim duas coisas: uma política do universalismo e uma política da diferença. Taylor considera como "na relação dialógica" constrói-se a identidade autêntica (uma personalidade única, que não é determinada pelas coerções externas) assim como a comunidade. A ideia de que a identidade singular se forma no processo de socialização tem consequências político-sociais na luta por reconhecimento dos vários grupos que constituem uma comunidade. Construo minha identidade orientada por um ideal de autenticidade, fidelidade a mim mesma e à minha maneira de ser: "existe certa maneira de ser humano que é a *minha* maneira. Sou chamado a viver a minha vida desta maneira, e não imitando a vida de uma outra pessoa. Mas esta noção dá uma importância nova à fidelidade que devo a mim mesmo. Se não sou assim, falta o essencial da minha vida: falta o que significa para *mim* ser humano" (Taylor, 1994, p. 47). O "princípio de originalidade" significa que cada um tem algo de único a dizer. Não devo conformar-me às exigências externas, e não posso encontrar senão em mim mesma, e não exteriormente a mim, meu modelo de vida. O que sou não deriva da sociedade, mas é gerado interiormente: "Ser fiel a mim mesmo significa ser fiel à minha própria originalidade" (Taylor, 1994, p. 48). Esta originalidade realiza-se em dois níveis: individual e coletivo.

O que sou não é gerado interiormente por um processo monológico, mas sim num diálogo interno e externo. Posso definir-me a mim própria porque, ao longo da minha vida, aprendo linguagens humanas ricas de experiências. Ainda que algumas influências, sobretudo as primeiras, provavelmente predominem, devo esforçar-me para definir-me a mim própria, dominando esta influência e evitando as relações de dependência: "Tenho necessidade de relações para realizar-me, não para definir-me" (Taylor, 1994, p. 51). Uma imagem externa de mim que me vê como inferior ou que me despreza pode ser interiorizada. As discussões sobre o feminismo, o racismo e o multiculturalismo compreendem assim que a recusa de reconhecimento é uma forma de opressão.

O universalismo, que tem como valor a dignidade, visa a igualdade dos direitos cívicos bem como a igualdade na esfera socioeconómica. A política da diferença tem também um fundamento universalista, dado que *cada um* tem o direito a ser reconhecido pela sua identidade única. Mas se a política da igual dignidade visa a universalização dos direitos, a política da diferença pede o reconhecimento da identidade única de um indivíduo ou de um grupo, uma distinção que foi ignorada ou assimilada a uma identidade dominante. É, por exemplo, o caso das medidas de discriminação positiva que permitem a categorias anteriormente desfavorecidas beneficiar de vantagens para empregos ou vagas na Universidade. Esta política exige o respeito igual às culturas efetivamente desenvolvidas (Taylor, 1994, pp. 56-61).

No mesmo sentido, Renault considera o reconhecimento da diferença como uma questão de justiça, buscando assim se diferenciar de três tradições: o liberalismo, o comunitarismo e o pós-modernismo. O liberalismo (como o republicanismo francês) considera que, diante da diversidade das conceções coletivas da "vida boa" (referências à cultura, à nação, às classes sociais, ao género, etc.), a política deve ser neutra em relação à cultura e a seus valores fundamentais. Daí a crítica do liberalismo a uma política das identidades: há uma prioridade do justo sobre o bem, e a política deve considerar as pessoas apenas como seres humanos. As exigências do liberalismo se fundam assim na universalidade dos direitos humanos (por excelência a liberdade e a igualdade) e da democracia. O reconhecimento da identidade parece contradizer esta exigência. Para o comunitarismo, os indivíduos devem ser considerados como membros de comunidades de tradição historicamente constituídas. O justo refere-se aos valores compartilhados pelos grupos sociais, as suas representações de uma boa vida. O comunitarismo denuncia assim a ilusão liberal de uma política autónoma; mas considera, contudo, que estas condições são pré-políticas. Por fim, o pós-modernismo considera que a institucionalização implica sempre uma subjugação, a imposição de uma identidade (Renault, 2004, pp. 248-250). Judith Butler, por exemplo, considera que as identidades seriam produzidas por dispositivos anónimos e coletivos de poder que se aplicam na matéria biológica e psicológica do indivíduo. O corpo biológico sexuado, portanto, não é um "dado" natural, investido pela codificação social. A construção do corpo biológico é no entanto invisível: o resultado aparece como um dado natural e, portanto, legítimo. O mesmo ocorre quanto ao estatuto da raça, da etnia e da nação. Toda referência à essência é uma ilusão naturalista e determinista que fixa as identidades consideradas como naturais e, portanto, aceitáveis. O que não corresponde a este modelo é considerado como não natural e, consequentemente, inaceitável. Uma construção social contingente é assim transformada em um dado natural necessário, utilizado como norma social que produz e dirige condutas.

Renault apoia-se aqui em Bourdieu, que analisa como os grupos sociais enfrentam-se não somente para controlar os recursos materiais, mas também para impor a sua visão de mundo, exercendo uma violência simbólica sobre os outros grupos que resulta não somente da confrontação de estruturas avaliativas divergentes, mas também de estruturas cognitivas distintas (princípio de visão e divisão). A institucionalização de um modelo cultural tem por efeito a desvalorização dos papéis sociais valorizados por certos grupos sociais, bem como a definição de papéis sociais que eles dificilmente podem exercer. Renault revindica assim o reconhecimento das culturas dominadas e o trabalho de interculturalidade como uma prevenção da violência gerada pelos conflitos de identidade. Isto não significa, evidentemente, que todas as identidades merecem ser reconhecidas. Uma identidade que implica uma forma de estigmatização racista, sexista ou xenófoba não pode revindicar sua legitimidade. O justo tem uma prioridade sobre a conceção da vida boa, ainda que a justiça deva também integrar uma conceção de vida boa (Renault, 2004, pp. 269-273).

## Conclusão

Se o objetivo de Honneth é construir uma conceção normativa do indivíduo maduro – aquele cuja personalidade expressa uma pluralização interna – pode-se considerar com Freud essa pluralização interna como o resultado de vários pertencimentos sociais, com os quais o indivíduo se identifica, o que permite observar as imposições da interação social sobre o indivíduo e identificar consequências políticas. É por participar de vários grupos sociais e de uma multiplicidade de identidades que o indivíduo pode construir uma personalidade autónoma e autêntica, ao mesmo tempo que desenvolve laços emocionais com aqueles com quem se identifica. A base da vida social e da cultura é assim constituída. Consequentemente, onde Honneth criticou o ideal de um ego forte, em oposição a uma vida interior diversificada, seria possível, com Freud, criticar um eu fixo a uma identidade, a um único grupo de pertencimento, a um único modelo suposto invariável, que exclui tudo o que lhe é diferente. Quando isso acontece, os conflitos devido a reivindicações ou imposição de identidades podem se tornar destruidores. A identificação do bebé com os pais não é um fenómeno que se transfere para toda a humanidade, sendo, portanto anterior a todas as outras formas de identificação. A reificação não ocorre por causa de um "esquecimento" da identificação primária, tal como interpreta Honneth, mas sim devido a uma "fixação" na identificação primária que impede outras experiências de identificação.

A análise de Freud mostra que o vínculo entre a formação da personalidade e as instituições sociopolíticas estão na base dos fenómenos modernos de todo tipo de discriminação, sobretudo racismo, sexismo, nacionalismo e, em casos mais extremos, genocídio. Em vez de atribuir o comportamento discriminatório a uma agressividade coletiva natural das "multidões", desvalorizadas enquanto massas "primitivas", é preciso compreendê-las na sua relação com a legitimação institucional de certos modos de vida e pensamento. A violência relacionada a conflitos de identidade não é espontânea, ela é um produto sociocultural inseparável de condições sociopolíticas e, consequentemente, implica sempre uma responsabilidade[4].

A dificuldade é que o sentido e a forma pelas quais as instâncias de controlo exterior se internalizam exigem uma crítica da sociedade, que verifique as condições sociais que favorecem a formação desses conflitos, bem como aquelas condições que podem se opor. As ideias e os comportamentos discriminatórios contemporâneos, apesar de suas raízes muito antigas, não são manifestações autónomas, mas sim associadas às crises sociopolíticas da economia liberal e da democracia representativa. O fenómeno da exclusão é central aqui, num contexto no qual o que não está crescendo não é o mercado, mas a desindustrialização e desemprego. Interpretações abstratas destes conflitos como "rejeição do outro" supõem que a alteridade é *a priori*, o que reproduz o discurso racista e ignora a história que cria estigmatizações.

As diferentes formas de política – como a que visa a realização de direitos universais, a que visa a transformação socioeconómica e a que visa a violência dos conflitos de identidade, tais como propostas por autores como Taylor e Renault – devido às suas limitações, completam-se e pressupõem-se mutuamente. Como observa Balibar (1997, p. 51), uma política que se refere à conquista dos direitos universais emerge quando uma parte da humanidade é excluída do direito universal à política – assim nasce o combate contra a recusa de cidadania. Mas um "direito dos excluídos" pode sempre consagrar a ordem estabelecida. Por outro lado, "a outra cena", a subjugação e a obediência às instituições, deve servir precisamente para mostrar o lugar onde a política que se refere ao conflito de identidade deve ocorrer: ela se produz como política de desidentificação, na ação de diferenciar-se, de não se deixar fixar num modelo estabelecido de identidade. Disso decorre tanto um direito à diferença, sem nenhum modelo determinado, como um direito ao reconhecimento de um modo de vida socialmente e juridicamente desvalorizado.

---

[4] Ver também os estudos de Theodor Adorno sobre antissemitismo e autoritarismo, de Klaus Horn e de Paul Parin sobre o pacifismo de orientação sociopsicológica, e de Etienne Balibar sobre racismo, sexismo e nacionalismo.

# Bibliografia

Balibar, E. (2007). Freud et Kelsen, 1922. L'invention du Surmoi. *Incidence*, *3*, 21-73.

Balibar, E. (1997). *La crainte des masses*. Paris: Galilée.

Freud, S. (1914/1997). Zur Einführung des Narzismuß. In A. Mitscherlich, A. Richards, J. Strachey (Dirs.), *Sigmund Freud – Studienausgabe* (Vol. III). Frankfurt am Main: Fischer.

Freud, S. (1915/1997). Zeitgemäßes über Krieg und Tod. In A. Mitscherlich, A. Richards, J. Strachey (Dirs.), *Sigmund Freud – Studienausgabe* (Vol. IX). Frankfurt am Main: Fischer.

Freud, S. (1917/1997). Trauer und Melancholie. In A. Mitscherlich, A. Richards, J. Strachey (Dirs.), *Sigmund Freud – Studienausgabe* (Vol. III). Frankfurt am Main: Fischer.

Freud, S. (1921/1997). Massenpsychologie und Ich-Analyse. In A. Mitscherlich, A. Richards, J. Strachey (Dirs.), *Sigmund Freud – Studienausgabe* (Vol. IX). Frankfurt am Main: Fischer.

Freud, S. (1923/1997). Das Ich und das Es. In A. Mitscherlich, A. Richards, J. Strachey (Dirs.), *Sigmund Freud – Studienausgabe* (Vol. III). Frankfurt am Main: Fischer.

Freud, S. (1930/1997). Das Unbehagen in der Kultur. In A. Mitscherlich, A. Richards, J. Strachey (Dirs.), *Sigmund Freud – Studienausgabe* (Vol. IX). Frankfurt am Main: Fischer.

Freud, S. (1933a/1997). Neue Folge der Vorlesung zur Einführung in die Psychoanalyse. In A. Mitscherlich, A. Richards, J. Strachey (Dirs.), *Sigmund Freud – Studienausgabe* (Vol. I). Frankfurt am Main: Fischer.

Freud, S. (1933b/1997). *Warum Krieg?*. In A. Mitscherlich, A. Richards, J. Strachey (Dirs.), *Sigmund Freud – Studienausgabe* (Vol. IX). Frankfurt am Main: Fischer.

Honneth, Axel (2005). *Verdinglichung*. Frankfurt am Main: Suhrkamp.

Honneth, A. (2003). Objektbeziehungstheorie und postmoderne Identität. Über das vermeintliche Veralten der Psychoanalyse. In A. Honneth, *Unsichtbarkeit* (pp. 138-161). Frankfurt am Main: Suhrkamp.

Kelsen, H (1925/1968). *Das Problem des Parlamentarismus*. Darmstadt: Wissenschaftliche Buchgesellschaft.

La Boétie, E. (1577/2002). *Discours de la servitude volontaire ou Contr'un*. Paris: Payot.

Le Bon, G. (1895/1981). *Psychologie des foules*. Paris: PUF.

Moscovici, S. (1985). *L'âge des foules*. Bruxelles: Editions Complexe.

Renault, E. (2004). *L'expérience de l'injustice. Reconnaissance et clinique de l'injustice*. Paris: La Découverte.

Ricœur, P. (1965). *De l'interprétation*. Paris: Seuil.

Taylor, Ch. (1994). *Multiculturalisme. Différence et démocratie*. Paris: Flammarion.

# CAPÍTULO III

## *ETHOS* E *PRAXIS* NA POÉTICA ARISTOTÉLICA

Martinho Soares[1]

## Introdução

Na raiz semântica do conceito de Ética está o étimo grego *êthos*. Este tanto pode designar "carácter" e "personagem", como "costume" e, no plural, "morada". A ideia fundadora e fundamental do conceito, que lhe permite assegurar a coesão lexical entre os vários referentes, é a de permanência, hábito, durabilidade. Assim se compreende que ele tanto possa referir a morada, enquanto lugar de permanência; a identidade ou o carácter de um indivíduo, como disposição estável, e, por conseguinte, de uma personagem (que mais não é do que a efabulação de um indivíduo); ou a de um povo, com todos os seus costumes e valores sociais sedimentados. Na perspetiva aristotélica, que é prioritariamente a exposta na *Ética a Nicómaco*, a ética diz respeito ao indivíduo agente e à forma como este há-de conduzir a sua ação para a felicidade e a vida boa. Nesse âmbito surge um conjunto de conceitos chave para a enteléquia humana: *heixis*, traduzido por "disposição adquirida", é um constituinte fundamental do carácter e conceito antropológico de base da *Ética* aristotélica; *phronesis*, com o sentido de "sensatez" e "sabedoria prática", define o homem que sabe conduzir as suas ações para a felicidade e para a vida boa, através da eleição da virtude. Esta, designada *arête*, exprime a "excelência" que deve orientar toda a *praxis* humana. Outros conceitos fundamentais como *praxis, telos, ergon, hedonê, eudaimonia, philia, dikaiosunê* jogam em função de uma conceção eminentemente subjetiva e individualista de ética — que os escritos aristotélicos sobre *Política* posteriormente virão abrir ao mais amplo campo comunitário, social. Na *Poética*, a dimensão da *poiesis* sobrepõe-se à dimensão ética, na razão da sobreposição da ação (*praxis*) sobre o agente (êthos). Todavia, a dialética *praxis/êthos*, geradora de *Poética* e de *Ética*, abre-nos caminho para desveladas considerações (po)éticas que aqui queremos expor.

---

[1] Centro de Estudos Clássicos e Humanísticos da Universidade de Coimbra.

DOI: https://doi.org/10.14195/978-989-26-1380-2_3

## 1. A Poética como laboratório da Ética

A *Poética* reflete sobre o importante mundo dos textos dramáticos e épicos da literatura grega, os quais são, inquestionavelmente, autênticos laboratórios do imaginário, lugar de fundadoras experiências de teor ético, que geram no leitor ou no espectador juízos de valor e de avaliação ética.

O tratado literário aristotélico insere-se numa tradição que tem em Platão a grande fonte de onde emanam muitos dos conceitos ético-poético-políticos que enformam o pensamento do Estagirita. Embora Aristóteles se distancie do seu mestre quando advoga que os critérios para julgar a poesia não se confundam com preceitos ético-políticos de moral, verdade ou realidade, como preconizava Platão — bem pelo contrário, a poesia deve medir-se com critérios exclusivamente poéticos —, aproxima-se do Académico ao esperar que a tragédia exerça uma função moralizante sobre os espectadores; daí a prescrição de que não se devem representar indivíduos moralmente desprezíveis passando do infortúnio à felicidade nem vice-versa, porque este facto, em vez de provocar temor e compaixão, suscita repugnância.[2]

Esta dissonância entre mestre e discípulo não é de monta a anular a realidade das ideias e a realidade dos valores éticos como os dois pilares fundamentais da filosofia e da metafísica platónico-aristotélica. Ao considerar que há valores morais e cognitivos implícitos na obra poética, Aristóteles é essencialmente platónico; isso não o impede, porém, de se afastar do seu antecessor, ao atenuar a rigidez moral e cognitiva do conceito de *mimesis*: o imitado ou a poesia deixa de ser indigna do filósofo ou do cidadão virtuoso, visto que a poesia não é *mimesis* de matérias contingentes, mutáveis e enganosas, mas de formas universais tal como são ou poderiam ser em virtude do verosímil e do necessário. Assim, a imitação não pode ser prejudicial nem para a busca da verdade nem para o desejo de retidão moral que caracterizam o filósofo.

A intriga não só imita universais como é ela mesma um feito universal. Tal poder advém-lhe da composição ordenada e harmoniosa que lhe confere totalidade e coesão. A universalidade da intriga acontece se a estrutura do *mythos* repousa no nexo causal interno da ação e não em acidentes externos ou episódicos. A conexão interna da intriga gera universais, os quais não são ideias platónicas, mas parentes da sabedoria prática e, logo, da ética e da política (cf. Ricoeur, 1983, p. 85). Assim, "compor uma intriga é já fazer surgir o inteligível do acidental, o universal do singular, o necessário ou o verosímil do episódico" (Ricoeur, 1983, p. 85). É Aristóteles quem o diz:

---

[2] "[...] é evidente, em primeiro lugar, que se não devem representar os homens bons a passar da felicidade para a infelicidade, pois tal mudança suscita repulsa, mas não temor nem piedade; nem os maus a passar da infelicidade para a felicidade, porque uma tal situação é de todas a mais contrária ao trágico, visto não conter nenhum dos requisitos devidos, e não provocar benevolência, compaixão ou temor; nem tão pouco os muito perversos a resvalar da fortuna para a desgraça" (Aristóteles, 2004, 1452b 34-38).

[...] o poeta deve ser um construtor de enredos mais do que de versos, uma vez que é poeta devido à imitação e imita acções. E, se lhe acontece escrever sobre factos reais, não é menos poeta por isso: nada impede que alguns factos que realmente aconteceram sejam [possíveis e] verosímeis e é nessa medida que ele é o seu poeta (2004, 1451b 28-32).

O poeta é, deste modo, considerado o construtor de intrigas e o imitador de ações (*praxeis*), ofício que lhe é outorgado pela própria semântica do vocábulo "poeta", cognato do verbo *poiein*, que significa, justamente, "fazer", "fabricar", "construir"[3]. Neste sentido, pode dizer-se que a tragédia é um "fazer" sobre um "fazer". Simplesmente, o fazer mimético não é efetivo ou ético, é inventado ou poético. É que

no interior da *mimesis* desenvolve-se uma tensão entre a submissão à realidade da acção humana e o trabalho criador, que é a poesia em si mesma, porque o real da referência mimética não é algo cristalizado e inerte, de que só seria possível uma cópia, mas o reino da natureza enquanto fonte dinâmica e criadora, de que só há *mimesis* quando também se cria. Por isso toda a *poesis* é mimética e toda a *mimesis* é poética. (Baptista Pereira, 1993, p.428)

Assim, "ela mantém simultaneamente uma proximidade com a realidade e a distância efabuladora, que permite magnificar as acções imitadas" (Portocarrero, 2005, p. 64).

Toda a *mimesis* é *mimesis praxeos* e todo o *mythos* é *sunthesis pragmatôn*, e isto implica que só há catarse se houver efabulação de ações, ou seja, a mimese consiste na representação imitativa de ações que a intriga reúne e combina de forma coerente e consequente, de modo a produzir reconhecimento e prazer no espectador. A ação — não o herói — é a responsável pela unidade da obra poética, e a unidade da ação é o alicerce de qualquer arte mimética, seja tragédia ou epopeia.

---

[3] Aristóteles aproxima, em estreita conexão, os dois momentos fulcrais da composição poética, *mythos* e *mimesis*, sendo a ação humana (*praxis*) o seu grande unificador. Estes dois termos, no Estagirita, trazem em si a marca dinâmica de produção, construção, que lhes advém do verbo *poiein*, que significa fazer, construir, elaborar, e que, por sua vez, dá origem ao adjetivo "poética", de "arte poética". A poiesis é uma arte (*techne*), é uma técnica de composição, um ofício como o do carpinteiro ou do tecelão, logo, mythos e mimesis têm de ser entendidos como operações e não como estruturas. *Mythos* não é apenas sistema, mas agenciamento dos factos em sistema (1450a 5) ou composição de uma intriga, e mimesis é a atividade ou processo ativo e criador de imitar ou representar, através da articulação discursivo-narrativa, os homens em ação. Por outras palavras, podemos dizer que o mythos aristotélico é intriga, argumento, narrativa ou "estória" — diferente de "história", no sentido de historiografia — e *mimesis* é representação ou imitação, mas não no sentido de cópia passiva ou réplica. Aliás, é de remarcar que, em grego, as palavras terminadas pelo sufixo -sis, como *poiesis*, *sustasis*, *mimesis*, são substantivos abstratos com o traço semântico de "processo", "ação", "dinamismo".

De facto, na vida de um só indivíduo podem produzir-se imensos acontecimentos que não formam uma unidade entre si. Ao contrário, a unidade da intriga trágica está relacionada com a formação de uma totalidade organizada, pois todos os acontecimentos que a constituem estão ordenados de acordo com o verosímil e o necessário, de molde a criar uma obra bela.

Sublinhe-se que, apesar de tudo, Aristóteles não desqualifica as personagens, apenas as coloca em segundo plano na hierarquia da narrativa. Recorde-se que, também na narrativa semiótica contemporânea, Vladimir Propp sobrepõe às próprias personagens as "funções" que estas desempenham na intriga.

A tragédia, ao imitar uma ação, imita, através dela, também os indivíduos que agem: "A tragédia é a imitação de uma ação e, através desta, principalmente dos homens que atuam" (Aristóteles, 2004, 1450b 34) — ideia que Aristóteles não se cansa de vincar:

De facto, toda a tragédia é [antes de mais] a imitação de uma acção [*mimesis praxeos*] e uma acção é levada a cabo por indivíduos que agem, que necessariamente têm de ser de uma maneira ou de outra, segundo o seu carácter e pensamento [*kata te to êthos kai tên dianoian*]. (1449b 34-37)[4]

E, logo a seguir:

Como a tragédia é a imitação de uma acção e é realizada pela actuação de algumas pessoas que, necessariamente, são diferentes no carácter e no pensamento (é através disto que classificamos as acções [são duas as causas das ações: o pensamento e o carácter] e é por causa destas acções que todos vencem ou fracassam), o enredo é a imitação da acção, entendendo aqui por enredo a estruturação dos acontecimentos, enquanto os caracteres são o que nos permite dizer que as pessoas que agem têm certas qualidades [...]. (1449b 36; 1450a 8)

Todavia, se por um lado a ação depende da qualidade dos seus caracteres ou da sua maneira de ser e dos seus pensamentos, por outro, estes elementos estão-lhe subordinados, pois que ela é forçosamente o objeto principal da mimese:

Mas o mais importante de todos é a estruturação dos acontecimentos. É que a tragédia não é a imitação [*mimesis*] dos homens, mas das acções e da vida [...] Aliás, eles [os personagens (*mimêsôntai*)] não actuam para imitar os caracteres [*ta êthê*], mas os caracteres é que são abrangidos pelas acções [*praxeis*]. Assim, os acontecimentos [*ta pragmata*] e o enredo [*mythos*] são o objectivo

---

[4] A tradução é da nossa responsabilidade, por se pretender uma tradução mais literal do texto aristotélico.

[*teleos*] da tragédia e o objetivo é o mais importante de tudo. Além disso, não haveria tragédia sem acção, mas poderia haver sem caracteres (1450a 1624).

Não restam, pois, dúvidas de que a *praxis* — intrínseca e mutuamente implicada no *mythos* — é "a parte principal, o objeto visado, o princípio e, talvez possamos dizer, a alma da tragédia" (Ricoeur, 1983, p. 71).

Ao passo que na *Ética a Nicómaco* (2001, II, 1105a 30 *seq.*), o filósofo grego dá primazia ao sujeito sobre a ação, na *Poética*, é a tessitura da intriga (consoante seja epopeia, tragédia ou comédia) que comanda claramente a qualidade ética dos caracteres. De fato, a diferenciação entre os três géneros poéticos não é feita com base no cânon poético que rege toda a teoria, a saber, o da *mimesis praxeos*, mas tem que ver com os critérios éticos de nobreza e de baixeza, virtude e vício. A tragédia imita indivíduos melhores que os atuais, isto é, pessoas nobres e virtuosas, e a comédia imita indivíduos piores, de baixa condição. Aristóteles faz, portanto, uma tripla distinção sobre o estatuto do objeto imitado (melhor, pior ou igual) sendo que esta última categoria, homens iguais aos atuais, fica por preencher, por não corresponder ao objeto de nenhum género literário.

> Uma vez que quem imita representa os homens em ação, é forçoso que estes sejam bons ou maus (os caracteres quase sempre se distribuem por estas categorias, isto é, todos [*pantes*] distinguem os caracteres pelo vício e pela virtude) e melhores do que nós ou piores ou tal e qual somos, como fazem os pintores [...] também a tragédia se distingue da comédia neste aspecto: esta quer representar os homens inferiores, aquela superiores aos da realidade. (Aristóteles, 2004, 1448a 14; 16-18)

Klimis encontra aqui prova suficiente para entender a *mimesis* no sentido de "estilização" e não de mera reprodução[5]. Na verdade, ao falarmos de *mimesis*, temos de tomar duas precauções relativamente à tradução e significado do conceito: em primeiro lugar, se traduzimos *mimesis* por imitação, não falamos de um decalque de um real existente, mas antes de uma imitação criativa; em segundo, se traduzimos *mimesis* por representação, não falamos de duplicação de presença, à guisa da *mimesis* platónica, mas antes do corte que abre o espaço de ficção. Neste sentido, Ricoeur observa que é o significado aristotélico de *mimesis* que serve de critério para a instauração do conceito moderno de literariedade de uma obra literária (1983, p. 93).

A dimensão criativa da mimese vem dessa representação de homens melhores ou piores que os existentes, uma vez que dispensa a cópia dos homens como realmente são e preocupa-se, fundamentalmente, em representá-los como pode-

---

[5] «Nous trouvons donc dans ce chapitre la preuve que c'est bien dans le sens d'une 'stylisation' qu'Aristote entend la mimèsis, et certainement pas dans celui d'une simple 'imitation'» (Klimis, 1997, p.113).

riam ou deveriam ser. Ora, esta asserção, melhores ou piores que os atuais, tem fortes e evidentes contornos éticos e cognitivos; eventualmente morais, quando há quebra da lei. O espectador é convidado a confrontar o seu comportamento com os das personagens em ação e daí retirar juízos sobre a sua própria conduta. Mas para que haja confronto e identificação ética e emocional com as personagens, é fundamental que a intriga cumpra determinados requisitos. Há normas para se obter uma tragédia com qualidade. Elas assentam sobre dois eixos principais: a nobreza e a baixeza de carácter das personagens e o fim afortunado ou desafortunado que elas devem atingir. Assim, não se deve mostrar indivíduos muito nobres passando da sorte à desgraça, pois tal não é terrível e suscitador de compaixão, mas antes repulsivo, nem se deve tão pouco mostrar os malvados a passar da desgraça à ventura, pois isso não é nada trágico, uma vez que não provoca terror nem compaixão, para além de não ser eticamente correto. Uma personagem malvada a passar da dita à desdita também não desperta comiseração e pavor, apenas, talvez, um sentido de justiça. O que se deve representar é alguém da nossa condição, com quem nos possamos assemelhar, alguém que, sem o merecer, sofre um enorme revés que o lança na desgraça. Isso gera nos espectadores verdadeiro assombro e piedade, emoções trágicas que regulam a hierarquização destas combinações possíveis. Aristóteles explicita que "a compaixão tem por objeto quem não merece a desdita, e o temor visa os que se assemelham a nós" (1453a 45). Em suma, da composição poética devem ser excluídas quaisquer ações repugnantes, monstruosas ou desumanas, pois é essencial que o herói seja alguém com quem o espectador se possa identificar, de molde a sentir as emoções trágicas que são o sucesso das tragédias.

Fica, pois, patente que o herói trágico aristotélico não deve ser excelsamente virtuoso e justo nem demasiado mau ou perverso, a sua queda deve ser justificada não por uma grande maldade, mas simplesmente por uma *hamartia*, isto é, por um erro fatal pelo qual não é totalmente responsável. A essência do trágico reside exatamente na fragilidade e finitude da condição humana, as quais ocasionam a *hamartia*[6]. Se o Homem fosse perfeito, anular-se-ia a sua condição e a possibilidade de se gerar um conflito trágico. De igual modo, comenta Fialho:

---

[6] A palavra grega hamartia, normalmente traduzida por "erro", é cognata do substantivo abstrato *hamartema* e do verbo *hamartano*, que aparece documentado na Ilíada com o sentido de "errar o alvo". Contudo, este vocábulo tem tido várias interpretações ao longo dos séculos, dando azo a profusa literatura. Por motivos óbvios, não vamos aqui fazer uma exposição das suas várias aceções. No entanto, para um estudo aprofundado do termo, aconselhamos a consulta da obra de Jan Bremer (1969), *Hamartia*, totalmente dedicada à multiplicidade semântica do conceito; a tradução da *Poética* e respetivos comentários da autoria de Lucas (1968); a introdução de Rocha Pereira à tradução da Poética (2004); e o artigo de Fialho (1977), "Algumas considerações sobre o Homem trágico". A partir das várias ocorrências da palavra na Poética, pode verificar-se que "*hamartia*" e "*hamartema*" podiam ser usados em relação "a qualquer acção cujo resultado falhou", e que podiam "abranger igualmente erro e crime"» (Rocha Pereira, 2004, p. 25). Na *Ética a Nicómaco* (2001, V 1135b 1625) o Estagirita apresenta três conceitos afins: "*hamartema*", que significa "erro", no

se a modificação se operasse apenas a nível de ficção dramática, cessaria a possibilidade de comunicação espectador-tragédia, já que entre aquele e as personagens envolvidas nesta (que o deixaria de ser, por sua vez) cessaria a possibilidade de uma linguagem comum, de uma experiência comum (1977, p. 382).

Para que a tragédia possa existir, possa atingir o seu efeito próprio, e produzir prazer intelectual, adveniente do reconhecimento, é fundamental que represente ações de seres finitos e contingentes, presos entre a precariedade e a realização absoluta. Esta exigência faz da *hamartia* o "cerne da própria tragédia", porque "cerne da própria condição humana" (Fialho, 1977, p. 387).

Deste modo, o recetor da tragédia torna-se juiz, não ministro da lei, reconhecendo-se tão falível como o herói atingido pelo infortúnio.[7] É pela qualidade emocional do temor, da compaixão e do humanismo que o espectador discerne a falta trágica. A sua resposta emocional é construída no próprio drama, através de incidentes destrutivos e dolorosos que afetam as personagens. A *katharsis*, conceito fundamental na definição de tragédia, designando a purificação ou purgação das emoções, é operada pela composição da própria intriga, sendo as emoções depuradas as reguladoras do discernimento do trágico. Por isso, refere Aristóteles, no capítulo XIV, que não é necessário que o terror e a compaixão resultem do espetáculo, é preferível — e aí se vê a qualidade do poeta — que essas emoções sejam resultado do próprio texto, de forma que alguém que não veja a representação, mas leia ou escute o argumento, se aterrorize e sinta compaixão, como acontece, por exemplo, no *Rei Édipo* de Sófocles. Ademais, adverte o filósofo grego no mesmo capítulo:

[...] não se deve procurar na tragédia toda a espécie de prazer, mas a que lhe é peculiar. E, uma vez que o poeta deve suscitar, através da imitação, o

---

sentido lato; "*athychema*", falta involuntária; e "*adikema*", injustiça. Assim, na tragédia, *hamartia* "é uma certa forma profunda de ignorância que conduz a consequências desastrosas sem subverter a integridade moral do herói trágico" (Rocha Pereira, *ibid.*, p. 26). Por isso, convém esclarecer, "*hamartia* não é culpa, nem dor, nem erro, mas incapacidade de atingir o alvo, incapacidade do Homem de coincidir com os seus próprios fins, o que o transformaria de mortal em deus; hamartia é a própria limitação constitucional do Homem — finitude — que pode englobar culpa, dor ou erro (ou ser actualizada numa dessas várias formas) mas que as ultrapassa para significar um dos aspetos da própria condição humana" (Fialho, 1977, p. 384).

[7] Não obstante, Klimis lembra que Aristóteles não pretende fazer resultar o prazer estético de uma simpatia (*sympathein*) nem de uma empatia, papel que cabe à música, mas de um reconhecimento, porque a tragédia, ao invés da música, está submetida a um desvio pela *synthesis ton pragmaton*, que necessita de um esforço de raciocínio por parte dos espectadores, a fim de que estes sejam afetados pelas emoções mediatizadas pela reflexão (*vide* Klimis, 1997, p. 123).

prazer inerente à compaixão e ao temor, é evidente que isso deve ser gerado pelos acontecimentos (1453b 1014)[8].

E também este prazer peculiar ou próprio da tragédia possui uma dimensão fortemente ética, como veremos seguidamente. Imitar (*mimeisthai*), diz Aristóteles (2004, 1448b 5), é inato (*symphyton*) e instintivo no homem, sendo uma atividade da qual extrai prazer. O mesmo aponta as duas causas naturais (*physikai*) que geraram a poesia: a aprendizagem e o prazer cognitivo ou intelectual. Imitar é algo conatural ao homem desde a infância e isto diferencia-o dos restantes animais, pois o ser humano adquire os seus primeiros conhecimentos imitando, acrescenta o mesmo (2004, 1448b 78). A segunda causa prende-se com o facto de todos os homens se comprazerem com as imitações, pois até as coisas mais repugnantes, se forem bem imitadas, geram prazer no espectador (2004, 1448b 8).

O artista, ao representar os universais ou as formas, representa a realidade verdadeira ou necessária e provável ou verosímil; ao imitar essa realidade, sente em si e desperta naqueles que apreciam a obra um prazer intelectual que é aduzido do facto de a compararem com o objeto representado. Acontece que, se alguém não viu previamente o modelo original, obviamente, não o pode reconhecer e, nesse caso, a obra de arte não produz de forma eficiente, através da imitação, o prazer (*hedonê*) genérico, característico de toda a *poiesis*. Todavia, esse prazer pode ser apenas estético e ter outras fontes: a execução talentosa, a cor, o ritmo, a harmonia, a proporção do representado ou alguma outra causa desse género. No caso da obra poética em verso, por exemplo, a harmonia e a repetição conatural ao ritmo (pois o ritmo é recorrência ordenada) suscita em nós, naturalmente, prazer, pelo facto de estes elementos rítmicos e harmónicos serem percebidos com o nosso sentido inato de ritmo e harmonia. Este deleite, que qualificamos de estético, é também intelectual pelo facto de nos regozijarmos ao integrar os esquemas repetitivos num todo já reconhecido e percebido noutras representações miméticas e na própria natureza. Podemos perceber a repetição em que consiste o ritmo, por exemplo, também nos movimentos da coreografia, na disposição das cores na pintura e nas sequências harmoniosas da música.

A *mimesis* implica sempre a *phronesis*, ou seja, a inteligência da ação, que se traduz em aprendizagem, dedução e reconhecimento[9].

A razão disto é também que aprender não é só agradável para os filósofos mas é o igualmente para os outros homens [...]. É que eles, quando vêem as

---

[8] Perante este facto, Ricœur observa: "On ne saurait guère pousser plus loin l'inclusion de l'effrayant et du pitoyable dans la texture dramatique" (1983, p. 92).

[9] "Apprendre, conclure, reconnaître la forme: voilà le squelette intelligible du plaisir de l'imitation (ou de la représentation)" (Ricœur, 1983, p. 83).

imagens, gostam dessa imitação, pois acontece que, vendo, aprendem e deduzem o que representa cada uma, por exemplo, "este é aquele assim e assim". (Aristóteles, 2004, 1448b 12-17)

O intelectualismo estético de Aristóteles, aludido na *Metafísica* (980a 21) e igualmente teorizado na *Retórica* (1371b 4), assenta neste reconhecimento que gera prazer, porque quem contempla decifra na imagem as correspondências da imitação com o modelo original, ou seja, desse modo aprende e se regozija (*vide* Eire, 2002b, pp.115-116, nota n.º 11). A aprendizagem gera prazer e o prazer adveniente do reconhecimento gera aprendizagem. Aristóteles estabelece assim um elo entre a *mimesis* entendida com reminiscência e a *mimesis* estética.

O prazer estético resulta, então, do relacionamento que o filósofo grego estabelece entre a representação mental que é a memória e a representação estética produzida pela *mimesis*. Mas, sendo esta representação estilizada e não apenas um duplicado, para que haja reconhecimento, é preciso haver uma estância mental que serve de intermediária, visto que há um desvio entre o representado e o representante. Assim, para que o espectador reconheça na imagem o seu modelo implícito, precisa de fazer um raciocínio silogístico que lhe permita associar os dois termos. Este reconhecimento só é possível porque o observador cria na sua mente uma representação da coisa representada. Aristóteles releva aqui, implicitamente, o papel fulcral da imaginação do espectador como móbil do reconhecimento e do prazer daí adveniente.

Ademais, o texto diz que este prazer aparece acompanhado com a aquisição de um certo saber prático que concorre para a aprendizagem quer da criança quer do adulto, "car c'est par la *dissemblance* que l'homme peut apprendre quelque chose sur son *semblable*" (Klimis, 1997, p. 117). As crianças aprendem a reconhecer a sua humanidade através de jogos, que são também uma espécie de representação; os adultos, vendo representados no mundo da ficção personagens em vez de homens reais, reconhecem as suas próprias paixões e vícios, podendo esse reconhecimento, depois de uma introspeção, movê-los a uma autocorreção. Apercebemo-nos, assim, da extrema importância que assume este corte da mimese em relação ao mundo real, atestando a necessidade do confronto com o outro para melhor se compreender a si próprio.

A acrescentar ainda aos dois prazeres genéricos acima referidos há ainda o que Eire designa de prazer ético-psicológico, referindo-se àquele que é derivado da *katharsis*, e que Aristóteles define como o "prazer próprio" do *mythos* trágico. Este é ético ou político porque move os espectadores a agirem de acordo com o bem comum da polis, transformando-os em melhores cidadãos; é psicológico ou emotivo porque, através da purificação das paixões de temor e compaixão dos caracteres, afeta as emoções do auditório, provocando-lhes, paradoxalmente, um prazer também ele catártico (*vide* Eire, 2002, pp. 98-100).

Sintetizando, podemos dizer que o prazer ou efeito derivado da composição trágica tem três raízes, todas elas de cariz cognitivo ou intelectual: o efeito *genérico* comporta o prazer intelectual, resultante da comparação de uma representação com o seu modelo, e o prazer estético, proveniente do gozo que a perfeição artística provoca nos espectadores; o "efeito próprio" do género trágico é o prazer ético-psicológico, fruto da purgação ou da *katharsis*. Os três estão interligados e podem ser integrados na categoria maior e unificadora da *phronesis,* já que todos dependem da operação intelectual de conhecimento, dedução e reconhecimento. A finalidade de toda a obra poética é, pois, hedonista, uma vez que consiste, no caso da tragédia, na produção de um efeito catártico no público. Esta finalidade determina a forma substancial da tragédia, a sua estrutura e o seu conteúdo, que devem estar orientados para suscitar no espectador sentimentos de terror e de compaixão.

## 2. A Praxis entre Ética e Poética

Dadas as considerações anteriores, podemos concluir que a *praxis*, enquanto objeto da *mimesis*, pertence simultaneamente ao domínio do real, a cargo da ética, e ao domínio da ficção, a cargo da poética. Nesse sentido, a *mimesis* opera não somente um corte que cria a liberdade de ficção, mas também uma ligação entre estes dois mundos, que lhe permite estabelecer o que Ricoeur designa de "statut de la transposition "métaphorique" du champ pratique par le mythos" (Ricoeur, 1983, p. 93). É o agir e o sofrer humanos que a poética transpõe para o poema como sublinha ainda o filósofo francês (Ricoeur, 1983, p. 94).

Se a *mimesis*, que tem como objeto a ação humana, estabelece uma ponte entre o mundo prático da ética e o mundo ficcional da poética, é imperativo preservar no próprio conceito de mimese uma referência ao que precede a composição poética, referência esta à qual Ricoeur chamará *mimese I,* distinguindo-a da *mimese II,* que corresponde à criação literária, às quais há ainda a acrescentar a *mimese III,* ou seja, a que o filósofo francês considera a propósito da receção do *mythos* pelo espectador ou pelo leitor. É que, segundo ele, a mimese criativa tira a sua inteligibilidade da sua função de mediação, que vai do ponto de partida do texto até ao ponto de chegada do mesmo, através do seu poder de configuração poética[10]. Contudo, neste contexto, interessa fixarmo-nos para já na referência a montante da criação poética ou ponto de partida do texto, equivalente ao mundo da *praxis* ética, objeto da *mimesis*. Para tal, importa colher algumas menções esparsas na *Poética* aristotélica.

Aristóteles teoriza o modelo trágico, constituindo-se a partir da imitação desta precompreensão que antecede o labor literário. O *mythos* trágico é uma

---

[10] «J'espère montrer qu'elle [l'activité mimétique] tire son intelligibilité de sa fonction de médiation, qui est de conduire de l'amont du texte à l'aval du texte par son pouvoir de refiguration» (Ricoeur, 1983, p. 94).

exploração das vias pelas quais a ação lança, inesperadamente, os homens virtuosos na desgraça. Para isso, urde-se com as peripécias que privam o ser humano da felicidade e o mergulham no infortúnio. Neste ponto, a tragédia representa um contraponto à ética aristotélica, que ensina como é que a ação humana, através do exercício das virtudes, consegue deixar a infelicidade e alcançar a felicidade.

Do mundo da ética, o filósofo grego retira os dois conceitos fundamentais que suportam a ponte entre ética e poética através da mimese: *praxis* (ação) e *êthos* (carácter). É de assinalar que a Ética trata a felicidade apenas de forma potencial, isto é, considera as suas condições gerais, ou seja, as virtudes para se alcançar a felicidade, mas não considera as circunstâncias particulares para tal. Por isso, afirma Ricoeur (1983, p. 95), o laço entre as virtudes e as circunstâncias da felicidade é aleatório. Já a poética, em virtude das intrigas construídas pelo poeta, confere inteligibilidade a este laço contingente, dito de outro modo, a poética, construindo um enredo, confere inteligibilidade, sob uma espécie de ilustração, aos preceitos demasiado abstratos da ética. Recapitulemos: em primeiro lugar, as personagens que o poeta representa são "agentes" (*prattontas*) — pessoas que agem (1448a 1); relativamente ao carácter, já dissemos que essas personagens representam pessoas de alta ou baixa estirpe, pessoas nobres ou más, categorias com as quais o autor discrimina toda a humanidade (*pantes*), consoante o género literário seja, respetivamente, tragédia ou comédia, já que uma imita indivíduos melhores que os atuais, e a outra imita-os piores; ou seja, como vimos anteriormente, os caracteres são quem permite qualificar as personagens em ação.

Há que reter daqui duas ideias fundamentais: o objeto da representação é o homem segundo a ética; e, portanto, as qualificações éticas do *mythos* advêm do mundo real. Corroboram-no expressões como "toda a humanidade" (1448a 4) e "quer representar indivíduos melhores (*beltious*) ou piores (*keirous*) que os actuais (*ton nun*)" (1448a 16-18).

A atividade mimética é, então, não apenas rutura, mas também elo, pois realiza aquilo que Ricoeur designa de "deslocamento mimético" ou "transposição" quase metafórica[11] do mundo da *praxis* para o mundo da poética, isto é, da mimese I para a mimese II. O *mythos* instaura, realmente, um corte entre o mundo da ética e da poética, porque abre a uma nova realidade, mas a *praxis*, comum às duas dimensões, é um elemento unificador, enquanto é transposta, pelos *mimoumenoi,* do domínio dos *êthoi* para o domínio da *poiesis.* Assim, conclui Ricoeur: "s'il n'est pas douteux que

---

[11] «Bref, pour que l'on puisse parler de 'déplacement mimétique', de 'transposition' quasi métaphorique de l'étique à la poétique, il faut concevoir l'activité mimétique comme lien et non pas seulement comme coupure». (Ricœur, 1983, p. 96)

le terme *muthos* marque la discontinuité, le mot de *praxis*, par sa double allégeance, assure la continuité entre les deux régimes éthique et poétique, de l'action" (1983, p. 96).

Não obstante, a presença da ética na poética não se cinge ao fundo cultural no qual o poeta encontra uma categorização implícita do campo prático; nesse fundo cultural o mesmo descobre também uma primeira construção narrativa do campo prático. Efetivamente, os poetas trágicos gregos elaboraram as suas tragédias com base em nomes e mitos que a tradição helénica lhes transmitiu.

> Sem mitos transmitidos entre os Gregos, nada haveria que pudesse ser poeticamente transposto, pois faltaria, *v.g.*, a fonte inesgotável da violência recebida dos mitos pelo poeta trágico ou o denso potencial trágico da história de casas célebres. (Pereira, 1993, p.438)

Fazem parte desse tesouro inesgotável a casa dos Atridas e a casa de Édipo, entre outras, que foram uma fonte sublime de matéria violenta, transposta pelos poetas para o efeito trágico. Com o recurso a nomes de homens que a tradição conhecia, os poetas tornavam as suas tragédias mais persuasivas ou convincentes (*pithana*), porque como afirma Aristóteles:

> o possível é fácil de acreditar. Na verdade, nós não acreditamos que coisas que ainda não aconteceram sejam possíveis; ao contrário, pelo facto de terem acontecido, torna-se evidente que eram possíveis, pois não teriam ocorrido se fossem impossíveis. (2004, 1451b 15-18)

Assim, não é de admirar que o autor aconselhe os poetas a explorar este filão recebido da tradição, dizendo que um poeta não é pior poeta por compor as suas intrigas com base em acontecimentos reais (*genomena*), pois "nada impede que alguns factos que realmente aconteceram sejam possíveis e verosímeis e é nessa medida que ele é o seu poeta" (2004, 1451b 29-32).

Para rematar o esquema ricoeuriano da tríplice mimese que temos vindo a seguir, falta-nos relevar o carácter acentuadamente ético da *mimesis* III, a qual encontra na *katharsis* aristotélica um bom fundamento. De facto, um dos conceitos chave que, em *Temps et récit I*, Ricoeur trabalha, a partir da *Poética* aristotélica, é o de *katharsis*. Este permite ao filósofo francês fazer a desejada ponte entre a ação imanente ao drama e o mundo *praxístico* do espectador, que levará à fundação da referida *mimesis* III e contribuirá de forma decisiva para a estética da receção, um dos pilares da hermenêutica ricoeuriana[12].

---

[12] "É essa posição chave da katharsis, na flexão da acção mimada pelo drama e do mundo práxico do espectador, que tornará possível o seu reemprego na escala de uma estética da

A *katharsis* é o conceito mais controverso e um dos mais discutidos da *Poética*. No entanto, Aristóteles apenas se referiu à *katharsis* poética duas vezes, de forma breve e elíptica, na *Poética* e na *Política*. O termo aparece inserido na definição de tragédia, não sendo alvo de qualquer reflexão: "[a tragédia] por meio da compaixão e do temor, provoca a purificação [*katharsis*] de tais paixões" (2004, 1449b 28). Na *Política*, a *katharsis* surge relacionada com a música, sendo o efeito musical comparado a uma purgação corporal e a uma cura medicinal. Trata-se, portanto, de uma metáfora para explicitar a *katharsis* própria da música. Relativamente à *katharsis* trágica, encontramos uma dificuldade de interpretação na expressão, pelo facto de não sabermos se o genitivo é objetivo ou separativo (*vide* Rocha Pereira, 2004, 13 *et passim*). Será que são as paixões do espectador que são purificadas ou as que são representadas na tragédia? A pergunta fica sem resposta. Para além disso, há a tentação de examinar conjuntamente a *katharsis* musical e a trágica, para daí colher informações com vista a uma definição geral do conceito. Ora, esta abordagem conjunta dos dois termos pode resultar numa assimilação que não tem em conta as especificidades de cada um. São estas as principais dificuldades e os perigos inerentes à tentativa de compreensão e definição do conceito. Assim se explica a diversidade de interpretações, por vezes antagónicas, que este termo tem suscitado entre os comentadores da *Poética*[13].

Ricoeur (1983) e Klimis (1997), a partir do estudo de Lallot e Dupont-Roc (1980), entendem a catarse como uma purificação ou depuração que tem no espectador a sua meta e que consiste em fazer derivar do temor e da compaixão o "prazer próprio" da tragédia, que é não um sentimento de pena, mas de prazer. A *katharsis* transforma em prazer estético a dor inerente a estas emoções, substituindo a pena pelo prazer. Nunca é de mais lembrar que esta reação subjetiva é, em primeiro lugar, produzida ao nível intratextual, sendo construída no e pelo *mythos*. A primeira depuração reside na própria construção poética, visto que a representação poética das emoções resulta

---

recepção. Assim, o terceiro termo de nosso ternário revela ser, paradoxalmente, ao mesmo tempo o mais dependente das obrigações limitativas do género trágico (as paixões purificadas continuam sendo a piedade e o terror) e o mais aberto para uma retomada, na qual a *aisthesis* desdobraria a capacidade de aplicação da *katharsis* muito além das duas paixões trágicas" (Ricoeur, 1992, p. 334).

[13] Sobre as principais tendências interpretativas do termo ao longo dos tempos, *vide* Klimis (1997, pp. 132-150). Relativamente às diferenças entre a catarse musical e a trágica, a mesma autora, na página 144, esclarece que a *katharsis* musical age diretamente ao nível do *pathos*, e está muito próxima da purgação física com a qual pode ser comparada. Ao contrário, a *katharsis* trágica toca o corpo patético do seu público por intermédio do texto, o qual implica uma operação de reflexão por parte dos espetadores. A reflexão torna-se assim a condição de possibilidade da impressão afetiva. Klimis entende, por isso, a catarse trágica como uma forma sublimada da catarse musical, porque consegue tocar o *pathos* do público recorrendo exclusivamente ao encadeamento discursivo, sem precisar de uma figuração corporal.

da própria composição[14]. Note-se, todavia, que a depuração intratextual não é a dos caracteres, mas a da ação, identificável com a *sunthesis tôn pragmatôn*. O esqueleto da ação deve reunir as condições necessárias para transformar a compaixão e o temor do espectador em prazer. A dialética interior/exterior atinge, então, o seu clímax na catarse, enquanto é sentida pelo espectador e está implicada no próprio drama. Nesse caso, podemos falar de um duplo processo de catarse: uma catarse interna ao texto que é condição de possibilidade de uma segunda catarse externa ao texto, porque implica as emoções dos espectadores. Para Klimis (1997, p. 141), esta passagem da *katharsis* intratextual à extratextual acontece por intermédio da reflexão do público, ou seja, por meio da interpretação. O espectador só pode participar na catarse imanente ao texto através de um processo exegético, que o leva a assimilar e a fruir um prazer estético possibilitado pela estrutura textual.

Relativamente à tese de Ricoeur, podemos sintetizar dizendo que consiste em fazer derivar da aprendizagem, bem como do temor e da compaixão, o prazer próprio da tragédia que se faz sentir nos espectadores. Mas este cruzamento da ética com a poética é criticado por Sophie Klimis, que sustenta uma visão discordante. Discorda da interpretação ricoeuriana, argumentando que a relação entre a ação trágica, interna ao *mythos*, e a ação ética, pertencente ao domínio do extralinguístico, não tem justificação, por se tratar de duas ações que visam fins diferentes. A ação ética é uma ação particular que visa somente a felicidade (*eudaimonia*) daquele que age até ao fim da sua vida, em função do seu carácter (*ethos*). Esta ação está subordinada aos critérios éticos da virtude (*arethe*) e da prudência (*phronesis*). A ação trágica, que pertence ao domínio da ficção, tem como único e soberano objetivo suscitar a compaixão e o temor no público, representando um esquema de ação universal, onde o efeito da *praxis* não tem importância para o agente, neste caso a personagem, mas apenas para o público. Esta ação obedece às condições gerais do *êthos* e do pensamento discursivo, *dianoia*, e acerca desta estrutura Aristóteles não especula nenhum sentido ético, já que o seu fim único ou prazer próprio é suscitar no público emoções de temor e compaixão. Por conseguinte, perora Klimis (1997, p. 69): "on voit donc que l'action *tragique* n'est pas superposable à l'action éthique". Ademais, a autora diz reconhecer a falha de Ricoeur no facto de o filósofo não considerar como objetivo único da ação trágica o de tocar o *pathos* do público, limitando-se exclusivamente ao prazer intelectual proveniente do reconhecimento dos modelos éticos no *mythos* trágico.

---

[14] A propósito, Baptista Pereira comenta que "a *katharsis* não é menos fictícia que a *mimesis* e o *mythos*, pois é a compreensão sentida da fábula, que purifica as paixões" (1993, p. 430).

Esta crítica parece-nos injustificada, na medida em que o próprio Ricoeur acautela os dois objetivos da intriga trágica: a *katharsis*, da qual advém o prazer ético-psicológico; e o reconhecimento, do qual advém o prazer intelectual; e estes dois efeitos, acrescentamos nós, não se podem isolar, porque se interpenetram e formam em conjunto a estética de uma obra. Em segundo lugar, se a *mimesis é mimesis praxeos*, a ação representada só pode ser do mundo extralinguístico, caso contrário não haveria mimese, mas simples criação *ex nihilo*. Ainda que as duas ações possam ser distinguidas pelos fins próprios diferentes que pretendem atingir — na verdade, uma visa conduzir o agente da infelicidade à felicidade e a outra da ventura à desventura — não podemos obliterar o facto de nos dois domínios da ética e da poética existirem indivíduos que agem e de todas as ações humanas possuírem qualidade ética. Todo o agir tem determinação ética ou política; logo, tal como não pode haver ação sem *êthos*, também não pode haver *êthos* sem ética. Percebe-se, pois, Ricoeur quando refere que o *êthos* e a *praxis* são os denominadores comuns da ética e da poética, apesar de tal não significar que tenham o mesmo tratamento no campo da realidade e da ficção, em função, precisamente, dos objetivos que pretendem atingir. Partilhamos, neste âmbito, a leitura de Portocarrero:

> A *katharsis* funciona como efeito da obra, uma purgação (poética) de paixões, isto é, como uma transfiguração do ético pelo poético ou, ainda, em linguagem ricoeuriana, como um alargamento dos quadros éticos e simbólicos do nosso horizonte de compreensão da praxis (nos seus valores fundamentais). A *praxis* em Aristóteles, não o esqueçamos, pertence simultaneamente ao domínio ético e ao âmbito poético. Daí que o *mythos* se situe na charneira do teórico e do prático e nos interpele: ele gera tramas e figuras, que enriquecem a nossa condição temporal de agentes, pela possibilidade de identificação que oferecem. (Portocarrero, 2005, p. 65)

Além do mais, é-nos difícil aceitar que a única intenção das tragédias clássicas seja essencialmente emocional e lúdica, quando sabemos que inerente à arte grega clássica estavam sempre axiomas éticos e políticos. Ver em Édipo apenas um provocador de *pathos* parece-nos redutor. Será que podemos olhar para estes heróis trágicos sem reconhecer neles modelos universais e intemporais? Acreditamos que não.

Nesse sentido, a *mimesis III* de Ricoeur ainda vai muito mais além, focando "o mundo" que a obra literária desenrola diante do leitor e do qual este se apropria. É verdade que Aristóteles não adiantou muito neste campo, mas — aos olhos do filósofo francês — legou-nos o espectador ideal, e ainda melhor, o leitor ideal: «son intelligence, ses émotions "épurées", son plaisir, à la jonction de l'oeuvre et de la culture que celle-ci crée» (Ricoeur, 1983, p. 104).

# Bibliografia

Aristóteles (1980). *La Poétique* (trad., notes de R. Dupont-Roc & J. Lallot). Paris: Seuil.

Aristóteles (2001). *Ética a Nicomaco*. Madrid: Alianza Editorial.

Aristóteles (2002). *Poética* (prólogo, trad. y notas de A. L.Eire) Madrid: Istmo.

Aristóteles (2004). *Poética*. Lisboa: Fundação Calouste Gulbenkian.

Aristotle (1968). *Poetics* (Lucas, D. W.). Oxford: Clarendon Press.

Eire, A. L. (2002a). *Poéticas y Retóricas griegas*. Madrid: Editorial Síntesis.

Fialho, M. C. (1977). Algumas considerações sobre o homem trágico. *Biblos 53*, 375-388.

Klimis, S. (1997). *Le statut du mythe dans la Poétique d'Aristote*. Bruxelles: Ousia.

Pereira, M. B. (1993). Narração e Transcendência. *Humanitas*, 45, 393-476.

Portocarrero, M. L. (2005). *Horizontes da Hermenêutica em Paul Ricoeur*. Coimbra: Ariadne.

Rocha Pereira, M. H. (2004). Prefácio. In Aristóteles, *Poética*. Lisboa: Fundação Calouste Gulbenkian.

Ricœur, P. (1983). *Temps et récit I: l'intrigue et le récit historique*. Paris: Seuil.

Ricoeur, P. (1992). *Lectures 2*. Paris: Seuil.

# CAPÍTULO IV

## ÉTICA E ESTÉTICA:
## SOBRE A POESIA APÓS AUSCHWITZ

Paulo Jesus[1] e Maria Helena F. Jesus[2]

## Introdução: Entre esteticismo amoral e moralismo estético

A relação entre Ética e Estética é essencialmente ambígua e equívoca, assumindo configurações contrastantes que se situam entre dois polos opostos. Num extremo, encontra-se o esteticismo autotélico e autónomo da "Arte pela Arte", que defende o carácter amoral e apolítico da criação artística, a sua indiferença ou neutralidade total face ao Bem e ao Mal. No outro extremo, vigora o comprometimento moral e moralizador que transforma a Arte em instrumento de ação ético-política e interpreta todas as obras estéticas como ações humanas com significado moral, incarnando sempre uma axiologia concreta, realizando ou interrogando sempre, essencialmente — *volens nolens* —, um ideal moral, um projeto de existência humana e uma forma de vida no mundo, orientando-se para um horizonte utópico: um desejo de Novo.

Assim, as duas posições tendem a ser formalmente irreconciliáveis. Numa Estética da Obra pura, toda a arte que serve uma ideia ética ou política aliena-se, destrói-se e nega-se a si própria. Para uma Estética da Ação histórica, constitutivamente produtora de "valor", onde se funde o estético (a forma bela), o cognitivo (a compreensão do real), o ético (a opção pelo bem) e o político-social (o projeto inovador de "homem"), a própria ideia de Arte como criação de mundo autorregulado, num claustro de ser-em-si-e-para-si, exprimiria um eclipse da consciência axiológica, um alheamento da dinâmica de construção de sentido e de projeto existencial, caraterístico de toda a ação humana e, no limite, derivaria de uma tendência niilista. Esta

---

[1] Centro de Filosofia da Universidade de Lisboa (CFUL) e Universidade Portucalense (UPT).

[2] Centro de Literaturas e Culturas Lusófonas e Europeias, Universidade de Lisboa (CLEPUL).

DOI: https://doi.org/10.14195/978-989-26-1380-2_4

polarização revela a dificuldade de articulação crítica entre o princípio de liberdade estética e o princípio de responsabilidade moral, devido a uma falsa conflitualidade entre, por um lado, o gesto lúdico e poiético da Arte e, por outro, a ancoragem da sua criatividade livre num mundo vital estruturado por relações simbólicas. Com efeito, o princípio de liberdade que anima a vida estética na sua criatividade transfiguradora e transgressiva não possui uma força absoluta nem infinita, capaz de se causar a si própria e de operar *ex nihilo*. Ao invés, toda a *Poiesis* artística se nutre de liberdade e de historicidade, construindo formas que se inscrevem na trama histórica das ações, das matérias e dos símbolos humanos (Giowacka & Boos, 2002). Cada gesto estético e cada obra artística emergem da história e exprimem uma fulguração histórica inovadora que destrói e constrói mundo, que encadeia e rompe sentido, manifestando uma eficácia criadora que transcende o livre jogo da imaginação produtiva no seu atelier, solitário ou multitudinário. Essa eficácia criadora tem o poder de produzir e de significar: atualiza uma interpretação do mundo e, assim, declara uma posição teórica e prática sobre a textura do mundo onde se inscreve, transformando algo dessa textura simbólica (os modos de fazer sentido), axiológica (os modos do valor) e ética (os modos do bem). O gesto artístico acontece e age no mundo, com e contra a sua materialidade de mundo vivo e vivido. A operação poiética é uma ação significativa situada num sistema semântico relacional, ou seja, na trama da história, e uma ação cuja significação se define pela dialética entre a sua situação-na-história e a sua projeção-na-história.

A liberdade estética pratica-se e realiza-se dentro dos limites do mundo real das relações humanas e da história das linguagens e dos símbolos. A arte é sempre processo de devir-corpo e devir-mundo e, portanto, descobre-se material e corporalmente confinada, mas capaz de virtualização e de abertura, mediante a ação hermenêutica e pragmática sobre o mundo, como imaginação imaginante de mundos possíveis, cuja alteridade "irreal" ou "sobrerreal" está (in)contida na própria potencialidade "ainda-não-expressa" do real. A liberdade estética deve exprimir um mundo potencial e responder eticamente pelo projeto de existência que injeta na matéria relacional e simbólica do mundo. Historicamente situada, a ação estética implica a partilha de responsabilidade pela eficácia histórica da sua ação. Portanto, sem sacrificar a autonomia criativa da Arte, que é sua condição de possibilidade, e sem reduzir a Arte a um instrumento de intervenção sociopolítica ou a uma estratégia psicopedagógica de formação cívico-moral, a experiência estética — tanto de criação como de fruição — apela a uma vivência reflexiva que assume responsabilidade pela produção do Novo e dos signos inovadores que realizam poeticamente o que significam: novos sentidos e novas experiências de ser-na-história. Cada novidade estética transporta consigo uma nova forma de invenção e de habitação do mundo, isto é, uma atitude fundamentalmente ética.

Neste capítulo, pretendemos aprofundar o sentido da liberdade poiética e estética enquanto responsável por si própria e pela produção de significado que injeta no mundo histórico, não só perseguindo e interpretando a intriga do real vivido, mas também imaginando, explorando e quasi-habitando outros mundos semanticamente possíveis. Num primeiro momento, reavaliaremos a atitude polémica de T. Adorno que, provocadoramente, afirma ser bárbaro haver poesia após a mutação da civilização em barbárie, simbolizada por Auschwitz. Nesta reavaliação, interrogaremos a estreita relação entre estética e *pathos*, mostrando, pela reflexão metapoética de P. Celan, como a estética pode ser hipersensível às catástrofes da dor — figura heterogénea do mal na intimidade da vida vivida. Num segundo momento, questionaremos a experiência ética que acompanha a Arte Poética, através de algumas vozes da poesia portuguesa contemporânea, nomeadamente Sophia M. B. Andresen que reconhece um imperativo moral na prática poética e artística em geral: o imperativo da "inteireza do ser" e da coerência harmónica entre Beleza, Bondade, Verdade e Justiça.

## 1. Adorno: Como escrever um poema depois de Auschwitz?

Tornou-se uma declaração corrente, dizer que Theodor Adorno consideraria impossível escrever poesia depois de Auschwitz. Descontextualizadas, as palavras de Adorno são, por certo, desconcertantes. Porém, integradas no fluxo argumentativo do ensaio "Crítica cultural e sociedade" (1949), essas palavras situam, num mesmo plano de reificação necrófila, a barbárie de Auschwitz e a ansiedade pela reinvenção pacífica e pacificadora da cultura no pós-guerra. Face à queda abissal do humano civilizado, hiper-racional e burocratizado, *homo insipiens sapientissimus*, Adorno pressente uma qualidade intensiva de não-retorno, uma metamorfose antropológica, uma interrupção da *Poiesis* onde o homem se faz e refaz continuamente entre o Belo e o Bem. O pressentimento cético de Adorno vislumbra uma negação qualitativa do humano pela história e, portanto, uma resposta tragicamente suspensa às questões de possibilidade: Que possibilidade de Cultura depois da degenerescência total da cultura em barbárie? Que possibilidade de passagem da dialética negativa de barbarização, onde submergiu o homem das civilizações, para a Cultura restauradora do humano? O espírito que desceu à reificação do humano inumou a sua própria humanidade e corrompeu, talvez irreversivelmente, a sua capacidade de (re)humanização. Portanto, talvez todos os poemas depois de Auschwitz tenham sabor a gás e a cinza, talvez a própria Arte e a própria Cultura se tenham gaseificado e carbonizado definitivamente nas câmaras desse campo onde todo o húmus se fecundou de matéria orgânica pós-antropológica.

"Escrever poesia depois de Auschwitz é um ato bárbaro" que prolonga a barbárie e cuja barbaridade mais profunda reside na auto-ignorância da sua essência bárbara, como Adorno sugere:

Quanto mais totalitária for a sociedade, tanto mais reificado será também o espírito, e tanto mais paradoxal será o seu intento de escapar por si mesmo da reificação. Mesmo a mais extremada consciência do perigo corre o risco de degenerar em conversa banal. A crítica cultural encontra-se diante do último estádio da dialética de cultura e barbárie: escrever poesia depois de Auschwitz é um ato bárbaro, e isto corrói até o conhecimento da razão pela qual hoje se tornou impossível escrever poesia. A reificação absoluta, que pressupunha o progresso do espírito como um dos seus elementos, está a preparar-se para absorver inteiramente o espírito. A inteligência crítica não é capaz de enfrentar este desafio enquanto se confinar a si própria numa contemplação auto-suficiente (Adorno, 1981, p. 34).

Depois de Auschwitz, toda a Poesia, toda a Cultura e toda a Crítica Cultural gravitam em torno do abismo interior da sua impossibilidade, porque, no interior dos seus atos e das suas operações, trabalha a força técnica totalitária que concebeu, construiu e monitorizou "Auschwitz", esse Logos holocáustico que consome todo o humanismo dos operadores e das operações para converter o espírito, a vida, o valor em processos de coisas (Cohen, 2005). O objeto imediato deste texto era a reprovação da cumplicidade da crítica cultural com a máquina reificadora do nazismo e do comunismo, celebrando hipocritamente as virtudes da cultura tradicional dos povos. Em Adorno, manifesta-se a suspeita de vacuidade patética contra a reconstrução da Cultura depois da Barbárie e a denúncia do veneno que a arte e a crítica cultural podem constituir quando coniventes com um sistema sociopolítico instaurador de barbárie e, também, quando inebriadas por uma palingenesia cultural que desconhece a continuidade da tessitura bárbara.

Para Adorno, toda a Cultura e toda a Crítica cultural careceram, dentro do sistema totalitário e dentro do entusiasmo do renascimento pós-totalitário, de verdadeiro criticismo, com mácula indelével de culpa e responsabilidade pró-totalizante pela sua imersão acrítica no processo histórico da barbárie. O sistema cultural e o sistema político totalitário tendem a exprimir-se harmonicamente, apesar da sua relativa independência recíproca, co-produzindo, na estrutura da *polis*, a cultura da barbárie, silenciando a possibilidade de inovação histórica, neutralizando as forças de dissidência, resistência, rutura, desobediência civil, objeção de consciência, ação-revolução polifónica. A Cultura é responsável pela sua (im)possibilidade, isto é, pela sua liberdade e pela sua alienação. Escrever um poema é bárbaro, se este carecer de radical poieticidade, de relação espontânea com a sua matéria existencial, aquela liberdade livre que ataca a doação hereditária do real com a projeção laboriosa do possível e desestabiliza a semântica cristalizada da história real com a semântica ígnea do ainda-absurdo ou ainda-alógico da história dos mundos possíveis. O criticismo exige dialeticidade: "Uma crítica dialética da cultura deve, simultaneamente, participar e não participar na cultura. Só então fará justiça ao seu objeto e a si própria" (Adorno, 1981, p. 33). Sem iconolatria e sem iconoclastia, a crítica dialética deve mostrar a intimidade genética entre cultura e barbárie, mas salvando a irredutibilidade e a incomensurabilidade que permite discernir, contra o *Thanatos* divisor e regressivo, o *Eros* re-vitalizador e re-civilizador (Marcuse, 1998), enquanto criatividade imaginativa que mantém os seus sujeitos inobjetiváveis, capazes de interrogação metafísica e anti-metafísica, através da inquietude de todos os seus objetos que questionam o sentido e o absurdo da história, resistindo ao mesmo tempo ao poder do infra-racional e do supra-racional. O primeiro insinua-se na experiência dos confins da razão, que promove a paralisia alienada de não-compreender, e o segundo trabalha para a domesticação ideológica da razão e convida, diante do êxtase ou do horror, à comunhão consoladora com uma verdade insondável.

A "crítica dialética", explorada por Adorno, é um *ethos* vocacionalmente livre e libertador, uma terapia ética que regenera o primeiro dever-ser da razão, o dever de criticar, e agudiza a sensibilidade face ao não-sentido (Bernstein, 2001). O sujeito ético, vinculado à vitalidade e universalidade do humano, emerge na prática da crítica dialética, devido à sua eficácia fundadora da experiência de reflexão e de relação inter-humana, no interior concreto da vida e para a vida. A crítica não é um momento lógico da Verdade, mas o espaço vibratório, instável, onde a Verdade se reconhece como Ideia e abdica do seu império vazio, não para ceder a sua autoridade ao Nada, mas para afirmar o "sentido" como possibilidade vulnerável de labor humano.

Consciente da natureza hiperbólica da sua dúvida sobre a possibilidade de Poesia depois de Auschwitz, Adorno, explica-se na "Lição 14 de Metafísica", assumindo que a sua posição se situa dentro da tensão dialética que contém uma antinomia irresolúvel entre a impossibilidade e a necessidade de vida, de homem e de arte pós-bárbara:

> Concederia prontamente que, tal como afirmei que depois de Auschwitz *não se podia* escrever poemas — fórmula pela qual eu queria indicar que a cultura ressuscitada me parecia oca —, também se poderia dizer que se *deve* escrever poemas, no sentido da afirmação de Hegel, na sua *Estética*, que enquanto houver consciência do sofrimento entre os homens, deve também existir arte como forma objetiva dessa consciência. Deus sabe que não pretendi resolver esta antinomia nem posso pretendê-lo pela simples razão de que a minha própria tendência me impele em favor da arte que, erroneamente, me censuram de querer reprimir. Nalguns jornais da Alemanha de Leste, afirmou-se mesmo que eu me tinha declarado contra a arte e adotado, desse modo, a atitude da barbárie. Porém, deve-se colocar ainda outra questão: se se pode *viver* depois de Auschwitz. É uma questão metafísica, embora tenha na base a suspensão da metafísica. De facto, é estranho como todas as questões que negam e desertam a metafísica assumem, precisamente por isso mesmo, um carácter estranhamente metafísico. Esta questão surgiu-me a mim próprio, nos pesadelos recorrentes que me perseguem, em que sinto que já não sou eu que

vivo realmente, mas que sou somente a emanação do desejo de uma vítima de Auschwitz. […] Dado que se refere à possibilidade de uma afirmação da vida, esta questão não pode ser eludida. Tendo a crer que qualquer pensamento que não se meça com este padrão, que não o assimile teoricamente, afasta à partida o que o pensamento deveria enfrentar — e assim nem sequer pode ser chamado pensamento. (Adorno, 2000, pp. 110-111)

A "era de Auschwitz", isto é, o mundo histórico em sinergia com as forças que Auschwitz incarna (o mundo da bomba atómica e do suicídio planetário, o mundo da racionalização tecnocientífica da possível morte gratuita, morte vazia de experiência para o eu-moribundo), suspende toda a Cultura diante da sua autocontradição de monstro autofágico. Assim, na própria possibilidade de Auschwitz, evidencia-se a barbárie interna ao espírito, que esterilmente desuniu sujeito e objeto, e altera-se o modo da insignificância do humano: não mais a finitude aberta, sensibilidade auto-afetiva, que definia o homem-síntese de Atenas e Jerusalém, mas a neutralidade massiva do humano húmus, matéria indiferente entre a matéria, corpo anónimo torturável até à cinza, experiência propriocetiva da desvitalização da vida e das realizações simbólicas (Henry, 2004). Poderá haver "poesia" (isto é, vida humana "valendo" como humana) depois de Auschwitz? Poderá a vida ser "valor" e "razão" depois de Auschwitz? Valerá viver (valerá poetizar e ser)? Ou ser-e-não-ser se fundirá "sem-valor"? Adorno recusa suicidar-se, como inteligência e como corpo vitalmente unos; recusa também as ideologias metafísicas e recusa o fim do desejo de metafísica donde emergem as razões de viver.

Se "ser-depois-de-Auschwitz" simboliza uma paisagem carbonizada inabitável, holocausto de toda a linguagem e de todo o sentido, num regresso da carne ao pó, até à combustão do inorgânico, autossacrifício mudo sem apocalipse de novos céus e nova terra; e se "escrever poesia" simboliza o esforço e o cuidado partilhado pela continuidade de uma aliança, sempre renovada e frágil, entre viver e significar; então, "ser-depois-de-Auschwitz" é "ser-sem-escrita", é carência absoluta de significar num mundo sem signos, ou seja, sem mediação entre ser e viver. Portanto, "escrever poesia depois de Auschwitz" é uma experiência impraticável: respirar num caos sem atmosfera. A Cultura devém Barbárie através da sua clausura autárquica num sistema de significantes sem significado, em que a vida se ausenta, sob a sua máscara funerária. A crise bárbara da cultura transforma tudo em ideologia ou lixo: "Toda a cultura depois de Auschwitz, incluindo a sua crítica urgente, é lixo." (Adorno, 2005, p. 267). Daí a antinomia teórica e o dilema ético: "Quem defender a manutenção de uma cultura radicalmente culpável e medíocre transforma-se em seu cúmplice, enquanto quem negar a cultura incrementa diretamente a barbárie que a nossa cultura demonstrou ser" (Adorno, 2005, p. 267). Noutros termos, "escrever uma nova poesia" é impossível e necessário: uma poesia que devemos, mas não podemos escrever. Depois de "Auschwitz", as ciências, as artes, as religiões e todas as arquiteturas virtualmente significantes do mundo são cadáveres mumificados, tecnicamente esvaziados antes da putrefação, antes de serem reconhecíveis como "lixo", tendo-se assim obliterado esse estádio crítico, consciencializador, ético e pedagógico, da experiência da decomposição nauseabunda da cultura. Que produção de cultura, que *Poiesis* ou que *poema*, poderá revitalizar a espontaneidade da vida sensível? O homem que, de modo contingente, sobrevive à barbárie deve com honestidade existencial saber reconhecer o que transporta um "poema autêntico" — um ato de sentido — da era pós-bárbara: o contacto com o seu lugar vazio, transmutando o impossível em necessidade: carência (quasi-fisiológica) ou desejo de "escrita biopolítica", imperativo de esperança, dever absoluto de não-repetição de Thanatos bárbaro. Pensar a necessidade desta escrita biopolítica é afirmar a vida-para-a-vida diante dessa possibilidade impossível, possibilidade impossibilitadora de toda a possibilidade, que continua sendo "Auschwitz" ou "Hiroshima" como morte prática de "Deus", isto é, morte da força humana de imaginar e habitar horizontes de sentido com hospitalidade universal. O "princípio esperança" (Bloch, 1995) e o "princípio responsabilidade" (Jonas, 1984) cruzam-se na poesia impossível que devemos aprender a escrever para que a vida se firme na vida.

Na obra do poeta e ensaísta Paul Celan (1920-1970) desenvolve-se e experimenta-se uma prática poética onde se procede à ancoragem da poesia na vida atravessada pela catástrofe e pelas trevas do Holocausto, gaseificação e carbonização fatal da Cultura pela Cultura. Todos os ramos da árvore da Cultura se transformam em instrumento de tortura, *tripallium*. As conquistas da Ciência e da Técnica, as subtilezas da Filosofia, os êxtases da Arte e da Religião... tudo trabalha nos fornos e chaminés de Auschwitz. O que poderá ser a Poesia, de dentro da experiência-limite da perda do humano e de dentro da língua onde se dá o Acontecimento? Essa língua, solo materno e cinza de cadáver, é para Celan e para Klemperer uma matéria ambivalente: a paradoxal língua alemã de elevada literatura e de comando bélico. À imagem de V. Klemperer (2006) que analisa a violência íntima nas articulações da língua alemã, transformada, pelo uso nazi, em *Lingua Tertii Imperii*, P. Celan enraíza-se na lírica alemã e no prisma particular da sua boca ferida pelo sofrimento do povo dos seis milhões de singularidades dolorosas para o qual haveria de dizer-se, naquela língua, o eufemismo bárbaro de uma "solução final" (*Endlösung*). Nesta língua, com a qual e contra a qual, Celan sobrevive poeticamente, "Auschwitz" significa a eficiência sociotécnica da pragmática que deriva de uma *Weltanschauung* imperial e marcial e reconfigura as conexões sintáticas e semânticas da língua quotidiana, tornando-a inquietante e traumatizante (Nader, 2007).

Emergindo da experiência dessa inquietação mortífera, a Poesia afirma-se como sendo a vida que reanima a Língua, a própria vitalidade da vida, a liberdade vitalizadora da vida, mas sempre íntima do absurdo da História dentro do silêncio da língua quebrada, absurdo e silêncio que são constitutivos da experiência (Caygill,

2006; Lacoue-Labarthe, 2004). A Poesia experimenta uma salvação frágil da Língua, estabelecendo uma relação vital com a alteridade e a ipseidade da existência, abrindo a Possibilidade da palavra que atravessa o fundo do abismo e interroga o sentido da sua própria travessia, numa interrogação que toca o fundo da "significação" e da "realidade", buscando algo, clamando por alguém, ninguém, um tu, uma terra onde fundar a abertura da errância à esperança indefinida, pós-carbonização. Para Celan, portanto, a violência da "experiência" imprime-se e repete-se na língua que clama por Outro: "*O einer, o keiner, o niemand, o du*" (verso tragicamente apelativo sem interlocutor capaz, do poema "*Es war Erde in ihnen*" do livro *Niemandsrose*, 1963). A Poesia seria a possibilidade de um labor messiânico, radicalmente lúcido e ingénuo, que crê e descrê de si próprio. Escrita da vida, a Poesia é a imersão apropriativa do acontecimento de perda abissal, através do movimento de travessia sem retorno, que desenha um meridiano religando os polos terrestres, animado pelo desejo e pela melancolia diuturna de encontro. A matriz do poema afigura-se, assim, dialógica e afónica, heurística e erótica, utópica e zetética:

> Acessível, próxima e não perdida permaneceu, no meio de todas as perdas, apenas isto: a língua. Ela, a língua, permaneceu não perdida, sim, apesar de tudo. Mas teve então de atravessar as suas próprias ausências de resposta, atravessar um terrível mutismo, atravessar as mil trevas de palavras portadoras de morte. Ela atravessou tudo isso e não teve palavras para o que aconteceu, mas atravessou o próprio acontecimento. Atravessou e pôde regressar à luz enriquecida com tudo isso.
>
> Nesta língua procurei, durante esses anos e durante os anos que se seguiram, escrever poemas: para falar, para me orientar, para saber onde me encontrava e para onde me chamavam, para projetar realidade diante de mim.
>
> Era, sem dúvida, apropriação, movimento, caminhada; era a busca de uma direção. E se me interrogo sobre o seu sentido, então parece-me ter de dizer que na minha questão aborda também a questão do sentido dos ponteiros do relógio. Pois, o poema não está fora do tempo. Ele visa, evidentemente, o infinito, procura passar através do tempo — através e não por cima dele.
>
> O poema pode, dado que é um modo de aparição da linguagem e, como tal, dialógico por essência, ser uma garrafa no mar, lançada à água com a crença, nem sempre com muita esperança, que pudesse num certo lugar e tempo, ser levada para uma terra, terra-coração [*Herzland*] talvez. Deste modo, os poemas também estão a caminho: vão numa direção. Para onde? Para algo que se mantém aberto, disponível, talvez para um tu, um tu a quem falar, uma realidade a quem falar (Celan, 2002, pp. 56-57).

Inscrito na finitude temporal da história, o poema manifesta a Poesia sobrevindo e sobrevivendo ao Acontecimento, como cinza paciente que talvez repouse e, senão for irreversivelmente estéril, frutifique outra Terra ou outro Desejo de ser-na-terra (Bambach, 2013). Na incerteza do caminho, a verdade da Poesia e do poema acontece na redação do tempo e do corpo próprio, concentrado nas "mãos verdadeiras" laboriosas:

> O artesanato (*Handwerk*) pertence às mãos. E as mãos, por seu turno, pertencem a um homem único, isto é a uma alma única e mortal, que com a sua voz e sem voz procura um caminho. Só mãos verdadeiras escrevem verdadeiros poemas. Não vejo nenhuma diferença de princípio entre um aperto de mão e um poema. (Celan, 2002, p. 44)

A produção de verdade através do poema realiza-se no reconhecimento da unicidade validada pelo vigor partilhado de um "aperto de mão" imanente ao poema. As mãos que escrevem e reescrevem pressentem a possibilidade de um nó eficaz com o outro-em-mim e o outro-em-si. Um sentido que seria verdadeiramente caminho possível que abre um espaço intercorporal de co-possibilidade e de co-pertença. As mãos que escrevem e as mãos que leem devem tender para paixões e ficções comuns. Desejam-se umas às outras e apoiam-se na colaboração imaginativa do que virá. Sem essa coordenação fantástica das mãos, não é possível poesia neste mundo e, consequentemente, não é possível haver mundo. As mãos oferecem o mundo ao espírito porque tecem as relações cognitivas e espirituais que organizam o mundo como um sistema estável de sentido.

## 2. Arte (Po)ética: Unidade do Bem, do Belo e do Verdadeiro

Numa dimensão mais nacional e menos trágica, o ensaio de Sophia de Mello Breyner Andresen "Poesia e Revolução" (Andresen, 1977) responde às mesmas preocupações de Adorno e Celan. A primeira parte desse ensaio apresenta o poder revolucionário da poesia. Uma poesia caracterizada pela essência fundadora, que busca a inteireza. A segunda parte formula um conjunto de princípios que comprometem o escritor com a Revolução por meio da fidelidade à palavra. Reencontramos aqui, como em Adorno, a mesma crítica de índole marxista, contra a alienação ou desumanização produzida pelo "uso burguês da cultura":

> Se queremos ultrapassar a cultura burguesa — ou seja o uso burguês da cultura — é porque vemos nele o reino da divisão, o fracasso do projeto da inteireza. [...]
> A arte da nossa época é uma arte fragmentária, como pedaços de uma coisa que foi quebrada.
> *Sou um espalhamento de cacos sobre um capacho por sacudir*, disse Fernando Pessoa que aqui, no extremo ocidente, percorreu até aos últimos confins os mapas da divisão e letra a letra os disse.
> E caminhar para a frente é emergir da divisão. É rejeitar a cultura que divide, que nos separa de nós próprios, dos outros e da vida. (Andresen, 1977, p. 76)

A cultura burguesa preocupa-se com a divisão do poder. Nesse sentido, agindo *contra natura*, essa burguesia instaura um plano cultural que responda às suas necessidades, ignorando a natureza do dizer poético. Ora, a cultura e a poesia não podem ser programadas e idealmente deveriam ser fundadoras de todo e qualquer ato político humanizador. Contradizer esta ordem é caminhar para a barbárie. Segundo a metáfora de Sophia no poema "O rei de Ítaca" de *O Nome das coisas*, "A civilização em que estamos é tão errada/ Que nela o pensamento se desligou da mão" (Andresen, 2010, p. 631). Caberia à poesia reconciliar estas duas dimensões: conhecimento e ação, verdade e vida, logos e ergon. Se há meio de salvar o "sentido" do uso burguês da cultura e da palavra, essa salvação depende das mãos verdadeiras que escrevem os poemas verdadeiros. O poeta forma-se como sensibilidade e responsabilidade, atenção e vigilância, num mundo que sofre de fragmentação, desejando re-fundar a sua unidade.

Esta visão re-fundadora da palavra poética está naturalmente em consonância com o Romantismo que dinamizou um movimento impulsivo para colocar a poesia nesse espaço original e sagrado, conferindo-lhe responsabilidade criativa perante a civilização. "Compete à poesia, que é por natureza liberdade e libertação, inspirar e profetizar todos os caminhos de desalienação." (Andresen, 1977, p.77). Inspirar e profetizar os caminhos da desalienação é ser depositário de um estatuto de potencial epifânico: translucidez da inteligibilidade do ser na nomeação do mundo pela língua poética (Jesus, 2014).

Para Sophia, a "Poesia" é o real absoluto; a "poesia" é a arte da criação libertadora e o "poema" é o lugar da aliança amorosa, sempre incompleta e vulnerável, entre o homem e o real (Andresen, 1960). A poesia atende à história e ao *pathos* dos homens. O poema manifesta uma língua sensível ao verdadeiro, ao bom e ao belo, abraçando o cuidado pela justiça e pela justeza do ser e do estar terrestre. A poética desdobra-se numa existência simultaneamente estética e ética, como nos diz Sophia em "Arte Poética III":

> Aquele que vê o espantoso esplendor do mundo é logicamente levado a ver o espantoso sofrimento do mundo. Aquele que vê o fenómeno quer ver todo o fenómeno. É apenas uma questão de atenção, de sequência e de rigor. (Andresen, 2010, p. 841)

Herdeira da arte poética helénica, acolhedora da "manifestação" (*fainomenon*) e do "des-velamento" (*a-letheia*) do real, do humano e da sua aliança, atenta à luminosidade e ao sofrimento do homem (Andresen, 1992), Sophia propõe uma Poética do "fenómeno todo", porque a palavra poética desvela e epifaniza uma presença inteira do ser-em-si-para-mim. Articulando Verdade e Bem, a poesia denuncia ou anuncia diversamente: quer de forma alusiva (cantando a liberdade elementar do reino-Poesia com o vento e o mar, contra o Caos da cultura divisora, como se verifica nos livros *No Tempo Dividido* e *Mar Novo*), quer de forma brutal (misturando grito e pranto, em nome de uma pátria de irrealidade e de exílio, como no livro *Grades*, integrado em *Livro Sexto*, ou nos poemas de resistência "Catarina Eufémia" do livro *Dual* e nalgumas composições de *O Nome das Coisas*), quer ainda de forma jubilatória (celebrando o advento da revolução, por exemplo os poemas "25 de Abril", "Revolução", "Revolução-Descobrimento"). Enquanto liberdade e libertação primordiais, a poesia é fundação e fundamento de existência ética e política, regida por um ideal libertador, emergência da Cultura onde a liberdade se manifesta e se atualiza, exigindo e buscando plenitude. Intimamente ligada à construção da subjetividade da alma (*psique*) e da intersubjetividade da cidade (*polis*), a Poesia apresenta-se como *res publica*. Por conseguinte, o Filósofo-rei da República de Platão deveria ele próprio ser poeta e não perseguidor de poetas. O poema diz a dimensão plural do mundo, dá testemunho de uma consciência una que atravessa e unifica a amplitude dos polos opostos da existência:

> Se em frente do esplendor do mundo nos alegramos com paixão, também em frente do sofrimento do mundo nos revoltamos com paixão. Esta lógica é íntima, interior, consequente consigo própria, necessária, fiel a si mesma. O facto de sermos feitos de louvor e protesto testemunha a unidade da nossa consciência. (Andresen, 2010, p. 842)

O poema exprime o poeta na sua relação com a Poesia: lugar de fidelidade a si mesmo, de possibilidade de co-presença, de unidade de forças vitais contrárias como o "louvor e o protesto". Forças essas que são necessárias à manifestação plena do humano. A poesia, como modo de vida e "arte do ser", é enriquecida em "Arte poética III" por um poder ético que a acompanha:

> E é por isso que a poesia é uma moral. E é por isso que o poeta é levado a buscar a justiça pela própria natureza da sua poesia. E a busca da justiça é desde sempre uma coordenada fundamental de toda a obra poética. Vemos que no teatro grego o tema da justiça é a própria respiração das palavras. Diz o coro de Ésquilo: "Nenhuma muralha defenderá aquele que, embriagado com a sua riqueza, derruba o altar sagrado da justiça". Pois a justiça se confunde com aquele equilíbrio das coisas, com aquela ordem do mundo onde o poeta quer integrar o seu canto. Confunde-se com aquele amor que, segundo Dante, move o sol e os outros astros. Confunde-se com a nossa fé no universo. (Andresen, 2010, pp. 841-842)

Inerente a essa polaridade da palavra do poeta, está o sentido da justiça. Desde a antiguidade grega, o tema da justiça é a "própria respiração das coisas". Qualquer atentado à justiça era considerado insolência contra os deuses e crime contra os homens. Os próprios deuses intervinham para repor a justiça. A arte era o reflexo dessa ética que reinava na *polis* e no *templum*. Esse compromisso ético-moral funda a própria poesia, a sua perseguição interrogativa da realidade.

Para Sophia, o dizer poético nutre-se das potências da língua e leva a linguagem à sua principal função, a de epifania da verdade imanente. A responsabilidade do escritor e sobretudo do poeta são grandes no que toca ao "sentido". E o texto "Poesia e Revolução" constitui uma espécie de tábua de mandamentos daquele que quer participar na "revolução da Palavra". Buscar a inteireza e a verdade da Presença é a própria essência da poesia, constituindo uma missão infinitamente inacabada; daí, a poesia ser sempre revolucionária, sem ideologia, mas militante da humanidade. Poesia é heterotopia e heterodoxia, génese de "outro lugar", como denota a posição perfilhada por António Ramos Rosa em *"Poesia, Liberdade Livre"*:

> A poesia diz sempre *mais* do que diz, diz *outra coisa*, mesmo quando diz as mesmas coisas que o resto dos homens e da comunidade. Eis a razão por que o poeta nunca pode "servir". Ortodoxia e poesia são incompatíveis. Mesmo servindo, não serve; militante embora — de nenhum modo se pretende aqui invalidar tal posição — é, sobretudo, a poesia que ele serve, se é poeta. E só desse modo serve a humanidade. Nesse sentido toda a poesia é militante. (Rosa, 1986, pp. 29-30)

Toda a poesia seria "revolucionária" e "militante", porque ela é desalienação primordial, liberdade primordial e justiça primordial (Andresen, 1977, p.76). A poesia como desalienação procura reencontrar a unidade primeira, a relação harmoniosa e completa com o mundo. A inteireza é o sistema axiológico da verdade, justiça, liberdade, beleza, bem e unidade. Evocar poeticamente um destes valores é nomear a terra-coração onde todos eles se interpenetram e inter-iluminam. Dizer que a poesia procura "o verdadeiro estar do homem na terra" consiste em dizer que procura a relação justa do homem com os outros homens, com a natureza e consigo mesmo. O trabalho poético é, portanto, uma existência comprometida com valores ético-morais.

A poesia está sempre a caminho, não repousa na sua missão de buscar a unidade perdida. Neste sentido, o termo "busca", tanto na sua aceção verbal, como na nominal, repete-se, quase obsessivamente, ao longo de todo o ensaio "Poesia e Revolução". A poesia "busca" os caminhos da inteireza e unidade primordiais. Sophia parece refutar a acusação frequente de que é alvo a arte e que consiste no seu carater secundário para a vida, afirmando o cáracter vital da mesma, reiterando a posição mantida no seu ensaio "Poesia e Realidade" em 1960:

> De facto um homem que precisa de poesia, precisa dela, não para *orna-mentar* a sua vida, mas sim para viver.
> Precisa dela como precisa de comer ou de beber. Precisa dela como condição de vida, sem a qual tudo é apenas acidente marginal e cinza morta. (Andresen, 1969, p.53)

## 3. Imanência da Verdade

Ao longo desta reflexão procurámos realçar o teor ético do dizer poético, uma poética-ética do ser. Vimos como o modo de vida do poeta tende a coincidir com o modo de ser do poema, que é um modo de ser onde as coisas se dão na sua transparência. Assim, a vida e a pessoa do poeta são concebidas como um poema encarnado, um poema que se faz carne viva, carne de homem no mundo dos homens. À semelhança da palavra poética, a vida do poeta é chamada a anunciar a luz, a denunciar as opacidades (a injustiça, a mentira, o sofrimento) e a testemunhar sem concessão, sobre o modo da túnica inconsútil da Verdade. Chegamos a um tipo de ética especial do ser poeta. Derivando daí uma definição deontológica e política do poeta: o seu estar é uma tarefa de vida, uma missão ou uma vocação, a busca integral da verdade. E, mais do que uma busca, é um serviço para com a verdade que se realiza pela palavra. À imagem dos profetas bíblicos, o poeta deve viver e morrer ao serviço da Poesia-Verdade. Habitar poeticamente a terra é talvez um dom, mas é acima de tudo uma responsabilidade infinitamente laboriosa que exige vigilância e atenção contínuas: o amor do Inteiro, no Acontecimento revolucionário da nudez e da luz.

Habitar poeticamente implica, em suma, uma ética fundamental que vincula o sujeito ao desejo de projeto, intensamente intersubjetivo, dialógico ou polifónico. Habitar poeticamente é ser convocado para o futuro e para o sentido (Jesus, 2009, 2013), mediante um labor poético contínuo que visa a própria produção e inteligibilidade de "si mesmo" enquanto espontaneidade vital: afetiva, cognitiva e simbólica (Jesus, 2008).

## Bibliografia

Adorno, T. W. (2000). *Metaphysics: Concept and Problems.* Stanford: Stanford University Press.

Adorno, T. W. (2005). *Negative Dialectics.* New York: Continuum.

Adorno, T. W. (1981). *Prisms.* Cambridge, MA: MIT Press.

Andresen, Sophia. M. B. (2010). *Obra Poética.* Lisboa: Caminho.

Andresen, Sophia. M. B. (1960). Poesia e Realidade. *Colóquio: Revista de Artes e Letras,* 8, 52-55.

Andresen, Sophia M. B. (1977). Poesia e Revolução. In *O Nome das Coisas* (pp. 77-80). Lisboa: Moraes.

Andresen, Sophia. M. B. (1992). *O Nu na Antiguidade Clássica.* Lisboa: Caminho.

Bambach, C. R. (2013). *Thinking the Poetic Measure of Justice: Hölderlin, Heidegger, Celan.* Albany: State University of New York Press.

Bernstein, J. M. (2001). *Adorno: Disenchantment and Ethics.* Cambridge: Cambridge University Press.

Bloch, E. (1995). *The Principle of Hope.* Cambridge, MA: MIT Press.

Caygill, H. (2006). Lyric Poetry before Auschwitz. In D. Cunningham & N. Mapp (Eds.), *Adorno and Literature* (pp. 69-83). London: Continuum.

Celan, P. (2002). *Le méridien et autres proses* [édition bilingue]. Paris: Seuil.

Cohen, J. (2005). *Interrupting Auschwitz: Art, Religion, Philosophy*. New York: Continuum.

France-Lanord, H. (2004). *Paul Celan et Martin Heidegger: le sens d'un dialogue*. Paris: Fayard.

Giowacka, D. & Boos, S. (Eds.) (2002). *Between Ethics and Aesthetics: Crossing the Boundaries*. Albany, NY: State University of New York Press.

Henry, M. (2004). *La barbarie*. Paris: PUF.

Jesus, M. H. (2014). *Regard sur la poésie portugaise contemporaine: gnose et poétique de la nudité*. Paris: L'Harmattan.

Jesus, P. (2008). *Poétique de l'ipse: étude sur le 'Je pense' kantien*. Bern: Peter Lang.

Jesus, P. (2009). L'instabilité de l'être-avec: Configurations de l'intersubjectivité autour de Sartre, Merleau-Ponty et Levinas. *Revue philosophique de Louvain*, 107(2), 269-300. doi: 10.2143/RPL.107.2.0000000.

Jesus, P. (2013). Le Moi entre barbarie et messianisme: Critique et jouissance du non-sens comme tâche éthique. In M. Enders & R. Kühn (Hersg.), *Kritik gegenwärtiger Kultur: Phänomenologische und christliche Perspektiven* (pp. 233-247). Freiburg: K. Alber Verlag.

Jonas, H. (1984). *The Imperative of Responsibility: In Search of Ethics for the Technological Age*. Chicago: University of Chicago Press.

Klemperer, V. (2006). *Language of the Third Reich: LTI, Lingua Tertii Imperii*. London: Continuum.

Lacoue-Labarthe, P. (2004). *La poésie comme expérience*. Paris: Christian Bourgois.

Marcuse, H. (1998). *Eros and Civilization: A Philosophical Inquiry into Freud*. London: Routledge.

Nader, A. J. (2007). *Traumatic Verses: On Poetry in German from the Concentration Camps, 1933-1945*. Rochester, NY: Camden House.

Rosa, A. R. (1986). *Poesia, liberdade livre*. Lisboa: Ulmeiro.

# CAPÍTULO V

## THE CRITICAL FUNCTION OF GENEALOGY IN THE THOUGHT OF J.J. ROUSSEAU

Frederick Neuhouser[1]

## Introduction

In the opening pages of the *Genealogy of Morals*, Nietzsche offers a well known statement of the project he means to undertake in that work, a statement that is as puzzling as it is philosophically momentous:

> we need a critique of moral values; the value of these values must itself be called into question — and for that is needed a knowledge of the conditions and circumstances out of which they grew, under which they evolved and changed (§6). (Nietzsche, 1967)

Several paragraphs earlier, Nietzsche concisely formulates the two questions that lie at the core of his critique of moral values:

> Under what conditions did the human being devise these value judgments good and evil? *And what value do they themselves have?* (§3)

It is the presumed connection between these two questions that is most striking in Nietzsche's statement of his task: why should we think that in order to answer a *normative* question—what is the value of morality? — we must first raise an *historical* question about the origin of the phenomenon we want to evaluate? Is not this way of proceeding simply a confusion of the tasks Kant so clearly distinguished in his own critical enterprise by separating the metaphysical deduction of the categories from their transcendental deduction — by distin-

---

[1] Barnard College, Columbia University, New York, USA.

DOI: https://doi.org/10.14195/978-989-26-1380-2_5

guishing, in other words, between the questions: "where do a priori categories *come from?*" and "what *justifies* their employment?"? Nietzsche's procedure is all the more puzzling in that later in the *Genealogy* he appears to endorse a version of the very distinction made by Kant when he insists on separating the question of a thing's origin from its purpose:

> the cause of the genesis of a thing and its ultimate utility, its actual employment and place in a system of purposes, lie worlds apart; whatever exists, having somehow come into being, is again and again reinterpreted to new ends (II, §12).

To put the point again, this time in Nietzsche's words: if a thing's origin and its purpose (or meaning) lie "worlds apart", isn't it a mistake to think that assessing the value of some phenomenon depends on first uncovering its origin?

Although the relation between genealogy and critique is especially prominent in Nietzsche's thought, his concern with the issue is by no means idiosyncratic or unique in modern philosophy. On the contrary, the projects of a surprisingly large number of modern philosophers — and not just those of Nietzsche's disciples, like Foucault — depend on there being some intimate connection between genealogy, on the one hand, and critique (or normative philosophy at least), on the other. Versions of this idea are essential to Fichte's *Wissenschaftslehre*, to Feuerbach's critique of Christian theology, to Marx's account of ideology, and to the *Abbau* of Western metaphysics that Heidegger proposes in *Being and Time*. Even more obviously, Hegel's *Phenomenology of Spirit* is inconceivable without the idea that reconstructing the history of normative practices is essential to assessing their legitimacy. But the modern originator of the idea that critique and genealogy are intimately linked is undoubtedly Rousseau. For it is but a version of the same project sketched out by Nietzsche in the *Genealogy of Morals* that Rousseau announces as his task in the *Discourse on the Origin of Inequality* [Second Discourse]. That there is a close connection between genealogy and critique is implicit in the very formulation of the two questions the Second Discourse seeks to answer: "what is the *origin* of human inequality?" and "is that inequality authorized by natural law?" (Rousseau, *DI*, 130/*OC* 3, 129)[2].

My aim in focusing on these questions is to initiate a discussion of the complex relation between genealogy and critique that stands at the core of a large part of European philosophy of the past four centuries. In this paper I will restrict myself to that relation as it appears in what I take to be the founding text of this

---

[2] "DI" refers to "Discourse on the Origin and Foundations of Inequality among Men" (Rousseau, 1997a, pp. 111222); "OC 3" refers to vol. 3 of Rousseau (19591969). Other abbreviations are: "E" stands for "Emile, or on Education", (Rousseau, 1979); "LV" for "Letter to Voltaire" (Rousseau, 1997); and "SC" for "The Social Contract" (Rousseau, 1997b, pp. 39152), with "SC, I.4.vi" referring to book 1, chapter 4, paragraph 6). I have amended these translations slightly.

tradition, Rousseau's Second Discourse. The paper divides into three parts, each of which addresses a basic question concerning Rousseau's project. First, what is the source of human inequality, according to Rousseau? (Where does it come from? What is its "genealogy"?) Second, what makes inequalities legitimate or illegitimate (justified or unjustified)? (Or better: What kinds of inequalities are illegitimate, and why?) And finally, how exactly does Rousseau's answer to the genealogical question figure in his critique of inequality?

## 1. Where does human inequality come from?

The first thing to get clear on is that Rousseau means to be asking about the origin not of inequality in general but only of what he calls "moral" or "political" inequality. Moral inequalities are distinct from natural, or physical, inequalities in that they are established not by nature but "artificially" — that is, by "a sort of convention" that depends ultimately on human consent (*DI*, 131/*OC* 3, 131). More important, moral inequalities are social in the sense that they consist in one individual (or group) exerting a kind of power, or possessing a kind of advantage, over another. As Rousseau puts the point, moral inequality consists not in "differences of age, health, or bodily strength", but "in the different privileges some enjoy to the prejudice of others, such as being more wealthy, more honored, more powerful, or even getting themselves obeyed by them" (*DI*, 131/*OC* 3, 131).

Rousseau's first move in determining where moral inequalities come from is unexpected, and understanding it reveals a good deal about what he takes the project of genealogy to be. Rather than launching into an historical narrative, Rousseau begins his genealogy by asking whether inequality has its source in "human nature". The short answer is 'no' (*DI*, 157, 159/*OC* 3, 160, 162), but the question is more complicated than it appears, and understanding the Second Discourse requires that we spend some time figuring out what the question is about and why Rousseau answers it negatively. The main difficulty concerns the meaning of the elusive term 'human nature'. Although the term famously has multiple meanings in Rousseau's thought, *in this context* 'human nature' refers to our "natural faculties" (*DI*, 128/*OC* 3, 127), to the basic capacities and drives that nature bestows on all human beings qua individuals — that is, independently of whatever social relations they might have to other human beings. In other words, 'human nature' here refers to the cognitive and conative faculties of human individuals, viewed in abstraction from their social existence. (This use of 'human nature' to refer to what human beings are like "in themselves", or apart from social relations, raises obvious questions about what looks to be an excessively individualistic view of human existence. Once I have said more about what Rousseau takes human nature in this sense to consist in, I will return to this issue and argue that, contrary to appearances, Rousseau is not making the mistake he seems to be, namely: regarding everything that belongs to our social being as accidental, or external, to human existence.)

For Rousseau, human nature in this sense consists of four basic elements: 1) "love of self" (*amour de soi-même*), which is an individual's concern for his own "well-being and preservation (*DI*, 127/*OC* 3, 126);" 2) pity, "a natural repugnance to seeing any sentient being... perish or suffer" (*DI*, 127/*OC* 3, 126); 3) a host of latent cognitive capacities — such as capacities for language, thought, and imagination — that get lumped together under the term 'perfectibility' (*DI*, 141/*OC* 3, 142); and 4) a capacity that Rousseau recognizes as a primitive form of free will: the ability to follow or resist — to act on or say no to — what could loosely be called "instinct", or the promptings of nature (*DI*, 135, 140-1/*OC* 3, 135, 141-2). Although questions could be raised about each of these claims, what I am interested in here is simply this: in ascribing these four faculties to "original" human nature, Rousseau is claiming that love of self, pity, perfectibility, and free will are all features of human beings that individuals could *in principle* possess on their own, that is, even were they to exist outside all society (even though, as I will argue, he thinks real human beings never do in fact exist in that isolated state).

When Rousseau dismisses human nature, then, as the source of moral inequality, he means that moral inequalities cannot be explained by invoking only the four components of human nature just described. In other words, if all that characterized human beings were love of self, pity, perfectibility, and free will, there would be no way to account for the inequalities in power, wealth, and prestige that are so prominent in the real societies with which we are acquainted. More precisely, Rousseau's claim is that if love of self and pity were the only "sentiments" that moved us, we would have no incentive to seek advantage over others and, so, no incentive to establish relations of inequality. If moral inequality is to be understood as *our* creation rather than nature's, we need some way of understanding what motivates us to create it, and love of self and pity, by themselves, provide no such explanation. Here, too, objections could be raised, but the force of Rousseau's position will be easier to appreciate once we see (a bit later) what passion he thinks must be introduced into human psychology in order to explain the pervasive inequality that characterizes social existence as we know it.

But if human nature, understood as the nature of human individuals, is not the source of moral inequalities, what is? The alternative to human nature that Rousseau seems to propose is *history* since, on the very first page of the Second Discourse, he contrasts "nature" — the ways Nature has formed us — with "the changes that the succession of times and things... has produced in [our] original constitution" (*DI*, 124/*OC* 3, 122). History — to follow up on this suggestion — is presumably a factor that human beings, given their free will, have had a hand in shaping. If history, unlike nature, is in some sense up to us, then making it the source of moral inequalities would certainly fit with Rousseau's claim that those inequalities are artificial — made by us (*DI*, 137/*OC* 3, 138) — rather than imposed on us by nature. Moreover, if history were the source of moral inequality, it would be easy to see why Rousseau engages in the project of genealogy: if we could trace the historical record back to the point where moral inequalities first arose, we would be able to see not only where, but also perhaps why, they came about, and maybe even whether they are justified.

The problem with this suggestion is that the genealogy Rousseau undertakes in the Second Discourse, though clearly a sort of narrative, is not in any straight forward sense *history*. Rousseau denies explicitly, and in more than one place, both that the state of nature depicted in Part I of the Discourse ever existed and that the "developments" described in Part II are to be taken as real historical events (*DI*, 125, 132/*OC* 3, 123, 132-3). Instead, he describes his genealogy as a "hypothetical history" (*DI*, 128/*OC* 3, 127) that offers "conjectures" rather than "facts" and that is "better suited to elucidating the nature of things than to showing their true origin" (*DI*, 132, 159/*OC* 3, 133, 162). At the same time, the Discourse abounds with real-life examples from historical and anthropological sources that appear to be offered as evidence for the hypothetical history that Rousseau constructs. These bewildering, apparently contradictory features of Rousseau's account only underscore the importance of figuring out what kind of project he takes genealogy to be.

Before addressing this issue in detail, it is necessary to complicate matters further by attending to another function that the original state of nature plays in Rousseau's project — a normative function that is directly relevant to the critique of inequality presented in the Second Discourse. It is this function that Rousseau is alluding to in various statements to the effect that the inhabitants of the original state of nature live *in accordance with* nature[3]. 'Nature' in this sense clearly has more than a merely descriptive or explanatory function; it designates a way of living that's well-ordered, or good, and that stands in contrast with what is depraved or corrupted. To say that the inhabitants of the original state of nature live in accordance with nature is to say that they live in a way that is suitable, or appropriate, to the kind of beings they are[4].

The content of this normative standard gets spelled out in Rousseau's description of the savage as "a *free being* whose *heart is at peace* and whose *body is healthy*" (*DI*, 150/*OC* 3, 152). To simplify only a bit, what makes the lives of

---

[3] Rousseau never uses exactly these words, as far as I can tell. But the idea is implicit in the original title page's citation of Aristotle — "it is not in corrupted beings but in those who live in accordance with nature that one must seek what is natural (qui se comportent conformément à la nature/quae bene secundum naturam se habent)"—as well as in the claims that the study of man is the "study of his true needs and the fundamental principles of his duties" (DI, 128/OC 3, 126) and that "savage man…sensed only his true needs" (DI, 157/OC 3, 160).

[4] This raises the question of whether the normative account of human nature depends in some way on the descriptive account. I argue in detail that it does (Neuhouser, 2009).

these original beings in accordance with nature is that they are *happy* and *free*. 'Happy' here just means that they encounter no enduring or systematic obstacles to the satisfaction of their needs and desires; their happiness consists in the absence of frustration. And 'free' refers to the fact that in satisfying their needs and desires, they are compelled to obey no will other than their own. As Rousseau puts the point, there is no "subjection and domination" in the original state of nature, which is to say that no one can "succeed in getting himself obeyed by another" (*DI*, 158/*OC* 3, 161). It is worth noting to what Rousseau attributes this absence of domination: beings in the state of nature are free because "ties of servitude are formed solely by... mutual dependence" (*DI*, 159/*OC* 3, 162). In other words, as long as they are self-sufficient — as long as they are able to satisfy their needs on their own, without depending on the cooperation of others — there is no possibility of (no way of understanding) their subjecting themselves to the wills of others. Thus, the original state of nature is good, and life within it is in accordance with nature, because in it the freedom of each is compatible with the happiness (or well-being) of all.

Let us return now to the question raised above: what kind of conjectural history does Rousseau construct in order to illuminate the origin and legitimacy of moral inequalities? Here is how Rousseau formulates his task in the second half of the Discourse: "Having proved that inequality is scarcely perceptible in the state of nature and that its influence there is almost nil, it remains for me to show its origin and progress through the successive developments of the human mind" (*DI*, 159/ *OC* 3, 162). According to this passage, the key to explaining the origin of moral inequality is to discover how *the human mind* must differ from what it is like in the original state of nature if moral inequality is to acquire a significant place in human affairs. As I have already noted, the actual historical events that have shaped human development are of little concern to Rousseau. The question that interests him instead is, what element of human psychology must be added to his picture of human nature in order to understand why humans create inequalities beyond those that nature bestows on them?

That this psychological question is Rousseau's main concern is borne out by the story he goes on to tell in Part II. Although Rousseau notes a number of developments — the origin of leisure, of language, of families and nations (*DI*, 165/*OC* 3, 169) — what he singles out as "the first step towards inequality" (*DI*, 166/*OC* 3, 169) is a psychological phenomenon: the emergence of a new, inherently social passion: *amour propre*. Here is the important passage in which *amour propre* (without being named as such) first appears in the Second Discourse:

> It became customary to gather in front of their huts or around a large tree; song and dance became the amusement...of idle men and women gathered together. Each one began to look at the others and to want to be looked at himself, and public esteem acquired a value. The one who sang or danced the

best, the handsomest, the strongest, the most skillful, or the most eloquent came to be the most highly regarded, and this was the first step towards inequality and, at the same time, towards vice. (*DI*, 166/*OC* 3, 169)

The point of this passage is to answer the first of Rousseau's two questions: it isolates *amour propre* — a passion to be regarded by others — as the source of moral inequality.

So, what is *amour propre*, and why is it the source of moral inequality? As its name indicates, *amour propre* is a type of self-love. 'Self-love' here just means self-interestedness: to love yourself is to care about your own good and to be disposed to pursue whatever you take that good to be. Yet clearly *amour propre* is something more specific than self-interestedness in general, for Rousseau makes a point of distinguishing it from another form of self-love, *amour de soi-même* (or, as I shall call it, "love of self").

> It is important not to confuse *amour propre* and love of self, two passions very different in their nature and effects. Love of self is a natural sentiment that inclines every animal to attend to its self-preservation and that, guided by reason and modified by pity, produces humanity and virtue. *Amour propre* is but a relative sentiment, artificial and born in society, that inclines each individual to think more highly of himself than of anyone else [and] inspires in men all the evils they do to one another... (*DI*, 218/*OC* 3, 219)

So, first, the two types of self-love are distinguished by the object, or good, each inclines us to seek: love of self aims at self-preservation[5], whereas *amour propre* is concerned with how highly one is regarded. A being that possesses *amour propre*, then, is moved by the desire to be esteemed, admired, or thought valuable (in some respect).

Another feature of *amour propre* is its "relative" nature. 'Relative' here means relative to other subjects, and Rousseau's point is that the good that *amour propre* seeks requires — even consists in — certain relations to others. In fact, *amour propre* is relative in two respects, though only one of them is relevant here[6]:

---

[5] Despite what Rousseau suggests here, the aims of "amour de soi" are not restricted to self-preservation. The good that "amour de soi" inclines one to seek varies with one's self-conception; to the extent that one thinks of oneself as more than a physical being, the good one seeks will extend beyond the mere necessities of life (see Dent, 1988, pp. 98-103). A more precise way of distinguishing "amour de soi" from "amour propre" would be to describe the former's good as nonrelative (in precisely the two senses in which the latter is relative).

[6] The other sense in which "amour propre" is relative to other subjects is that the good it seeks depends on — consists in — the judgments of others. This plays an important role in Rousseau's larger theory of "amour propre" but is less relevant to my concerns here. For more detail, see Neuhouser (2008, chapter 1).

the good that *amour propre* seeks — a kind of status or esteem — is relative, or comparative, in nature; to desire esteem is to desire to have a certain standing in relation to others[7]. In other words, the esteem that *amour propre* strives for is a positional good, which implies that doing well for myself (finding the esteem I seek) consists in doing well in relation to others. This means that the extent to which I find my need for esteem satisfied depends on how well — or how badly — those around me fare with respect to theirs. It is important to note that a relative standing is not necessarily a superior or inferior one. If what my *amour propre* leads me to seek is simply the respect I deserve as a human being — a respect I am willing to grant to others in return — then the standing I seek is comparative (or relative) but not superior; in other words, equal standing is still standing relative to others. This feature of *amour propre* contrasts with the nonrelative character of love of self. If we think of the latter as directed at self-preservation, the point of contrast becomes clear: the extent to which my food, my shelter, and my sleep satisfy my bodily needs is independent of how well others fare with respect to their needs. As long as *amour propre* has not yet infected my understanding of my own good, the benefit I get from eating my porridge, say, is unaffected by how well your six-course meal satisfies you.

I emphasize this aspect of the relative character of *amour propre* here because it is what makes *amour propre* the "source" of moral inequality. Since the standing that *amour propre* seeks is always defined in relation to others', it provides us with an incentive we would otherwise lack — an incentive not just to do well for ourselves but to do better than others. Once *amour propre* enters the picture, then, it is possible to understand how widespread inequality can be *our* creation rather than nature's: once we take the view that an affirmation of our worth requires being recognized not merely as good but as superior to others, *amour propre* requires inequality in order to be satisfied. The range of phenomena Rousseau has in mind here is too familiar to need elaboration: the endless pursuit of wealth, ostentatious consumption, consuming ambition, keeping up with the Jones's — all are manifestations of "the fervor", inspired by *amour propre*, "to raise one's relative fortune, [not] out of genuine need [but] in order to place oneself above others" (*DI*, 171/*OC* 3, 175).

It is important to bear in mind that, strictly speaking, Rousseau takes *amour propre* to be a necessary but not a sufficient condition for moral inequality. There are two reasons for this. The first is that *amour propre*, though always a relative passion, does not necessarily — under all conditions — manifest itself as a desire for *superior* standing. As mentioned above, the quest for standing in the eyes of others can also take the form of wanting to be recognized as an

---

[7] "As soon as amour propre has developed, the relative I is constantly in play, and the young man never observes others without returning to himself and comparing himself with them. The issue is to know what rank among his fellows he will put himself after having examined them." (Rousseau, E, 243/OC 4, 534)

equal — as a human being, say, who has the same rights and dignity as every other human being. Rousseau makes this clear in the paragraph following the passage cited earlier in which *amour propre* first appears as the desire to be "the handsomest, the strongest, the most skillful, or the most eloquent." According to this passage, at the same time that individuals began to seek recognition for their particular excellences, they also began to demand a recognition of their equal standing in relation to others:

> As soon as men had begun to appreciate one another, and the idea of consideration was formed in their minds, each one claimed a right to it, and it was no longer possible to be disrespectful to anyone with impunity. From this arose the first duties of civility... (*DI*, 166/*OC* 3, 170)

This is important for Rousseau's project as a whole because his solution to the problems caused by *amour propre* — a solution he articulates in *The Social Contract* and *Emile* — will require not the extirpation of *amour propre* but, instead, its proper cultivation (or *Bildung*) so that the quest for recognition is rendered compatible with universal freedom and happiness. To anticipate a point that lies beyond the scope of this paper: Rousseau's view is that, despite its many dangers, *amour propre* is at the same time necessary to nearly everything that makes human existence valuable and elevates it above that of the beasts. Since to eliminate *amour propre* would be to eliminate the conditions of rationality, of love — of subjectivity itself — Rousseau's ultimate aim is to find a way of forming *amour propre* so that it continues to motivate human beings without resulting in the evils it tends to produce in its uneducated form[8].

The second reason *amour propre* by itself is insufficient to generate widespread inequality is that a host of other, nonpsychological conditions must be in place before the desire for superior standing can translate into the *enduring* advantages of some over others that constitutes "moral inequality." As long as the quest for superiority is confined to the simple desire of primitive beings to be regarded as the best singer or the most handsome, significant moral inequality cannot arise. This is why Rousseau says that inequality's gaining a foothold in human existence required a "fortuitous concatenation of several foreign causes" (*DI*, 159/*OC* 3, 162). Included among these fortuitous causes are: rudimentary technological advancements, the development of cognitive faculties, specialization occasioned by the division of labor, and the origin of private property, states, and codes of justice, all of which institutionalize and give permanence to the various inequalities that beings with *amour propre* are driven to create.

It would be too large a task to unravel here the various ways in which each of these causes contributes to moral inequality. One especially pervasive theme,

---

[8] I argue for this claim at length in Neuhouser (2008).

though, is the momentous effect of the increasing interdependence among individuals that these developments bring with them. The increase in dependence occasioned by an expanding division of labor, for example, makes it possible for *amour propre* to seek new forms of satisfaction that introduce more enduring inequalities than were possible when individuals were self-sufficient (*DI*, 167/ *OC* 3, 171). For alongside the old strategies of striving to be the best singer or dancer, new opportunities for achieving preeminence arise, including the possibility of exploiting others' dependence for the purpose of subjugating them. It is easy to see that a peasant who produces only one of the foods he needs to subsist is more vulnerable to exploitation than his self-sufficient counterpart. As Marx might put the point, dependence creates one of the conditions necessary for inequalities of *class*. The interesting implication of the Second Discourse is that subjugation of this kind is rarely, if ever, motivated purely by economic ends. For in addition to the economic benefits it brings, establishing oneself as the exploiter of others — especially when the roles of exploiter and exploited are sanctioned by social institutions — presents itself as an alluring strategy for finding clear and enduring confirmation of one's high standing in the eyes of others.

## 2. When (and why) are moral inequalities legitimate?

Having seen where moral inequalities come from — they result from *amour propre*'s drive to establish superior standing in the eyes of others, once certain basic conditions of civilization obtain — we can turn to the second of Rousseau's questions: what makes inequalities legitimate or illegitimate (and why)? The final page of the Discourse appears to give a straightforward answer to this question: "moral inequality... is contrary to natural right whenever it's not directly proportional to [natural] inequality" (*DI*, 188/*OC* 3, 1934). As illustrations of this principle, Rousseau ends his text with the rather feeble prescriptions that the young ought not to command the old and that imbeciles ought not to lead the wise. But Rousseau has more resources than this to answer the question of when, and why, moral inequalities are illegitimate. Rousseau may believe that *natural law* authorizes only those inequalities that are grounded in natural advantages, but he clearly does not believe that only nature-based inequalities can be legitimate. For, as the *Social Contract* makes clear, there is a source of right or legitimacy other than nature, namely, the "convention", or agreement, on which right in society is grounded. That Rousseau is committed to the legitimacy of certain inequalities that are not direct consequences of natural inequality becomes clear when we consider that one of the accomplishments of the *Social Contract* is to legitimize certain (though, admittedly, very limited) forms of moral inequality. For example, by establishing the right to private property, the *Social Contract* legitimizes a degree of material inequality. In saying that the goal of the state should be to bring the extremes of rich and poor "as close together as possible", Rousseau acknowledges that absolute equality in "power and riches" is too severe a demand (*SC*, II.11.ii).

This raises the question of just how much moral inequality is permissible (and why), and my claim is that the Second Discourse points to an answer beyond the simplistic claim that only inequalities grounded in natural differences are legitimate. It is telling, I believe, that, consistently in Part II of the Discourse, when Rousseau deplores moral inequalities, he emphasizes not their origin but their consequences. So, immediately after tracing human development up to, roughly, its present state (*DI*, 170/*OC* 3, 174), he goes on to rail against modern inequality because of its *effects*: "as soon as... equality disappeared, ... slavery and misery... germinated and grew" (*DI*, 167/*OC* 3, 171); "competition and rivalry, conflict of interests, the hidden desire to profit at the expense of others — all these evils are...the inseparable consequence of nascent inequality" (*DI*, 171/*OC* 3, 175).

It is only a slight simplification to say that the criterion Rousseau implicitly invokes in criticizing modern inequality is the same criterion we found at work in the normative function of his account of the state of nature, namely, the possibility of universal freedom and happiness. In other words, I want to suggest, Rousseau rejects moral inequalities only to the extent that they are incompatible with the basic conditions of the freedom and happiness of every member of society. As evidence for this thesis, consider that the first half of this principle is precisely what is expressed in the *Social Contract*'s prescription that, while inequalities in power and wealth cannot be completely eliminated, "no citizen ought to be so rich that he can buy another and none so poor that he's forced to sell himself" (*SC*, II.11.ii). In simpler terms: inequalities in wealth may not extend so far that they endanger the freedom of the less well off.

Of course, Rousseau thinks of this criterion — that moral inequalities are legitimate only when compatible with the conditions of everyone's freedom and happiness — is one that rules out many of the inequalities contemporary Western society accepts as legitimate. This is because, when coupled with the extensive dependence that characterizes the civilized state, inequalities lead pretty quickly to the destruction of freedom and happiness. The conflict between inequality and freedom is the easier of the two to see. Two examples of impermissible inequalities already referred to — the exploitation of one class by another and the ability of the rich to "buy" the poor — suggest clearly how moral inequalities can translate into asymmetries in power and, so, into the loss of freedom for those in the inferior position. Rousseau's idea is that when inequality is conjoined with dependence, it is all too easy for those who are less well off to find themselves in a position where, for all practical purposes, they are compelled to follow the will of their superiors in order to satisfy their needs. When what is at issue is the satisfaction of a need, requiring the cooperation of an advantaged other gives one powerful incentives to abandon one's will in favor of his. And that — obeying a foreign will — is precisely what Rousseau means by enslavement, or the loss of freedom.

Rousseau has much to say as well about how moral inequalities threaten our happiness. His basic idea is that a society with established inequalities offers many opportunities for *amour propre* to seek satisfaction in ways that guarantee frustration and conflict. This is especially the case when inequalities are fueled by an *amour propre* that makes the quest for recognition into a quest to be recognized as *better than* others. One problem is that when success is defined as being recognized as superior to others, the universal satisfaction of *amour propre* is made impossible. In other words, when everyone seeks *superior* status, recognition becomes a scarce good. If some are to achieve superiority, others must end up in an inferior position, and so, rather than being available to all, recognition becomes the object of endless competition, conflict, and frustrated desires.

A second difficulty is the phenomenon of "keeping up with the Jones's". This problem is due to the fact that superior standing, even if attained, tends to be insecure as long as it is achieved in relation to others who desire the same. In order to outdo the competitor who has just surpassed me, or to maintain the preeminence I now enjoy, I must constantly be engaged in enhancing my own current standing. In such a situation, individuals are burdened with a limitless need to better their own positions in response to, or in anticipation of, their rivals' advances, resulting in a restless, unceasing game of one-upmanship. The problem here is not merely that the only satisfaction *amour propre* can find will be fleeting and insecure but also that needs and desires become boundless in a way that is inimical to genuine happiness.

### 3. What is the relation between genealogy and critique?

We are now ready to address the final question: how does the question of inequality's *origin* figure in Rousseau's *critique* of it? If I am right about the basis of Rousseau's critique — that it is their *consequences* that make inequalities legitimate or illegitimate — then it is hard to see how genealogy can have any critical function at all. If we understand genealogy as I have said we must — as the tracing back of a phenomenon (moral inequality) to its psychological source (*amour propre*) — then simply pointing out where inequality comes from seems to play no role in Rousseau's account of what is wrong with it. (On this point Rousseau's genealogy differs from Nietzsche's, since the critical force of the latter depends, *in part*, on revealing the psychological source of morality to be *ressentiment*.) It's important to see that, for Rousseau, the fact that moral inequality has its source in a passion that is artificial rather than natural does not itself constitute a critique of it. This point tends to be obscured by Rousseau's indiscriminate use of the term 'nature': to put it simply, sometimes 'unnatural' implies 'bad', and sometimes it does not. So, when Rousseau calls *amour propre* artificial, he does not mean that humans would be better off without it, or that it is a merely accidental feature of human reality. As I have suggested, what he means instead is that *amour propre* is an inherently social phenomenon, not a possible feature of human individuals "in themselves" (apart from all relations to others). Contrary to popular primitivist readings of the Second Discourse, Rousseau does not envision human existence without *amour propre* any more than he envisions it without love, reason, or language — all of which are just as "artificial" as *amour propre* and no less essential to human reality.

Yet paying attention to the implications of *amour propre*'s artificiality may help to clarify how genealogy and critique work together in the Second Discourse. What exactly does Rousseau mean when he calls *amour propre* "artificial"? Why insist that *amour propre* is something human beings *make*? As is well known, Rousseau regards not just *amour propre* but society, too, as artificial. His point in calling society artificial is that, even though humans must have social relations of one kind or another, the particular forms those relations take are highly variable and dependent on human will. It is not, in general, up to human beings to live in society or not, but it is up to them how their social relations are configured. Something similar is true of *amour propre*: although humans cannot exist as such without it, the particular forms it takes are variable and dependent on many factors, including the kind of social world we inhabit. Rousseau's claim here is that until social circumstances form it in specific ways, *amour propre* is an exceptionally plastic passion with indeterminate aims. It impels those who have it to seek some form of esteem from others, but it does not determine precisely how or where they will look to find it. If concrete expressions of *amour propre* depend on social institutions, then with respect to *how* it manifests itself in the world, *amour propre* depends just as much on human doings as the social institutions that shape it.

The malleability of *amour propre* is a thesis of great importance to Rousseau, and keeping sight of it will help us understand more clearly the role that genealogy plays for him in critique. On the view I've been presenting, Rousseau's genealogy is less a *historical* enterprise than an *analytic* one; it aims to understand complex human phenomena by breaking them down into their basic components — in the case at hand, to understand moral inequality as the product of *amour propre* when it operates unconstrained within certain social conditions. As I have argued, the "developments" recounted in the Second Discourse are not a history of real events but an analytic exercise aimed at distinguishing what in human reality comes from our nature (understood in abstraction from our social being) from what derives from our social existence (and is therefore variable and, in some sense, our own doing). Locating the source of moral inequality in *amour propre* rather than in "human nature" allows us to see it as our creation rather than as a necessary consequence of our nature, and this opens up the possibility that *amour propre* might be able to assume forms different from those we are most familiar with, producing quite different results from the degenerate society depicted in Part II.

Another way of putting this point is to say that tracing moral inequality back to an "artificial" passion rather than a natural one helps us to see where contingency enters human reality. It is important to emphasize, though: what is contingent is not the mere presence of *amour propre* in some form or other. I repeat: Rousseau does not think human existence is possible without some manifestation of *amour propre*. What is contingent, rather, is the particular forms *amour propre* takes in specific social circumstances. More precisely, Rousseau's genealogical claim is that even though *amour propre* appears so pervasively in our society as the desire for superior standing — even though *amour propre* as we know it is the source of so much enslavement and suffering — this is a contingent and potentially corrigible fact, not a necessary feature of the human condition. (From now on, I will refer to the drive for superior standing as "inflamed" *amour propre*[9].) It is important to remember, however, that inflamed *amour propre* is not the only contingency that enters Rousseau's story. As he insists again and again, many of the social developments that figure in his genealogy, including the specific rules of private property and particular forms of the division of labor, are also "fortuitous… circumstances… that could very well never have occurred" (*DI*, 139/*OC* 3, 140). This, of course, is related to the contingency of inflamed *amour propre*, since on Rousseau's view, much of the inflammation of *amour propre* is due precisely to the influence of unfortunate social arrangements. When Rousseau ends the Discourse by saying, "it is enough for me to have proved that this is not man's original state" (187), we are to understand him as asserting that the state of fallenness he has just described is not a necessary outcome of human society, in all its possible forms. Genealogy, then, is intimately related to critique because it serves to "denaturalize" a host of social conditions whose legitimacy we tend to accept unreflectively precisely because we view those arrangements as "eternal givens", "due to the nature of things". Genealogy disrupts our unreflective "consent" to the moral inequalities of what we take to be a "natural" social order, and, in doing so, it undermines one of the principal conditions of their continued existence.

This point may also shed light on why real history is not completely irrelevant to Rousseau's genealogy: if one of genealogy's aims is to demonstrate the contingency of our own social arrangements — if one of its goals is to show that there are alternatives to private property, the drive for wealth, and the division of labor as *we* know them — then empirical evidence illustrating the rich diversity of forms that human life has in fact taken is surely to the point.

---

[9] Rousseau uses "inflamed" and its variations only once to modify amour propre (Rousseau, E, 247/OC 4, 537), but, following Dent (1988), it has become standard practice to use the term, as I do here, to refer to *amour propre* in any of its pernicious manifestations.

The examples of the Hottentots, who can see as far with the naked eye as the Dutch can with telescopes (*DI*, 140/*OC* 3, 141), and the Caribs, who have no notion of stocking up for tomorrow (*DI*, 143/*OC* 3, 144), reinforce the claim that previous philosophers attributed far too many contingent features of their own society to a statically conceived human nature (*DI*, 132/*OC* 3, 132).

Although I believe these interpretive claims are in substance correct, there is also something misleading in characterizing the developments the Second Discourse depicts as merely accidental. For Rousseau holds, I believe, that the degeneration of *amour propre* into the unconstrained quest for superior standing, while not *necessary*, is the most likely outcome of the social developments he describes. For complicated reasons I cannot go into here[10], I think Rousseau regards the "inflamed" search for superior standing as the manifestation of *amour propre* that is by far the most likely to develop in the absence of "artificial" intervention into the social world directed at insuring that *amour propre* assume a benign rather than a destructive form.

But even if fallenness is the most likely result of civilization, there is still a point to seeing it as contingent (not necessary). The point is that what is not necessary can in principle be transformed into something different, and working out how this is possible is precisely the aim of the *Social Contract* and *Emile*. This means that genealogy is relevant not only to critique but also to social transformation. Rousseau points to this aspect of genealogy when, in a letter to Voltaire recounting the accomplishments of the Second Discourse, he says, "I showed men how they bring their miseries upon themselves, and hence *how they might avoid them*" (*LV*, 234/*OC* 3, 1062). The part of Rousseau's story that is most relevant to this function of genealogy is one I have mentioned but spent too little time explaining. It is found in the Discourse's account of the various nonpsychological conditions that must be in place if *amour propre* is to generate enduring and pernicious forms of inequality. For now, I will have to be content with the following simple illustration of how genealogy is relevant to social reform: if I have understood Rousseau correctly, the tools of genealogy enable us to discover how particular contingent forms of private property — the private ownership of land (or means of production), for example — create new, destructive opportunities for seeking social esteem and so exacerbate and give free rein to the harmful potential of *amour propre*. But understanding these connections is essential to systematic reflection on how the social world would have to be reconfigured if *amour propre* and the inequalities it tends to produce are to be kept within limits that make freedom and happiness possible for all, without eliminating moral inequality entirely. This suggests that genealogy has a further, analytic function, namely, the disentangling of the various strands, or elements, that have come together (contingently) to form the particular

---

[10] See Neuhouser (2008, chapter 4).

complex phenomenon under investigation (morality, in the case of Nietzsche; moral inequalities, in the case of Rousseau). Genealogy asks: which in principle *separable* developments and events have in fact joined together to produce this contingent phenomenon? By disentangling a complex historical phenomenon into its component elements and recognizing where contingency enters into its formation, genealogy enables us to think productively about how the elements of that phenomenon might be "put back together again" in ways that enable us to avoid some of the dangers and disadvantages of the ones we know. This aspect of Rousseau's genealogy has its counterpart, too, in Nietzsche's (II, §24), but I will have to reserve discussion of that for another occasion.

## References

Dent, N. J. (1988). *Rousseau*. Oxford: Basil Blackwell.

Neuhouser, F. (2008). *Rousseau's Theodicy of Self-Love: Evil, Rationality, and the Drive for Recognition.* Oxford: Oxford University Press.

Neuhouser, F. (2009). The Normative Significance of 'Nature' in Rousseau's Moral and Political Thought. In R. Forst (Ed.), *Sozialphilosophie und Kritik*. Frankfurt a. M.: Suhrkamp.

Nietzsche, F. (1967). *On the Genealogy of Morals* (trans. Walter Kaufman). New York: Random House.

Rousseau, J.J. (1959-1969). *Œuvres Complètes* (ed. Bernard Gagnebin et Marcel Raymond). Paris: Gallimard, Bibliothèque de la Pléiade.

Rousseau, J.J. (1979). *Emile, or on Education* (trans. Allan Bloom). New York: Basic Books.

Rousseau, J.J. (1997a). *The Discourses and Other Early Political Writings* (trans. Victor Gourevitch). Cambridge: Cambridge University Press.

Rousseau, J.J. (1997b). *The Social Contract and Other Later Political Writings* (trans. Victor Gourevitch). Cambridge: Cambridge University Press.

# CAPÍTULO VI

# NATURAL SUBJECTIVITY:
# AN ETHICAL ISSUE IN THE NATURALIZATION OF THE
# PHENOMENOLOGICAL CONCEPT OF SUBJECT

**Lucian Delescu**[1]

## Introduction

Classical phenomenology is locked inside a form of transcendentalism and so it is the entire tradition which made it possible. This is the reason (some think) why it must become object of a systematic criticism meant to convince us that phenomenology abandoned the world of facts and construed a nonrealistic account of consciousness. This argument must be understood as part of a much broader form of criticism philosophical naturalism erected not only against phenomenology but against all prephenomenological theories which employ themselves to defend nonnaturalistic accounts of consciousness. It was first Hume and the logical positivists to address these theories in a critical manner in order for later contemporary naturalists to reinvigorate the same kind of argument. But similar replies have been also put forward by those usually considered defenders of classical phenomenology (the so-called "postphenomenologists"). There is however a third category of philosophers, the so-called "transcendentalists", who defended Husserl and continue to do so. I think some of the transcendentalists were onto something but they ultimately failed to do justice to classical phenomenology for the same two particular reasons I believe the postphenomenologists have failed to convince.

*Ontologically speaking* they assume that classical phenomenology continues the path of dualism because it turned against philosophical naturalism (empiricism and logical positivism) and advocated a "transcendental" account of consciousness where that means a consciousness beyond the competence of

---

[1] Berkeley College, New York, USA.

DOI: https://doi.org/10.14195/978-989-26-1380-2_6

natural sciences. As a result, much of the contemporary philosophical debate is consumed by the impossibility to settle the differences between a transcendental phenomenology where consciousness remains beyond realistic analyses and a postphenomenology where consciousness is nothing but contextual experience. However, Husserl has equally rejected dualism and idealism, and attempted to balance the epistemological tension between naturalistic and nonnaturalistic prephenomenological theories of consciousness:

> Psychic faculties — or, as they later come to be called, psychic dispositions — become analogues of physical forces, titles for merely causal proprieties of the soul, either belonging to its own essence or arising from its causal relationship with the living body, but in any case to such a way that reality and causality are understood in the same way on both sides. Of course, right away, in Berkeley and Hume, the enigmatic difficulties of such an interpretation of the soul announce themselves and press toward immanent idealism which swallows up one of the two parallels. Yet up through the nineteenth century this changes nothing about the way in which psychology and physiology, which supposedly follow experience, in fact do their work. It was easy to carry the "idealistic" naturalism of the immanent philosophy of those successors of Locke over into the dualistic psychology. The epistemological difficulties made so noticeable by Hume were overcome — precisely through epistemology. Thus the growing acquisition of obviously valuable empirical facts took on the appearance of having a meaning which could be understood philosophically. (Husserl, 1970, p. 231)

*Methodologically speaking* these philosophers seem to have never considered phenomenology as one of the most significant attempts to actually naturalize consciousness where that means doing phenomenological psychology. That is a logical consequence of their understanding of phenomenological consciousness.


## 1. Concern and skepticism regarding a phenomenological psychology

Now, there are various strategies to move ahead the failure of these interpretations. The most direct is to reconnect phenomenology with appropriate applied research fields. That is for now a rather distant scenario considering the incredible resistance many philosophers still display regarding this particular strategy but also because not all agree regarding the future of phenomenology. I guess we have to spend more time clarifying why the above interpretations failed, although the fundamental problem is not ultimately the meaning of the phenomenological theory of consciousness, but rather to understand to what extent the phenomenological description of consciousness is accurate where that means to actually trying to understand consciousness *per se*. Anyway, when one speaks about naturalizing phenomenological consciousness there seems to be widespread moral concern. The way this concern, otherwise legitimate, has been formulated contributes directly to the dramatic situation in which phenomenology is today. In an ideal scenario it should have triggered a rigorous inquiry into the nature of consciousness. It made instead possible radical positions, such as the attempt to deconstruct or to maintain it far from a realistic dialogue with psychology. From my point of view, naturalizing phenomenology means paving the way to pass from philosophical to phenomenological psychology, hence reestablishing the dialogue with psychology and eventually, as strange as it may sound, reestablishing the dialogue with phenomenology itself. For others, especially for transcendentalists, but also for continentals even if they rarely admit it, that is a compromise with philosophical naturalism. It is rather unclear how many of these philosophers are willing to acknowledge that there is an objective distinction between experimental psychology and natural sciences in general, and phenomenological/ philosophical naturalism which are *theories* of consciousness; and so the debate has to be settled between phenomenology and naturalism as two competing philosophical theories. Judging by their reaction they seem to remain unshakably skeptical regarding any attempt to "unbracket the subject", even for the sake of the argument so while they put forward various interpretations the problem remains unsolved. It is nevertheless true that like empiricists in the past, contemporary naturalists have almost entirely shielded psychology from any other theory, which explains why for some naturalizing phenomenology is a window into a traumatizing past. For others this might be an opportunity to explore aspects of human consciousness never observed before. As Michael Dummett recently argued, philosophy has made possible sciences but it got to remain outside experimental research (Dummett, 2010, p. 4). Some have engaged an experimental path but there is no *experimental phenomenology* in a large sense, probably because there isn't enough realistic talk about it. I do not argue for a naturalized phenomenology (yet). In spite of my previous optimism (Delescu, 2009), that requires to address the many nuances a constructive relation between phenomenology and psychology implies. But I'll try to talk about why an experimental phenomenology should exist. Before anything it requires to explore a number of fundamental aspects of phenomenological consciousness which cannot be discussed here. I shall walk for now with the "bracketing of the consciousness" for even if I have very different reasons I too think that the kind of naturalization the proponents of philosophical naturalism advocate, is not what we should aim for. I explore if there is room for something like a naturalized phenomenology, being aware that I will have to face naturalistic and transcendentalist skepticism at the same time. That is a widespread concern at least among transcendentalists which are to a great extent responsible for the dramatic isolation of phenomenology with respect to psychology and natural sciences in general. Except Merleau-Ponty, who made a radical attempt to naturalize phenomenology qualifying him in principle as a naturalist, most phenomenologists have maintained a skeptical attitude toward any form of naturalism. To sum up, there are not only epistemological and ontological fundamental difficulties but also ethical aspects one has to overcome if willing to elaborate a phenomenological psychology.

Now, one cannot simply challenge such moral skepticism without justification and without providing an alternative. To that extent I think classical phenomenology has recognized the intrinsicness of conscious experiences, more precisely, that they occur no matter what and they are worldly lived (Husserl, 1970, pp. 82-83). Let me reformulate this: conscious experience is a fundamental feature of the natural world where "natural" does not mean "naturalistic". After all, if something occurs I do not see how it could be recognized without being explored. So much about justification. As for the alternative, think of what Husserl means by "phenomenological psychology": that is, roughly, the building up of a psychology capable of nonreductively exploring conscious experiences. From that point of view we shouldn't take the critique of empirical psychology to be a rejection of psychology as scientific domain but to be a critique of the naturalistic shielding. So much about the alternative. As I have already mentioned, to get to a phenomenological psychology one needs to overcome moral concerns and skepticism. The moral concern has been encrypted to the level of a form of transcendentalism (some dualism, some speculative views, and something else) which blocks the elaboration of a phenomenological experimental account of consciousness based on the idea that a naturalized phenomenology would imply a dramatic (negative) change of the way we understand consciousness. This is a matter which requires special attention. However, skepticism has a twofold implication. For most transcendental phenomenologists, it rather appears to be a good reason to avoid realistic explorations of conscious experiences. But one can ask, if indeed such moral concern exists, how can be avoided in the future or kept away from psychology and in general from realistic inquiries. Instead of preventing the compromise of consciousness, this assumption triggers a variety of theoretical reactions which have little in common with phenomenology. The "bracketing of the subject" is in good measure the consequence of the following question: *how can conscious experiences be nonreductively described?* The answer Husserl recurrently gives is clear: by putting forward a kind of psychology which can describe them — a phenomenological psychology.

The skepticism is to be found in philosophical naturalism. I have various observations with respect to naturalism but let us begin with two of them. With the involuntary assistance of transcendentalism, philosophical naturalism manufactured a view on phenomenology which, instead of clarifying the problem, delivered a radical interpretation of consciousness and perpetuated a blurred portrait of the phenomenological consciousness from the moment Husserl published his *Cartesian Meditations* to the present time[2]. In spite of his critique of dualism, some consider Husserl entangled with dualism (Churchland,

---

[2] The same can be said about the numerous interpretations continental philosophers have formulated over the years.

1988; Flanagan, 2001). The second is that the naturalistic model of ontology is reductive and compulsively rigid with respect to alternative ontological models, in particular those which are about to emerge from classical phenomenology. It is only very recently that affective and cognitive neurosciences reconsidered the ontological reality, if not of consciousness in all its complexity, at least of the emotional and cognitive processes. But while one can hope to enter a new era of the dialogue between phenomenology and psychology, I am not sure to what extent the dialogue between phenomenology and philosophical naturalism as well as the dialogue between the kind of phenomenologist I have in mind and current phenomenologists has the chance to succeed. Husserl argued that psychology should be primarily concerned with subjective events in the sense that for psychology *something existing* in a real world must be described according to its intrinsic complexity, keeping in mind that its theoretical (philosophical) intelligibility is nevertheless a subjective conception (a self-reflective reconstruction) not a pictorial description (Husserl, 2008). That doesn't entail that the natural world is an illusion but simply that one cannot substitute his feeling of objectiveness to the intrinsicness of natural occurrings as well as epistemological subjectivity doesn't entitle the substitution of a theory of consciousness with a theory of the natural (nonsubjective) occurrings. To that extent, any experiment is self-reflectively *shaped* and that makes possible the knowing of its object. Naturalists have always considered this a more or less relevant epistemological obstacle; yet again without being self-reflectively there is no knowledge whatsoever. Experimental psychology should account that between conceptualizing something and the intrinsic reality of what is to be explained there is only correlation. Thus, empirical analyses are limited, in that the experimental framework is in fact a modality to conceive something existing, not the objective depiction of something existing *per se*. This is not a reason to think phenomenology and psychology have nothing in common, rather to simply point out that psychology is experimental but also *reflective*. For Husserl explaining consciousness means to acknowledge the two indissolubly related methodological dimensions of consciousness: the *experimental dimension* which is the scope of psychology and the *epistemological dimension* which is the job of philosophy (Husserl, 1970, pp. 202-203). The distinction between them is meant to set out the margins of experimental psychology with respect to standard philosophical inquiries.

From a phenomenological point of view, one is entitled to "doubt" (in a phenomenological sense) the validity of the experimental psychology without doubting the role of psychology. To doubt is to have a *constructive* attitude toward science, hence *ethical*, if one aims to attain progress. For this specific point of view, phenomenology is that analytic tool which enables one to make sense of the results of an experiment for a broader understanding. Put it differently, when I have a perceptual experience, I am also "judging" the content of my perceptual experience in a sense that in order to make sense of what I see

I have to self-reflectively process what I see. To go back for a moment to the transcendentalist interpretation of phenomenological consciousness (and so to the transcendentalist resistance regarding a phenomenological psychology), while they might be entitled on their own grounds to defend something like a dualistic account of consciousness, I am not sure to what extent phenomenological consciousness can be assimilated within their general view on consciousness just because Husserl criticized naturalism. One of the problems Husserl attempted to solve is *how to explain one is able to grasp the objects from the natural reality without being reduced to objects*, and, consequently, *how it is possible to know something about the natural world without skepticism*. Many are inclined to think that the core debate between phenomenology and naturalism turns around the nature of consciousness. That is true but incomplete. I think we tend to overlook the epistemological issues which arise when explaining consciousness. Once we decide to move toward a phenomenological psychology, we are able to find compatibility between phenomenology and psychology.

## 2. Inside/outside the bracketing of consciousness: a case to consider

To understand why some expressed moral concerns regarding the naturalization of phenomenology we must go back to the epistemological roots of the problem. I assume readers are familiar with these aspects so let me be brief. From Hume to logical positivists and their contemporary followers these philosophers assume that perception and sensation (feelings and emotions) are the only processes involved in acquiring knowledge. It follows that what exists, must be perceived; hence, it is logical to consider "natural" something perceptually sizeable. For Aristotle, Descartes, Kant, and Husserl, perception is one of the fundamental processes involved in acquiring knowledge but there is also something like *making sense of* what is perceived in a sense that in order to know that something exists one must indeed perceive or feel it but must also *understand* it. For instance, I see something happening in the street — a car accident — but if I plan to understand all possible causes of the accident in order to preempt future accidents (strategic planning), I have to think about before taking any decision. When an agent is involved in strategic planning s/he becomes intentional (self-reflectively) and therefore accountable (rewardable or punishable). The naturalistic reply is in principle the same: there is no perceptual evidence (they say "empirical") for self-reflectively; hence, there is nothing like an intentional agent. Besides the fundamental ontoepistemological problems and the mutual mischaracterizations one has also to deal with here, one must acknowledge the sharp division between *a passive model of consciousness* (the naturalistic model) and *an intentional model of consciousness* (the phenomenological model) where the second cannot be dismissed because of Descartes' association of self-reflexive processes with theism, especially once Husserl has detached himself from a number of metaphysical problems which belong to theology. To deny the intentional character of consciousness (which is what makes an experience properly speaking conscious) in the name of a personal disbelief is as simplistic as claiming that something exists only if I can see it especially in a scientific contemporary context which has surpassed the perceptual dogma of empiricism. But to come to our issue, the concern over the passive model of consciousness arises from its concrete implications. It is one thing to have, say, a world where most individuals are reduced to a passive (entirely dependent) audience and another where individuals are intentional agents. Considering both the political and economical implications one can understand why a number of philosophers find particularly troubling the attempt to reduce real consciousness to the naturalistic model. This is, very roughly, the reason for some to discourage a relation between classical phenomenology and naturalistic psychology, we must though distinguish between phenomenology having a relation with philosophical naturalism and having a relation with psychology.

In order to make even clearer this distinction I address here some problematic aspects within both naturalism and interpretations of phenomenology. They can be considered either complementary, if naturalism endorses at least something like the subjective nonreflectively character of experience, or fundamentally incompatible if naturalism evolves into externalism. To search for compatibility with naturalistic psychology is today more or less irrelevant since that kind of psychology is the experimental extension philosophical naturalism vigorously criticized from inside (Nagel, 1965; Putnam, 2002; Chalmers, 1996, 2010). It is nevertheless necessary to underline that strictly perceptual models of consciousness aren't sufficient for a future comprehensive psychology. The distinction between phenomenology and naturalism can be settled in terms of the failure versus the success to explain the very nature of the correlations humans make when solving basic arithmetical problems (1+1=2). Naturalism claims to be able to explain such correlation without involving anything like nonnaturalistic accounts of consciousness. Although somehow distant from the topic I discuss here, I would like to briefly address the very interesting phantom limb experiment (Hirstein & Ramachandran, 1997, 1998) in order to illustrate that passive models of consciousness and so passive psychology, which is the only kind of psychology one can get from philosophical naturalism, are not realistic. The phantom limb is also an excellent opportunity to think about a number of questions such as: can self-reflexivity be described in naturalistic terms where that means explaining something strictly according to perceptual principles? Note that by naturalism I have in mind that philosophical paradigm which begins by considering that something exists if perceived. Furthermore, can we dismiss the reality of intentional experiences because they have a biological function? Although it is not of my competence to unravel the biological dimension of this kind of experiences but rather to point out that they do occur and that they must be accounted for, let me say that it is puzzling why some think that discovering the biological function of intentionality should infirm the fact that intentional experiences do occur. I do not envisage here to rediscuss the metaphysical problem of consciousness which has been debated since Descartes but to make the case for the consistency of self-reflectively. In the phantom limb experiment we are presented a patient who lost his hand but continues to experience pain in the place of the lost hand years after the unfortunate accident occurred and after the wounds have been cured. The patient finally overcomes the pain by imagining first the missing hand and then by accepting that the lost hand is not there anymore so the brain "understands" the absence of the lost hand. There are two questions that came to my mind independently of the conclusions the scientific team which performed this experiment has arrived: (*a*) does the patient's realization of the fact that the hand is not anymore there involves minimal self-reflective processes, and if so (b) what kind of functions do self-reflectively experiences involve? I will not be dealing with the second question. That is a matter which, if we learned something from the contemporary debates, cannot be properly addressed at this stage, in any case cannot be addressed from a strictly philosophical point of view. It is however an excellent opportunity not only to discuss the relevance of self-reflexive experiences from both naturalistic and phenomenological perspectives, but also to reconsider the moral concern over the so-called naturalization of consciousness. Now, to cure the phantom limb one must intentionally convince the patient that the lost hand is lost. That implies to intentionally reset the brain. The possibility to change the view regarding an event is not even recognized by traditional naturalism for a variety of reasons. The naturalistic theory of ontology runs like that: there is a certain phenomenon that must be explained. So the explainer must "look" to the phenomenon, to begin to describe it according to the following strategy: isolate the phenomenon from others, describe its features and, reintegrate the phenomenon in a common class event (this is by the way the procedure that led Aristotle to the idea that conceptual discrimination is not strictly perceptual). Certainly, between discovering the cause of the phenomenon and describing it there is a difference, since not all the time the cause explains the phenomenon in itself. In the very moment when I analyze a certain phenomenon I use a strategy that allows me to introduce simple concepts. It is clear that philosophical naturalism does not recognize the intentional dimension of cognitive processes. Philosophical naturalism does not recognize cognitive processes at all, not even natural cognitive processes in a sense that for naturalists (at least for traditional naturalists) to admit something exists it must be perceived which is the reason why cognition is rather viewed as a *subjectivist* obstruction to the descriptive scientific process — a weakness.

Methodologically speaking, something like the phantom limb experience should be recognizable if searching only from a naturalistic point of view. Keep in mind that I discuss the issue from a strictly methodological point of view and I do not intend to make any big claims regarding the nature of consciousness. The phantom limb patient must undertake three stages in order to cure: *a descriptive level* which is meant to identify the problem, *a reflective level* when the patient thinks how to solve the problem, and a *reconstructive level* when the problem is actually solved. During all these levels a minimal self-awareness is always involved. If we attempt to explain these stages from both a naturalistic and a phenomenological point of view my guess is that the maximum any philosophical naturalism can do is to recognize the most visible processes which are involved at the descriptive level. Beyond that we need phenomenological analysis to make progress (taken in a methodological sense). For instance, the *descriptive level* is the only one where naturalistic and phenomenological descriptions are compatible in a sense that naturalists refer to the same events Husserl consider part of the "life-world". Phenomenological descriptions deal with natural events in a direct manner but they provide open-meaning structures. The possibility to provide meaning implies that descriptive statements cannot stand alone for a scientific psychology (Husserl, 1970, p. 226). Phenomenological and naturalistic descriptions are both concerned with objective matters. But the difference between them arises from the fact that naturalists are satisfied with their criteria of objectivity which emerges from a combination between a strong belief in the objectivity of perceptual experiences and the direct relation of perceptual experience with language (what Hume and later Wittgenstein called "a pictorial language", meaning a language which describes reality the way it is). It is obvious they never considered that cognitive processes are *reconstructive*, not in a sense that reality would be an illusion but the interpretation of reality might be subjective. The problem with naturalistic descriptions is that they are built upon the assumption that language, mind, and matter follow the same rules, hence one cannot ultimately be wrong since to speak (think) is to mirror. That works if reducing ontological events to the same principle. Physicalism for instance as a branch of naturalism is ontoepistemologically speaking the most radical attempt to uniformize ontology.

The problem here is not to claim that conscious experiences are biologically grounded, as I already mentioned I am not concerned with biological functions of self-reflective experiences, rather with the fact that physicalism is not able to methodologically assess consciousness in its inner specificity. In short, it does not account for ontological specificity. Overall, strictly descriptive theories must prove that between the content they describe and the way they describe such content there is ontological identity. I guess I do not have to go into various metaphysical matters in order to prove that ontology is characterized by diversity and commonality, not by identity. Consider that each brain has a certain number of neurons, and the connections between these neurons differ from brain to brain. That is already a fundamental problem, not necessarily for science in general but certainly for a science which is guided by the assumption that if all things have ultimately the same cause they are necessarily explainable in the same terms.

By the time the patient gets to the *reflective stage* he begins to understand the need to get out from thinking based only on perceptual rules (yet no contradiction with it) and so to move ahead ontoepistemological unitarism — the assumption according to which solving epistemological problems is solving ontological problems. To that extent a nonreductive theory of consciousness, at least from a methodological point of view, should account for both visible events and internal processes such as intentional experiences, or constructively assume they are at least co-occurring. If descriptive statements confer maximal authority to perceptual experiences (seeing is believing), this is to assume symmetry, and even unity between formal descriptions and the object they refer based on the ontological assumption according to which conscious experiences are entirely and accurately mirroring the external world, hence no need to assume something like inside/outside (internal/external) dimension of consciousness yet only one dimension: the *outside*. From a phenomenological point of view perceptual experiences are always accompanied by the *meaning* something perceived has for an observer in a sense that one cannot actually have a perceptual experience without conferring sense to what is perceived. But that is not to say that one has a full understanding of what is perceived. From that point of view, a nonreductive theory of consciousness should recognize that when describing something one is actually reflecting upon it. Consequently having a conscious experience is not simply outputting a certain state of mind but subjectively expressing what has been experienced.

Naturalism explains this matter following an old principle according to which all can be known directly (perceptually), but from a phenomenological point of view to know something means to consciously experience it, hence to intentionally confer meaning to what is perceived. In other words, to have the possibility to interact with the content of perceptual experiences. Naturalism informs us that consciousness is a response to external stimuli but this, again, does not explain why in the moment a subject makes a choice among a variety of stimuli there is always at least something subjective involved where that does not yet mean there would be something phenomenologically intentional but at least something subjective. In the moment I move from the understanding of a certain event to another I make a *choice* which means that I can provide a meaning to that certain event which is part of a broader set of similar events I can discern in part and in whole. I do not have to exclude the other events but I select one of them and that makes me responsible of my choice since it is my making that particular selection. The choice leads to an action for which I can be held accountable. If I consider only the visible actional dimension of the choice I will surely not be able to figure its intentional dimension, hence that humans "display" their internal understanding of the world to the level of a concrete intention. To put this back in the context, for the patient to begin the curing process he must think about the lost hand not to simply describe a hand.

A strictly descriptive approach can at most inform about *a hand* without providing the relation between a hand and the realization of the fact that it is his own hand he lost.

Finally, in order to be able to reconstruct the image of the lost hand (the reconstructive stage) in order to understand that the hand is actually gone, the patient must actualize the memory of the lost hand but he also must be capable of reconfering meaning to something which is not there anymore. In short, to think in absentia. For a neuroscientist, the problem is to find the part in the brain which is responsible of such experiences. For a philosopher, the job is to understand the conceptual implications for a general theory of consciousness. In any case for Husserl the reconstruction of past experiences is not only intentional but also specific which is the reason he would not hesitate to argue that no analysis is capable of fully describing it — in that sense a conscious experience is "transcendental", namely beyond what a theory might assume it is, yet not beyond the realm of nature. However, one shall not confound the intentional conferring of meaning with the power to structure the world according to one's will (something like a formal matrix that structures the natural world). Some of the critics of intentionality have expressed this peculiar concern regarding the phenomenological intentionality. When the patient reactualizes the lost hand he certainly does not produce a second hand which would begin to grow and replace the lost one but he reconstructs a model in his mind based on memory, sensation, etc. Between the lost hand and the mental model there isn't ontological symmetry although there is a real effect — the pain stops. In order for the pain to stop the patient must consciously *recreate* the meaning of the lost hand: "I do not have that hand anymore so my brain must stop sending out signals." In the mind of the patient a model of the absent hand is built and made intelligible for the brain.

The phantom limb could be a good illustration of what Husserl meant by intentionally (consciously) conferring meaning. A theory of consciousness which accounts for the correlation between mental models and ontological events is probably the best option we have although highly controversial. If one can intentionally (consciously) reset his beliefs regarding a certain event, that means the phenomenological theory of consciousness is accurate, which is not to say it solves the problem of consciousness in whole. It is at least clear that one can intentionally produce fictional objects as well as it is also clear that some beliefs can reshape to a certain extent ontology. However, the question here is what precisely (biologically) enables a subject to perform higher order correlations. Philosophical naturalism cannot solve this problem because it refuses to acknowledge the intentional character of experience. For Husserl that is certainly the reason, on the one hand, to bracket the consciousness, and, on the other hand, to argue for the need of a phenomenological psychology which can deal properly with conscious experiences.

## Conclusion

Although there are similarities, compatibility between phenomenology and naturalism is after all less relevant in the current circumstances than bridging phenomenology and natural sciences. (We can though hope to find compatibility if one recognizes with naturalistic psychology that consciousness is designed to deal with general biofunctions of consciousness while specific conscious experiences must be analyzed from a phenomenological point of view. Put it differently, there can be compatibility between the two theories, provided that what should drive psychology is the reality of conscious experiences.) But then again few phenomenologists have engaged that path certainly because the way they address the relation between phenomenology and natural sciences is still based on the idea according to which there is something "transcendental" which must be "embodied" instead to recognize there is something already in the world which needs a proper theory. It is true, again, that Husserl opposed the idea that psychology should be entirely governed by perceptual principles but I do not think that precludes the dialogue with natural sciences. Both the opponents and the defenders have actually twisted the interpretation of what Husserl considered to be a must-follow epistemological condition when engaging into a realistic analysis of consciousness. Instead of taking it as the pointing out of the need to avoid reductionism, they considered it as a fundamental obstacle in the elaboration of a phenomenological psychology. However, the *philosophical attitude* with respect to a phenomenological psychology should change. More precisely, those who are inclined to consider that phenomenology is destined to argue against natural sciences should probably revise this belief for the sake of a future phenomenology. There is no moral concern in here. Certainly, if one understands phenomenology only as a critique of naturalism and natural sciences at the same time, compatibility with natural sciences is excluded. But then he will have to explain why phenomenology is eventually a fundamental revision of the traditional theories of consciousness.

If conscious experiences are real (intentional) they are entitled to maximal philosophical and scientific relevance, namely to a psychology capable to address the psychophysical dimension of experience which means that moral concerns come always after and only based upon a nonreductive understanding of consciousness. Thus, when searching for compatibility between phenomenology and psychology one must keep in mind the epistemological primacy of consciousness (that is eventually the only axiom to follow) versus attempts to prescribe them. To that extent Husserl's critique of philosophical naturalism is in fact a critique of the *prescriptiveness* within philosophical naturalism (especially within logical positivism). This is to say that naturalism and in general any theory (including phenomenology) are not called to decree the nature and the character of conscious experiences, rather it is the reality of consciousness that prescribes formal attempts. In short, when applying formal models to ontological realities one needs to acknowledge their normative status which does not imply one has to dismiss their relevance. Philosophical naturalists and continentals seem to have overlooked this very important nuance within Husserl's criticism. From a strictly ethical point of view, it means to dismiss both implicit and explicit prescriptive moral theories since that involves ontological claims, and to draw a moral theory based upon the ontological status of consciousness in a sense that ethics is not possible without ontology. I am not suggesting here anything like Sartre's ethics of "authenticity" which does not emerge from the acknowledging of the intrinsic character of conscious experiences but from the tension between whatever Sartre thought conscious individuals are or how they become conscious, and whatever Sartre understands by an "oppressive system". Sartre's interpretation of classical phenomenology is ultimately unrelated with Husserl's theory of consciousness in a sense that for Sartre, and in general for any philosopher who follows the same logic, consciousness emerges from the interaction of a subject with social systems in this particular case — in here a subject *becomes conscious* by external interaction. That, however, is not a phenomenological idea.

To become conscious means, in my opinion, to already have a natural ability to consciously experience something. Therefore consciousness is *natural* in a sense that conscious experiences do occur in the world but it is their intrinsic specificity that goes beyond the theories we struggle to formulate with respect to consciousness. To that extent a classical phenomenology is that theory which has recognized the intrinsic natural complexity of conscious experience, not a theory which makes conscious experiences untouchable from a psychological point of view.

## References

Chalmers, J. David (1996). *The Conscious Mind. In search for a fundamental theory of mind*. Oxford: Oxford University Press.

Chalmers, J. David (2010). *The Character of Consciousness*. Oxford: Oxford University Press.

Churchland, P. M. (1988). *Matter and Consciousness: A Contemporary Introduction to the Philosophy of Mind*. Cambridge, MA: MIT Press.

Delescu, L. (2009). *La possibilité du naturalisme phénoménologique*. Paris: L'Harmattan.

Dummett, Michael A. E. (2010). *Nature and the Future of Philosophy*. New York: Columbia University Press.

Flanagan, O. (2001). *Dreaming Souls: Sleep, Dreams and the Evolution of the Conscious Mind*. New York: Oxford University Press.

Hirstein, W, & Ramachandran, V.S. (1997). Capgras syndrome: a novel probe for understanding the neural representation and familiarity of persons. *Proceedings of the Royal Society of London, 264*, 437444.

Hume, D. (1739/1978). *A Treatise of Human Nature* (ed. by L. A. SelbbyBigge). Oxford: Clarendon Press.

Husserl, E. (1931/1960). *Cartesian Meditations* (trans. Dorion Cairns). Dordrecht: Kluwer.

Husserl, E. (2008). *Logical Investigations: Volume I* (trans. J. N. Findaly). London and New York: Routledge.

Husserl, E. (1925/1977). *Phenomenological Psychology: Lectures, Summer Semester 1925* (trans. John Scanlon). Den Haag: Martinus Nijhoff.

Husserl, E. (1970). *The Crisis of European Sciences and Transcendental Phenomenology.* Chicago: Northwestern University Press.

Merleau Ponty, M. (1945/1976). *Phénoménologie de la perception.* Paris: Gallimard.

Nagel, T. (1965). Physicalism. *The Philosophical Review*, Vol. 74, No. 3, 339356.

Petitot, J., Varela, F., Pachoud, B., & Roy, J.M. (1997). *Naturalizing the Phenomenology. Issues in Contemporary Phenomenology and Cognitive Sciences.* Stanford: Stanford University Press.

Putnam, Hillary (2002). *The Collapse of the Fact/Value Dichotomy and Other Essays.* Cambridge, MA: Harvard University Press.

Ramachandran, V. S. & Hirstein, W. (1998). The perception of phantom limbs: The D. O. Hebb lecture. *Brain*, *121*, 16031630.

Searle, R J. (2010). *Making the social world: The Structure of Human Civilization.* New York:

# Capítulo VII

## NATURALIZAÇÃO DA ÉTICA: O QUE SIGNIFICA?

Susana Cadilha[1]

## 1. A questão da naturalização da ética no contexto das teorias meta-éticas

Neste capítulo, procurarei dar conta, de um modo necessariamente abreviado mas esperemos frutuoso, das virtualidades e limitações de um projeto filosófico bastante em voga atualmente no domínio da meta-ética: o *projeto de naturalização da ética*.

Por *meta-ética* entende-se o conjunto de estudos que se dedicam a averiguar os fundamentos e pressupostos das teorias éticas. Assim, supondo que a questão que queremos ver solucionada quando olhamos para o mundo de um ponto de vista ético é a de saber como devemos agir, competirá às teorias meta-éticas indagar sobre o estatuto dessas respostas: exprimem elas verdadeiro conhecimento acerca do mundo (podendo por isso ser avaliadas como verdadeiras ou falsas)? O que estamos propriamente a afirmar quando avaliamos algo como moralmente errado: alguma coisa acerca do mundo, ou acerca do que as pessoas pensam? São as construções éticas racionalmente, socialmente, ou naturalmente justificadas?

Será em parte este último ponto que norteará esta breve exposição. A acreditar que existem factos morais, e que portanto faz sentido um discurso com valor cognitivo a respeito de 'coisas' morais — para usar o jargão meta-ético: defendendo-se um *realismo moral* — fica ainda muito por dizer a respeito de saber qual a natureza desses factos. Será a ética resultado da pura convenção social? Ou tratar-se-ão os factos morais de factos naturais, com poderes causais explicativos? Neste último caso, avaliar uma qualquer ação como sendo moral-

---

[1] Investigadora do MLAG — Mind, Language and Action Group, Instituto de Filosofia da Faculdade de Letras da Universidade do Porto.

DOI: https://doi.org/10.14195/978-989-26-1380-2_7

mente boa, ou má, consistiria em afirmar que essa ação tem ou apresenta uma qualquer propriedade natural ou descritiva perfeitamente identificável. Para ilustrar esta perspetiva, pensemos, por exemplo, em Philippa Foot (2001) e na sua proposta de um naturalismo aristotélico: de acordo com esta autora, 'X é moralmente bom' pode ser traduzido da seguinte forma: 'X promove o bem-estar dos seres humanos'. Mas como entender essa noção de bem-estar? É aí que entra Aristóteles, ou a leitura que Foot fez de Aristóteles: em termos aristotélicos, é possível definir o que seria uma 'boa vida', uma vez que Aristóteles atribui aos seres humanos determinadas necessidades, funções e fins que lhes seriam essenciais. Dada a forma como nós, seres humanos, nos caracterizamos, há certas necessidades a que precisamos responder para ter a vida que nos é natural. A tudo o que promova essa vida é então atribuído valor moral, e é dessa forma que este deve ser entendido: como tendo um significado descritivo preciso.

Podemos, por outro lado, assumir que os factos morais não têm qualquer tradução ou equivalente empírico. Existem factos morais, mas eles serão factos irredutivelmente normativos, de natureza racional. Seguindo esta leitura, podemos com efeito defender que uma determinada ação é moralmente errada, porque existe uma razão normativa Y que todos os seres racionais (ou pelo menos seres racionais em condições epistemológicas ideais) são capazes de reconhecer de acordo com a qual essa ação é moralmente errada.

De modo simples, o que o *realismo moral* terá que provar — em qualquer das suas versões — é que os factos morais são *independentes das atitudes valorativas* do sujeito individual ou coletivo. Ou seja, não será porque o sujeito individual ou coletivo atribui valor a uma determinada ação que esta deve ser considerada como moralmente valiosa, mas o inverso: o sujeito atribui valor a uma determinada ação porque esta é, de facto, moralmente valiosa. Poderá ser recomendável colocar o problema sob o ângulo da objetividade/subjetividade. Neste sentido: defender uma teoria realista do valor aparece a alguns como a única forma de defender a objetividade dos factos morais, e portanto de não cair numa espécie de niilismo moral. Para alguns, essa objetividade só se alcança se se assegurar a objetividade metafísica dos factos morais, o que se consegue identificando-os com factos naturais (tratar-se-á portanto de um *realismo naturalista*). Será por essa via que os factos morais serão independentes das atitudes valorativas — uma determinada ação é moralmente errada se ostentar a propriedade descritiva Y (ser moralmente errado é deter a propriedade Y). Portanto, a verdade de que X é moralmente errado não depende da nossa avaliação: se falharmos em atribuir essa propriedade ou em reconhecer a identificação, o que se passa é que há erro moral da nossa parte.

Ora, esta versão do realismo acarreta consigo o problema, identificado por J. L. Mackie (1977), de perceber como podem factos descritivos acumular propriedades normativas — isto é, como podem factos empíricos ter neles inscrita a propriedade de prescrever, de orientar a ação. Os factos dizem-nos como as coisas são, não como elas devem ser. Neste aspeto, parece que os factos morais — como o facto de que assassinar é errado, por exemplo — seriam factos *sui generis*, na medida em que têm poderes normativos (obrigam-nos a fazer coisas, prescrevem caminhos) que outro tipo de factos não parecem ostentar (para Mackie, supor que existiriam estes factos descritivos com poderes normativos intrínsecos seria uma espécie de bizarrice metafísica). Portanto, se descrever uma determinada ação não parece ser suficiente para lhe atribuir valor, como se dá o salto entre uma mera descrição empírica e a ideia de que algo é errado e não deve ser realizado? Para retirar a conclusão normativa de acordo com a qual X é moralmente errado, será preciso algo mais do que conhecer as suas propriedades naturais. Será preciso, nomeadamente, que o sujeito atribua propriedades valorativas a umas situações em detrimento de outras, para que se sinta motivado a agir em concordância. Mas se tal for necessário para ser verdade que X é moralmente errado ou que não devemos fazer X, então já não se dá o caso de os factos morais serem independentes das nossas avaliações ou atitudes valorativas.

Um modo de contornar esse problema será considerar que há uma outra forma de defender a objetividade dos factos morais (que não atestar a sua objetividade metafísica). Não é preciso que tais factos estejam plasmados numa realidade metafisicamente independente que possa ser descrita empiricamente; basta assegurar que os factos normativos são epistemologicamente independentes, isto é, são factos que somos obrigados a reconhecer enquanto seres racionais (trata-se portanto de um *realismo normativo*). Assim se asseguraria a sua independência por relação às nossas atitudes valorativas, uma vez que o facto de X ser moralmente errado é algo que uma entidade racional é capaz de reconhecer, mas que não depende do seu reconhecimento. Portanto, nesse caso, os juízos morais seriam objetivos, não porque digam respeito a uma realidade natural independente, mas porque expressam compromissos racionais que não são subsidiários da estrutura psicológica dos agentes nem dos seus desejos ou interesses particulares. (Basicamente, os factos e as verdades morais teriam o mesmo estatuto que os factos e as verdades lógicas. Estes também não fazem parte da estrutura do mundo natural, mas não são por isso menos objetivos.)

Como pano de fundo de toda esta discussão está, já se percebeu, o problema da *distinção entre facto e valor*. Esta é uma distinção que adquiriu importante relevo com Hume (referimo-nos à chamada Lei de Hume, de acordo com a qual nunca é legítima qualquer passagem entre o 'ser' e o 'dever ser'), e foi levada às últimas consequências pelos positivistas lógicos, herdeiros do seu espírito empirista. De facto, o critério de significação positivista deixou a ética completamente de fora do campo do sentido (a ética, como a metafísica, eram consideradas puro *nonsense*). Isto significa, do ponto de vista meta-ético — pensando na natureza dos juízos éticos — que tais juízos não teriam qualquer conteúdo cognitivo; não seriam descritivos, nem reveladores de qualquer conhecimento acerca da realidade, mas meras expressões de atitudes subjetivas, sentimentos ou emoções (Stevenson, 1944; Ayer, 1936). Está bem patente nesta tese meta-ética o abismo que vai entre os juízos de facto e os chamados juízos de valor (que, com propriedade, não deveriam sequer chamar-se juízos).

Dado esse contexto histórico, tentar ultrapassar esse abismo entre facto e valor pareceu a muitos pensadores a única forma de garantir que o domínio ético não fosse cunhado como o domínio do puro *nonsense* ou da mera expressão de sentimentos subjetivos e casuísticos. Mas será que aproximar facto e valor implica necessariamente rendermo-nos a um realismo de tipo naturalista, como o que vimos atrás?

Ou, por outro lado, será que não há forma de assegurar a objetividade do pensamento ético sem curto-circuitar os campos do ser e do dever ser, isto é, mantendo a rutura entre facto e valor e portanto a autonomia do pensamento ético (por relação a outros domínios do pensamento)? E que tipo de autonomia faz (ainda) sentido manter? Autonomia lógica, semântica, ou ontológica? À primeira vista, poucos serão os que quererão manter um abismo ontológico entre facto e valor (exceção feita a Shafer-Landau, 2003); supor que factos e valores são entidades substantivas diferentes do ponto de vista metafísico seria uma espécie de platonismo[2], que colocaria o valor fora do mundo natural.

Mas o que dizer de teses menos vincadas, de acordo com as quais existiria uma independência do ponto de vista semântico? Sob esta perspetiva, os termos morais seriam irredutíveis e intraduzíveis por meio de termos empírico-descritivos. Será esta ainda uma proposta 'naturalista'?[3] O que deve entender-se por naturalismo em ética? E por que razão o naturalismo em ética é problemático e polémico? Por se supor que a autonomia do domínio ético não é ultrapassável, ou, se quisermos, usando a expressão de Sellars, por se acreditar que não é possível anular a distância entre o espaço lógico das leis e o espaço lógico das razões.

É precisamente neste ponto que entronca a questão da *naturalização da ética*. Será contra esta forma de ver apartados os vários domínios do pensamento que se ergue a possibilidade de naturalização da ética. A ideia é que manter o pensamento ético como um domínio autónomo e estanque, separado das outras construções do pensamento, como o último reduto do pensamento puro *a priori*, é um dogma não fundamentado, na senda de outras dicotomias também elas discutíveis e entretanto quebradas — dicotomias entre razão/natureza, analítico/sintético, por exemplo[4]. De facto, o que faz com que muitos teóricos do pensamento ético queiram manter a dicotomia facto-valor é precisamente o receio que

---

[2] J. McDowell (1998) chama-lhe "rampant Platonism".

[3] Confronte-se o chamado naturalismo de Cornell.

[4] H. Putnam (2002) é um dos filósofos que fala da dicotomia facto-valor como de um dogma não justificado, uma dicotomia que adquiriu contornos metafísicos, transformando-se num dualismo, e que deve por isso ser ultrapassada. Mas Putnam não leva esse 'colapso' da distinção facto-valor até às últimas consequências e não subscreve qualquer deriva naturalizante no domínio da ética.

à ética aconteça o mesmo que à epistemologia após o colapso, com Quine, da distinção analítico-sintético. Depois do colapso da distinção analítico-sintético, o naturalismo viu as suas fronteiras espraiarem-se e os que se reclamavam naturalistas viam-se obrigados a rejeitar qualquer espécie de filosofia primeira, de reduto filosófico imune aos avanços da ciência. Manter a descontinuidade entre facto e valor serve, portanto, para impedir que o conhecimento científico possa ter alguma coisa a dizer à ética, para manter a diferença entre o comportamento moral humano e outras formas de comportamento pró-social que não envolvam capacidades de conceptualização; enfim, para cristalizar, de certa forma, uma distância de segurança entre o homem e o animal.

Com efeito, a deriva naturalizante chegou ao território da ética na senda do que se tem passado em outros domínios filosóficos. A ideia de fundo tem sido trazer para o domínio da explicação natural muitos dos traços ou habilidades humanas que se supunham ser de tratamento exclusivamente apriorístico ou produto de uma faculdade humana única que de algum modo marcaria a diferença entre nós e o restante reino natural. O sentido moral foi durante muito tempo apontado como uma dessas características. Apenas o ser humano ostentaria a faculdade de pensar moralmente e esta seria uma capacidade, ou "dom", que extrapolaria as suas condicionantes biológicas — no sentido em que não é enquanto seres naturais que seríamos seres morais. Para alguns, a moralidade poderia representar em nós a centelha de uma entidade divina, e consequentemente os preceitos morais estariam de acordo com essa crença, quando não ditados pelo próprio Deus. Para outros, como Kant, somos criaturas morais enquanto pertencentes à comunidade do "reino dos fins", isto é, enquanto criaturas capazes de legislar para si próprias leis que possam tornar-se universais. Tais perspetivas pressupõem que essa capacidade de ver o mundo sob um ponto de vista moral não decorre de nenhum sentido natural — pelo contrário, o pensamento moral implicaria transcender o que em nós é da ordem do instinto. O homem seria, assim, uma criatura entre dois mundos, sujeito às leis da natureza mas ao mesmo tempo capaz de pensar o mundo e de lhe encontrar novas leis. Aí residiria, então, a marca que o diferencia dos restantes animais. De acordo com esta linha de pensamento, temos, portanto, aspetos da experiência humana que estão fora do alcance do conhecimento empírico — nada do que sabemos em termos descritivos acerca do mundo, do funcionamento das nossas mentes e até das nossas sociedades terá implicações sobre as nossas avaliações normativas.

É precisamente sob este prisma que os chamados realistas normativos (Nagel, 1986; Dworkin, 1996; Shafer-Landau, 2003) vêem a normatividade e os factos morais em particular — como independentes dos factos naturais; como factos acerca do que temos razões para fazer que não têm relação com os aspetos descritivos que caracterizam o mundo, a sociedade ou o homem. O seu argumento parece ser o seguinte: mesmo que, de acordo com os recentes desenvolvimentos científicos, seja possível explicar qual a origem da nossa capacidade de pensar moralmente, e mesmo que o conteúdo das nossas normas seja de algum modo produto, por exemplo, da nossa história evolutiva, a questão normativa fica ainda em aberto, na medida em que nós não somos completamente determinados por aquilo que podemos designar como o nosso património cognitivo. Mesmo que a nossa tendência natural seja a de agir num certo sentido, nós podemos ainda e sempre (e este "sempre" será sublinhado) perguntar se é isso que *devemos* fazer. Portanto, a questão normativa que norteia qualquer pensamento ético — 'o que devemos fazer?' — permanece em aberto. Isto é razão suficiente para considerar que esse abismo entre facto e valor se mantém (diríamos até: por mais que o conhecimento científico avance). Porque as questões em causa são diferentes (McDowell, 1987). Há uma diferença entre querer saber por que temos as normas que temos e querer saber por que é correcto aquilo que acreditamos ser correcto. Se a questão for esta última, nada do que possamos saber, ou mesmo vir a saber, acerca da nossa constituição biológica ou psicológica pode fornecer resposta adequada. Para responder a essa questão, temos que manter-nos no domínio da normatividade, e não temos como escapar dele. Será por meio da reflexão sobre argumentos, da apresentação de razões, será um debate acerca de saber quais as possibilidades que queremos que se tornem realidade e não um decalcamento a partir do que é o caso. A descrição e o estudo dos comportamentos humanos é o campo da psicologia, da sociologia, da antropologia; à ética compete avaliá-los.

Em síntese, é esta a questão de fundo que subjaz à discussão sobre a possibilidade ou pertinência do projecto de naturalização da ética: a da (im)possibilidade da passagem entre facto e valor, a da prevalência, ou não, da autonomia do domínio moral. Saber se o mundo das razões e das normas e o mundo dos factos naturais são mundos apartados ou se o mundo das normas, razões e valores pode ser pensado em outros termos, que não normativos.

## 2. O programa da psicologia evolucionista no âmbito do projeto de naturalização da ética: limites e potencialidades

Analisemos, agora, mais de perto, uma proposta concreta, com implicações para o projeto da naturalização da ética — o programa da *psicologia e ética evolucionistas*. Não pretendemos analisar com detalhe tudo o que esse programa envolve, mas somente algumas teses que possam ser relevantes para esse projeto. Em traços gerais, a psicologia evolucionista apresenta evidência no sentido de provar que, tal como aconteceu com alguns dos traços físicos que nos caracterizam enquanto seres humanos (o bipedismo, os polegares oponíveis, etc.), também alguns dos nossos traços psicológicos ou cognitivos sofreram a influência da pressão seletiva. Em particular para o que nos importa, existe suficiente confirmação empírica da ideia de que o conteúdo dos nossos juízos morais foi, em grande medida, moldado pelas forças da pressão seletiva, e não é difícil imaginar porquê — de um modo geral, a capacidade de avaliar e valorizar, assim como de reconhecer razões para agir, terá compreensivelmente tido grande influência na determinação da taxa de sobrevivência dos nossos antepassados (se, por exemplo, se mostravam capazes de reconhecer que há uma razão para não permanecer durante a noite num local desprotegido ao ar livre). De modo mais específico, também o ser capaz de reconhecer razões para defender a prole ou para levar a cabo atos que possam favorecer outro membro do grupo terá provavelmente tido algum impacto no que respeita às suas hipóteses de sobrevivência e reprodução (se, por exemplo, se mostravam capazes de reconhecer que há uma razão para partilhar a comida com outro elemento do grupo). A biologia e a psicologia evolucionista encontram assim explicação para dois factos muito comuns, que ficamos a conhecer tanto por via da antropologia como da etologia: por um lado, o facto de encontrarmos universais morais, isto é, padrões de conduta moral semelhantes em todas as culturas, por mais que estas divirjam; por outro lado, o facto de encontrarmos tendências comportamentais semelhantes às nossas entre os animais que mais próximos de nós se encontram, sob um ponto de vista genético.

Considerando todo o espetro das teorias meta-éticas, facilmente se depreende, então, que, no que toca à questão da fundamentação da ética e do estatuto dos juízos éticos, tais projetos estão nos antípodas das teorias que atrás cunhámos como subsidiárias de um realismo normativo. Tais teorias alicerçam-se sobre a ideia de autonomia — se não ontológica, pelo menos semântica — do mundo normativo e, por conseguinte, do domínio moral. Isso quer dizer que os conceitos morais não podem ser explicados em outros termos que não morais. Ou ainda: o domínio normativo é um domínio conceptual, da ordem das razões e da relação entre razões — pode fazer sentido querer saber como chegamos aqui, mas não faz sentido explicar essas razões em termos de outra coisa. As exigências da razão não são derivadas de verdades acerca dos seres humanos que sejam capturáveis independentemente da estrutura das razões. As exigências da razão só se procuram entender ou justificar no seu próprio domínio, no domínio conceptual. De acordo com este ponto de vista, a moralidade é claramente uma expressão da nossa racionalidade. Ora, isto significa, obviamente, que aqueles comportamentos a que a psicologia evolucionista alude não são ainda, propriamente, ações morais. A tendência dos nossos antepassados para proteger os que são próximos, ou para favorecer os elementos do grupo, será isso mesmo: uma tendência (e acrescentariam: "natural" — mas com este acrescento parte-se já do princípio que o natural e o normativo são domínios apartados, e é isso que está sob discussão) que não pode ser apelidada, com propriedade, de ação moral. A ação moral, por definição, invoca aquilo que desde Kant se designa como razões categóricas. Ora, o que vemos em ação nesses casos são razões do tipo instrumental-hipotético: não deviam passar a noite num sítio desprotegido se quisessem manter-se vivos; deveriam partilhar o alimento com os outros elementos do grupo caso houvesse interesse em que, em ocasiões semelhantes, os outros retribuíssem, etc. Trata-se de um tipo de raciocínio ou de pensamento diferente[5]. Já a ação moral parece implicar uma escolha deliberada e consciente, e nesses casos parece que tal não está presente: podemos mesmo pensar que eles poderiam agir de outra maneira, que poderiam escapar a essa tendência ou disposição? Ora, o nosso comportamento moral mostra que nós não estamos obrigados a agir num certo sentido; melhor ainda: mesmo que estejamos racionalmente obrigados, não somos compelidos a agir em sentido algum. Pelo contrário, o nosso comportamento é adaptável e flexível.

Uma forma possível de responder a este tipo de argumento é a seguinte: deste modo não está a ser colocada em causa a premissa de base da psicologia evolucionista. A premissa de base da psicologia evolucionista, que tem implicações no projeto de naturalização da ética, não contempla a ideia de que os nossos comportamentos morais atuais não envolvem uma dimensão racional e refletiva, nem tão-pouco a ideia de que nós estamos necessariamente programados para agir de uma forma definida, talhada pela seleção natural. A nossa capacidade para avaliar as circunstâncias sob um ponto de vista moral envolve, de facto, a capacidade de colocar o que os filósofos normalmente designam como a "questão normativa": pensar no que deve ser o caso, pôr em causa os pressupostos e consequências da ação, deliberar e decidir, e tais habilidades não se sustentam, ao que tudo indica, num comportamento automático, ou em meras 'disposições para'. Essa capacidade de pensar moralmente *plenamente desenvolvida* é o que nos caracteriza como seres morais. Mas tudo quanto a psicologia evolucionista procura provar é a existência de uma *ligação* entre essa capacidade plenamente desenvolvida que hoje demonstramos e as tendências ou inclinações comportamentais que os nossos antepassados, provavelmente, demonstravam (e que encontramos presentes entre os primatas que mais próximos estão de nós), e que parecem claramente ter sofrido influência da pressão selectiva. Neste sentido: se nós fôssemos seres com características diferentes — se não fôssemos, por hipótese, seres gregários, cuja sobrevivência dependeu, em grande parte, do facto de vivermos em grupo — , se tivéssemos outro tipo de necessidades que nos permitissem evoluir em outro sentido, não teríamos desenvolvido essas disposições comportamentais e hoje não nos destacaríamos pela atribuição de pensar moralmente da forma que o fazemos. Faz até algum sentido pensar que o conteúdo das nossas teorias morais e os valores para os quais hoje tendemos a convergir seriam outros, caso as nossas necessidades, a certa altura, tivessem sido outras.

---

[5] De facto, há toda uma tradição em psicologia, que vem pelo menos desde Kohlberg e Piaget, que encara o pensamento moral como um domínio de pensamento com características definitórias próprias e singulares. Os juízos morais, particularmente, definir-se-iam como sendo de carácter não-contingente, obrigatório, independentes da autoridade e generalizáveis.

Porque somos dotados de uma capacidade reflexiva, não estamos condenados a seguir qualquer tipo de padrão comportamental (Sartre diria, em outros termos: a existência em nós precede a essência). Por exemplo, mesmo que o tipo de comportamento altruísta tenha sido um traço selecionado por razões de sucesso reprodutivo, isso não significa que nós sejamos compulsoriamente seres altruístas (como, de facto, não somos). No entanto, se o comportamento de tendência altruísta não tivesse sido selecionado, porque dadas as nossas necessidades e fragilidades precisávamos de viver em grupo, então provavelmente hoje o comportamento altruísta não seria valorizado (e não nos sentiríamos de alguma forma motivados a agir dessa forma).

A questão pode ainda ser colocada de outra forma: apelando a uma diferença entre *explicar e justificar*. A ideia costuma ser abordada nos seguintes termos: há uma diferença entre explicar de que forma um comportamento constitui o produto da nossa história evolutiva e justificar esse comportamento do ponto de vista moral — não é por ser o resultado da nossa história evolutiva que é considerado moralmente correto. Pensemos, por exemplo, na noção de justiça (no seu sentido moral). No estado atual do nosso desenvolvimento moral podem ser vários os princípios a que apelamos para justificar se um dado comportamento ou sociedade pode ser considerado justo, e encontramos teorias que procuram explicitar esses princípios de forma racionalmente justificada; no entanto, não há como negar que o sentido mais básico do que é ser justo reporta-se aos inícios do nosso desenvolvimento, desde a altura em que vivíamos em grupos mais ou menos estáveis durante longos períodos de tempo, e um certo sentido de reciprocidade se mostrou útil a essa vivência em comum (assim como a consequente noção de punição). Ou seja, atualmente, porque somos seres mais sofisticados, conseguimos pensar que justiça envolve muito mais do que reciprocidade, e conseguimos pensar em formas racionalmente sustentadas de justificar um princípio de justiça (razão pela qual não pensamos que algo é justo pelo facto de ser útil à nossa sobrevivência), mas isso não põe em causa o sentido originário dessa noção de justiça nem as razões pelas quais esse sentido se desenvolveu entre nós. Atualmente podemos por isso dizer que não é por ser o resultado da nossa história evolutiva que ser justo é considerado moralmente correto, até porque só no momento em que nos tornamos "reciprocadores sofisticados" capazes de usar a linguagem, é que fomos capazes de explicar por que é que o comportamento retribuitivo é "bom" ou "certo"; no entanto, a ideia de que a reciprocidade *deve ser* avaliada positivamente e que a falha de retribuição *deve ser* punida é muito anterior a isso e tem na sua base a repercussão no sucesso do indivíduo e do grupo.

Para os nossos propósitos aqui, o que nos importa é clarificar as pressuposições e intenções de um tal projecto de naturalização da ética, que se socorre de múltiplas investigações, em várias disciplinas. Uma análise filosófica de tais empreendimentos mostra-nos que o debate acerca das origens da moralidade não mais se encontra preso a uma dicotomia "razão vs natureza", ou "*nature vs nurture*", seguindo a designação comummente adotada. São múltiplos os trabalhos que procuram mostrar como o pensamento moral se alimenta de disposições ou "intuições"[6] naturais manipuladas por via da faculdade da razão prática (Haidt, 2001). Convém salientar, no entanto, que aceitar os dados que nos chegam da psicologia cognitiva ou evolucionista não equivale a negar o papel da razão prática enquanto faculdade que torna possível pensar na dimensão normativa do real, mas permite redimensionar o seu papel. O método que desde Rawls ficou baptizado como "equilíbrio refletido" continua a fazer sentido aqui, não já como forma de testar uma teoria moral, mas como forma de testar as nossas próprias posições morais. Falamos da ideia de acordo com a qual podemos chegar a saber se X é moralmente apropriado se verificarmos a sua consonância com as nossas intuições morais. O que estas abordagens resultantes do desenvolvimento do conhecimento científico trazem de novo é a ideia de que a matéria-prima — as intuições de que partimos — têm uma origem natural e não racional, isto é, podem ser explicadas do ponto de vista empírico.

## 3. Tentativa de exploração das implicações do projeto de naturalização da ética em solo meta-ético

Pretendi, nas secções anteriores, traçar o quadro que deu origem ao chamado programa de naturalização da ética e, seguidamente, explorar, ainda que brevemente, algumas das suas linhas de investigação, e suas potencialidades. De seguida, podemos ainda entregar-nos a um outro exercício, que nos interessa do ponto de vista meta-ético, e que se traduz na seguinte questão: se aceitarmos a premissa de base de um projeto como este, isso diz-nos o quê sob o ponto de vista da fundamentação das nossas diretrizes morais, ou sob o ponto de vista meta-ético? (se é que pode dizer-nos alguma coisa) Dá-nos razões para acreditar que alguma das alternativas do espetro das teorias meta-éticas — realismo normativo, realismo naturalista, anti-realismo — tem mais razão de ser do que outras?

Com efeito, se há alguma coisa para a qual tais projetos podem servir, é para construir um caso contra o chamado realismo normativo. Porque se aceitarmos os princípios de base que norteiam essas investigações, então, o que

---

[6] O termo "intuição" está, filosoficamente, bastante marcado, pela sua ligação a uma teoria tornada célebre por G. E. Moore (1903) mas que conhece partidários pelo menos desde Platão. O intuicionismo ético aparece então conotado com a defesa de ideias ou formas platónicas (ideia do Bem, do Justo) às quais teríamos acesso por uma espécie de intuição ou "visão da mente" e às quais recorreríamos para fundamentar os juízos morais. Por essa razão, normalmente fala-se de disposições ou sentimentos, mas acreditamos que o termo "intuição", despido dessa conotação com o platonismo, também pode ser recuperado.

estamos a aceitar é que existe de algum modo uma ligação entre o que são as nossas características e necessidades naturais e o mundo dos valores e das razões (mesmo que agora esse mundo nos pareça valer por si), ou seja, que o realismo normativo, enquanto posição meta-ética, não se sustenta. Ao advogar essa rutura entre facto e valor e a autonomia irredutível do mundo normativo, o realismo normativo parte do pressuposto que não adianta invocarmos influências causais que sirvam para explicar o conteúdo dos juízos valorativos, porque se estamos a falar do domínio do dever ser, então tudo quanto podemos invocar para fundamentar o conteúdo desses juízos são razões, argumentos no espaço conceptual. Do outro lado, o que encontramos é uma explicação causal que mostra como chegamos a um certo tipo de valorações, e que põe em causa a ideia de que existe um abismo entre o que nos caracteriza de um ponto de vista psicológico ou social e o que consideramos moralmente correto. Se considerarmos uma tal explicação causal plausível, então talvez seja caso para pensar que a hipótese do realismo normativo não se sustenta, no sentido em que concede subsistência e autonomia a um certo tipo de comprometimentos (que teríamos enquanto ser racionais) sem explicar como é que isso pode ser (particularmente, porque, do ponto de vista moral, ao contrário do que acontece do ponto de vista, por exemplo, lógico, nada parece "seguir-se"). Repare-se que o que se contesta não é que coisas como valores ou razões normativas existam; afinal, compreender porque é que temos as razões que temos não equivale a anular essas razões. O que se contesta é a sua anterioridade por relação às nossas atitudes valorativas. Porque se seguirmos o realismo normativo, ao considerar que o domínio dos valores e das razões, enquanto domínio conceptual, só pode encontrar fundamento em si próprio, o que se está a fazer é a postular razões (por exemplo, razões para evitar o sofrimento de outrem ou para ajudar alguém em apuros), que estão aí mesmo que nós não sejamos capazes de as compreender, e de algum modo precedem os nossos comportamentos. Nada pode estar na base dessas razões em nós, porque elas existem mesmo que disso não tomemos consciência. Dito de outro modo, o valor precede o valorizar, o que de algum modo parece insustentável. No mesmo sentido, também me parece difícil que se possa defender a existência de um hiato tão abrupto entre o que é a capacidade de pensar moralmente plenamente desenvolvida e as tendências valorativas básicas que, por exemplo, alguns animais demonstram. Será razoável pensar que se passa de uma natureza puramente amoral para um ser com plena capacidade de avaliar moralmente as situações e decidir em conformidade? Não é de esperar que essa capacidade de justificar as ações em termos de razões morais tenha algum tipo de antecedente? Mas a ideia de que não podemos entender o domínio moral senão já do interior desse domínio parece pressupor esse salto abrupto.

Do outro lado, o que se sustenta é que as intuições são a matéria-prima de que é feita qualquer reflexão ou escolha, aquilo de onde partimos para testar a consistência das nossas avaliações morais. O que se põe em causa, portanto, é a autonomia do domínio normativo, e o que se defende é a ideia de que a razão prática exerce muito mais a função de racionalizar intuições mais básicas do que de fundamentar os nossos juízos morais. No caminho inverso ao do realismo normativo, não se pode dizer que estamos certos porque existem determinadas razões que justifiquem os nossos juízos, mas, ao contrário: temos razões porque julgamos que estamos certos. E essa certeza está fundamentada numa intuição natural.

Parece-me que ainda se encontra resistência a estas análises por uma razão: por se considerar que há certas coisas que nós só poderíamos defender enquanto animais racionais (Singer, 2005). Ou seja, que há intuições a que só teríamos acesso por via daquela faculdade que é considerada superior. Particularmente, aquelas intuições que na literatura se convencionou designar como 'neutras em relação ao agente' não poderiam ter surgido por via do nosso passado evolutivo — por exemplo, as intuições de tipo altruísta, por meio das quais sentimos o dever de ajudar alguém, independentemente da sua relação connosco. É o que defende por exemplo o filósofo T. Nagel (1978) — que o altruísmo não é um sentimento mas uma condição requerida racionalmente. É da conceção — para nós inescapável — de cada um como uma pessoa entre outras pessoas que decorre essa motivação racional.

Não pretendo neste momento chamar a atenção para os argumentos de carácter empírico cujo intuito é mostrar como esse sentido altruísta é possível (seguindo os modelos da teoria dos jogos, por exemplo), mas tão só problematizar a ideia de base que considera essas análises, por princípio, impossíveis. Falo em geral da ideia de que as intuições neutras por relação ao agente — que estão na base do nosso comportamento altruísta — só seriam possíveis desde um ponto de vista racional, isto é, desinteressado e impessoal, a partir do qual os nossos desejos particulares teriam tanto valor como todos os outros desejos. Se esse ponto de vista racional, impessoal, não constituísse uma "instância de observação" possível, então nunca seríamos capazes de colocar o interesse do outro ao nível do meu próprio interesse, ou ser capaz de valorizar o bem-estar alheio. Mas o que não se compreende é por que razão estamos obrigados a aceitar como indubitável esse pressuposto: por que motivo essa só pode ser uma intuição racional e não uma intuição de carácter natural. Parece somente mais uma repetição de uma ideia algo ultrapassada de acordo com a qual as emoções naturais são necessariamente egoístas, e é por isso necessária a interferência da razão para aplacar os nossos desejos desgovernados e individualistas.

Não pretendi que a construção deste caso contra o realismo normativo fosse irrepreensível. O meu propósito, nesta breve exposição, foi antes o de mostrar os possíveis alcances e limitações de um projeto que está atualmente em marcha como o da naturalização da ética, tanto como as implicações que tais projetos de cariz empírico acarretam, do ponto de vista da meta-ética. Essas implicações não foram, evidentemente, traçadas em toda a sua latitude. Isto porque se a possibilidade de naturalização da ética põe em cheque o realismo normativo, isso não significa *tout court* que a solução passe por um compromisso com o realismo naturalista — essa é, contudo, uma matéria que abordei em outra ocasião (Cadilha, 2010) e cujo desenvolvimento remeto para futuras análises.

## Bibliografia

Ayer, A. J. (1936). *Language, Truth, and Logic*. London: Victor Gollancz.

Cadilha, S. (2010). Naturalização da ética. In M. Clara Dias (Ed.), *Filosofia da Mente, Ética e Metaética: Ensaios em homenagem a Wilson Mendonça*. Rio de Janeiro: Multifoco Editora.

Dworkin, R. (1996). Objectivity and Truth: you'd better believe it. *Philosophy and Public Affairs*, 25, 87-139.

Foot, P. (2001). *Natural Goodness*. Oxford: Oxford University Press.

Haidt, J. (2001). The emotional dog and its rational tail: A social intuitionist approach to moral judgment. *Psychological Review*, 108, 814-834.

Mackie, J. L. (1977). *Ethics: inventing right and wrong*. London: Penguin Books.

McDowell, J. (1987). Projection and Truth in Ethics. In S. Darwall, A. Gibbard e P. Railton (Eds.), *Moral Discourse and Practice*, 215-226, Nova Iorque: Oxford University Press.

McDowell, J. (1998). *Mind, Value and Reality*. Cambridge, MA: Harvard University Press.

Moore, G. Edward (1903). *Princípia Ethica*. Cambridge: The University Press.

Nagel, T. (1978). *The Possibility of Altruism*. Princeton: Princeton University Press.

Nagel, T. (1986). *The view from nowhere*. Oxford: Oxford University Press.

Putnam, H. (2002). *Collapse of the Fact-Value Dichotomy*. Cambridge, MA: Harvard University Press.

Shafer-Landau, R. (2003). *Moral realism: a defence*. Oxford: Clarendon Press.

Singer, P. (2005). Ethics and intuitions. *The Journal of Ethics*, 9, 331-352.

Stevenson, C. L. (1944). *Ethics and Language*. New Haven: Yale University Press.

# CAPÍTULO VIII

## THE PSYCHOLOGY OF RELIGIOUS, SPIRITUAL, AND MORAL DEVELOPMENT: CONCEPTUAL AND EMPIRICAL RELATIONSHIPS

James M. Day[1]

In this chapter we examine some conceptual and empirical dimensions in the psychology of religious and spiritual development and their relationship to models in the psychology of moral development, taking into account several theoretical perspectives and related bodies of research.

## 1. "Faith" and Moral Development: An Essential Correlation

In Fowler's six-stage model of faith development and Oser's five-stage model of religious judgment development there is an assumption that religious and spiritual development are closely related to moral development. Both acknowledge the influence of Kohlberg's elaboration of Piaget's concept of moral judgment. It is impossible to make any serious appraisal of Fowler's and Oser's models without examining the conceptual relationships between faith development, religious judgment development, and moral judgment development, and any serious assessment must consider efforts that have been made to submit these conceptual relationships to empirical testing. For Fowler (1981, 1996), and Oser and colleagues (Oser & Gmunder 1991, Oser & Reich 1996) religious reasoning and spiritual meaning-making include components of moral reasoning. For them, it is thus entirely logical that stage transition in moral judgment reasoning precedes, and is likely to affect, stage change in religious and spiritual development. Given that all people must wrestle with and resolve moral dilemmas that confront them throughout life, they will do so whether or

---

[1] Université Catholique de Louvain, Belgique.

DOI: https://doi.org/10.14195/978-989-26-1380-2_8

not religious beliefs, practices, or belonging to communities of faith are part of their moral experience. Since moral questions figure in religious and spiritual ones, movement in moral judgment will have consequences for the mechanisms and processes in the formulation of religious and spiritual understanding (Day, 2008a, 2010b; Day & Naedts, 2006; Day & Youngman, 2003).

If the logic of this approach appears reasonable, the weight of empirical evidence does not necessarily support the case made by Oser and Fowler as to the "direction" of effects between moral and religious considerations. Observations of stage and structure and comparisons between moral judgment and religious judgment based on thousands of subjects have not shown a clear pattern of moral judgment's "precedence" to religious judgment. If, on Oser's or Fowler's terms, in views they shared with Kohlberg (1984), we would have expected to find moral judgment stage at levels equal to, and/or, mostly, higher than, faith development stage or religious judgment stage. We find instead a broad scattering of relationships: in some cases in conformity to Oser's and Fowler's suppositions moral judgment scores are higher than ones on religious judgment, but in other cases the reverse. On the whole, one finds no statistically significant difference between the two, calling into question the relationship between religious development and moral development assumed in Fowler's and Oser's models (Day, 2002, 2007a; Day & Naedts 2006, Day & Youngman 2003). Whether religious judgment is distinct from moral judgment, or at its core a version of moral judgment "dressed up in religious garb," has by now been established as a matter of further testing for the psychology of human, especially adult, development and the psychology of religion.

## 2. Piagetian and Neo-Piagetian Models: conceptual, methodological, and empirical challenges

We have observed that empirical research calls into question whether Fowler's construct of "faith" is specific enough to distinguish it from more general ways of framing meaning-making activity, leaving some researchers to wonder whether Fowler's model of faith development can be viewed as a "hard stage" model. We may also wonder, given the empirical evidence cited here, whether Oser's construct of religious judgment is sufficiently distinct from moral judgment to warrant its utility as a measure of religious or spiritual development. These problems may in turn incline us to wonder about the utility of these models in applied domains.

In our view these conceptual and empirical problems echo problems common to Piaget's earlier work and to other neo-Piagetian models across a host of domains (Day, 2008a, 2010b). In the paragraphs that follow we consider some of these problems, and suggest, in the light of recent research using the Model of Hierarchical Complexity (MHC), some ways of improving the cognitive-developmental model for the psychology of religious and spiritual development, at once substantiating the claim that religious and spiritual development can be usefully studied in terms of stage and structure, and supplementing our understanding as to how this understanding might be applied.

Commons and Pekker (2005) laid out a very clear appraisal of the problems we have also identified and shown to be pertinent to models and measures in religious, spiritual, and moral development (see also Day, 2008a, b; 2010b, c). With Commons and Pekker, we would argue that the most consequential problems across domains in Piaget's own work, and in models drawing on Piaget's notions of stage and structure, may be summarized as follows:

a)   A lack of precision plagues the stage definitions within the models, especially when it comes to half-stages, often characterized as transitional between stages;

b)   Stage logic in the models is inferred from observation, without clearly enough defining what constitutes, or should constitute, an increment in developmental movement, structural transformation, or hierarchical attainment;

c)   Without such clear conceptions of what qualifies as an increment in developmental movement or attainment, it is difficult to lay out, and measure, how to conceive of higher order performance;

d)   There is a problem of horizontal decalage, the problem of uneven performance across tasks by some individuals, again, throwing into question what qualifies as adequate stage definition;

e)   In addition to horizontal decalage, and related to it, is the problem of age-stage decalage. This problem has to do with those instances in which younger subjects sometimes perform with greater competence than they would be predicted to do in the models concerned, while some older ones perform less well than they "should" according to the models' logic. In such cases there is a broader spread of competencies in relationship to age and stage than we "should" expect in the models' conceptions of stage and their relationship to development across the life cycle;

f)   Piaget's supposition that formal operations should obtain by late adolescence has been unverifiable; some adolescents "make it" to formal operations, while many do not;

g)   On a related note, Piaget's model did not account for the prospect of post-formal operations, and where post-Piagetian models have tried to do so, there has not been, at least until very recently, a clear consensus among them as to how many have been found, and what their relationships are to one another, and to formal operations;

h)   Finally, there has been a proliferation of stage models in a variety of domains (ego development, parental development, aesthetic development, emotional development, role-taking development, identity development, intellectual development, moral and religious development) with no clear explication of how models are, or ought to be, related across domains (Commons & Pekker, 2005; Day 2008a, 2010b, c).

## 3. The Model of Hierarchical Complexity and the Psychology of Religious, Spiritual, and Moral Development

For several reasons, Commons's Model of Hierarchical Complexity (MHC) offers a promising way of modeling development. It is a model that preserves and demonstrates evidence for the central insights of Piaget's theory and provides rigorous and robust empirical evidence to support it. In so doing, and in demonstrating how linear development occurs in a widely varying number of domains, it restores and advances the hope of a descriptive and empirically verifiable model of development across domains. The MHC also effectively addresses the problems identified in the preceding paragraphs associated with Piaget's work and neo-Piagetian models in the psychology of religious and spiritual development and their relationships to moral development.

According to Commons and Pekker (2005), elaborating on Commons and Richards (1984), the Model of Hierarchical Complexity presents a framework for scoring reasoning stages in any domain as well as in any cross-cultural setting. Scoring of stage is based not upon the content or the subject material, but instead on the mathematically calculated complexity of hierarchical organization of information in items, and problem-solving tasks. A given subject's performance on a given task at a given level of complexity represents the stage of developmental complexity the subject can use in a given domain.

As we have observed elsewhere (Day, 2008a, 2010b), the MHC is rooted in what Commons and Richards (1984) call a Theory of General Stage Development. This theory describes a sequence of hard stages varying only in their degrees of hierarchical complexity, relying on empirical studies in which 15 stages have been validated. Commons and Richards show, as do subsequent studies, how Piaget's stages and substages of cognitive development are validated and find a place in their stage scheme. Arbitrariness in stage definition, a common critique of other stage theories and models, is addressed in the MHC by its grounding in mathematical models, benefiting from the use of Rasch Scaling Analysis, which analyzes items in terms of their relative complexity, and allows researchers to establish clear increments across levels of complexity. This enables researchers to establish hierarchical sets of tasks whose order of complexity can be clearly formulated, measured, and compared, both within domains and across them. Rasch Analysis permits researchers to construct items for scales of stage complexity and to measure the merits of their statements at any given interval of stage they wish to assess, with immediate feedback from Rasch scaling as to whether their proposed item fits the criteria for increase in complexity over the previously constructed item. Thus, the MHC, in association with Rasch analysis, has permitted researchers to test Piaget's conceptual order of stages, and the concrete forms of the stage structures he proposed, allowing us the rigorous empirical validation of Piaget's basic conceptions of stage and structure, and of stage order, and universality.

Of particular interest to students of adult psychological development is the power of methods and precise modeling permitted by the MHC to clearly describe and validate four postformal stages (Commons, 2003). In so doing, the MHC helps us appreciate that there are postformal stages, and provides tools for understanding and promoting competence in cognition in situations of complex problem-solving in adult life. In keeping with its aims to understand how cognition develops across domains, the MHC helps us understand why and how cognitive competence may develop within a given domain, and across (or not) other domains in the adult years.

The Model of Hierarchical Complexity is an immensely useful conceptual and empirical model and set of methods which preserve Piaget's vision of linear, hierarchical, universal, and stagewise, development, validating the stages he initially proposed, and remedying problems that have accompanied cognitive-developmental stage theories across a wide variety of areas of human experience. The MHC has also proven useful in the psychology of religious and spiritual development, allowing for the charting of stages in cognition involving religiously related problem-solving scenarios, and permitting researchers to respond to some questions and controversies in the field. To date, there are some seventy published studies in behavioral science using the MHC, of which several consider religious cognition, and problem solving where religious elements are concerned (Day, 2013a, b; 2008a, b; 2009, 2010b; Day, Commons, Bett, & Richardson, 2007; Day, Richardson, & Commons, 2009; Ost, Commons, Day, Lins, Crist, & Ross, 2007). These studies employ a valid and reliable measure called the Religious Cognition Questionnaire (RCQ) and have demonstrated the utility of the MHC in establishing stages of religious cognition, showing relationships between religious cognition stages in the MHC and religious judgment stages in Oser's model. The studies operationalize and demonstrate the existence of postformal thought in the domain of religious cognition, establishing ways of comparing religious cognition and moral cognition. They respond to questions such as how people manage varying degrees of complexity in moral problem solving when elements of religious belief, belonging, and authority are entered into the moral scenario (e.g., whether people of religious conviction are prepared to abandon complexity in favor of religious authority when solving moral problems) (Day, Commons, Bett, & Goodheart

2007c; Day 2008a, b, c, d; 2010b; Day, Richardson & Commons, 2009). We have demonstrated that there are postformal stages in religious cognition that are parallel to the four postformal stages outlined by Commons & Richards (2003). We have also shown that people reasoning at postformal levels are less likely than others to abandon their highest level of achieved complexity in problem solving in other domains when elements of religious authority enter into problem solving situations (Day, 2010b; Day, Commons, Bett, & Richardson, 2007; Day, Richardson, & Commons, 2009).

## 4. Religious and Spiritual Development and Learning in Adulthood: Postformal Stages, Cognitive Complexity, Religious Issues, and Moral Problem-Solving

If we are to consider the specificity of religious and spiritual development, and their relationships to development in other domains, including moral development, we would do well to take a closer look at the question of postformal stages. We would assume that their onset would not occur until after adolescence, and that, in an increasingly complex world, knowing more about how some people attain postformal attitudes, competencies, and experience, and apply postformal reasoning in religious and spiritual domains would help us better understand the construct of postformal stage. This could also help us better appreciate postformal operations and their relationships across domains, and aid us in helping others learn and grow toward postformal perspectives and behavior. It would do so convincingly if we would endorse the classical developmental notion that increased capacity in psychological development brings with it good both for individuals (enhanced problem-solving and relational abilities), and for the social world in which we live. On these grounds, we purport to show how the classical notion of individual development for social good (enhanced capacity for perspective-taking, greater ability to listen and take into account the views of others and thus help individuals as well as groups face and solve multivariate problems, greater ability to grasp the developmental features in others' thinking and thus, in professional as well as personal roles, help others attain maximal growth in their own lives) holds in the domain of religious cognition, and its relationships to religious belief, belonging, spiritual practice, and moral development.

What do religious belief, practice, spiritual disciplines, and faith experience resemble in persons who have attained postformal operations in reasoning about religious and spiritual issues? What is the moral life of persons at postformal stages like, and how, when confronted with religious elements in moral decision-making, do their thinking and behavior compare and contrast with people at "lower" stages?

Commons and Richards (2003) provide a highly useful review of the literature on the logic of postformal stage conceptions, relevant debates, and critical appraisals of validation studies in this domain. In so doing they conclude that psychologists have been thus far successful in charting and measuring postformal operations of human perceiving, reasoning, knowing, judging, caring, feeling, and communicating. Studies using the Model of Hierarchical Complexity, have examined the question of postformal operations in measures of problem-solving capacities across several domains, including algebra, geometry, physics, moral decision making, legal judgments, and informed consent. Our own studies have validated the existence of postformal stages in cognition assessing and describing problems where religious elements and authority are invoked, and widely known spiritual sayings (Commons & Richards 2003; Commons & Pekker 2005; Day, 2010b, 2013a, b; Day, Richardson & Commons, 2009). On the basis of our research, as well as the research and meta-analytic studies of Commons and Richards (2003), and Commons and Pekker (2005), we agree with Commons' assertion that there are four empirically verifiable postformal stages, with his description of these stages as briefly outlined, below:

1. Systematic Order: at this stage subjects are able to discriminate the working of relationships between variables within an integrated system of tendencies and relationships. The objects of the relationships are formal operational relationships among variables. Commons asserts, on the basis of empirical validation studies, that probably only 20% of the American population is able to function at this level. Our research in samples of hundreds of Belgian, British, and American subjects in the domain of moral, religious, and spiritual development bear this out across the three countries studied.

2. Metasystematic Order: subjects act on systems, and systems become the objects of metasystematic actions. The systems are made up of formal-operational relationships, and metasystematic actions compare, contrast, transform, and synthesize systems. Commons and Richards point out that research professors at top universities, whose work relies on their capacity to operate in this way, provide an example of this kind of cognitive operation in action, and some of its utility is not only for personal, but also for social good. In our own studies, we have found that some advanced graduate students, as well as people with doctoral degrees and/or who must conceive and direct research activities in their work settings, function at this level in moral and religious problem solving, and in their assessments of religious elements in moral decision making and ways of describing classical spiritual statements and axioms.

3. Paradigmatic Order: here subjects are capable of creating new fields out of multiple metasystems. It follows logically that metasystems are the objects of paradigmatic actions, sometimes in ways that orchestrate new paradigms out of improvements made across metasystems which are themselves "incomplete" from a paradigmatic point of view. Commons and Richards cite the example of Maxwell's 1817 equations, which proved that electricity and magnetism

were united, as an example of this kind of creative operation, and describe how such creative action may pave the way for further paradigmatic moves, citing, for example, Einstein's development of "curved space" to describe space-time relations, replacing Euclidean geometry with a new paradigm.

4. Cross-Paradigmatic Order: subjects at this level of cognitive complexity operate on paradigms as objects of thought, creating a new field of thought, or radically transforming a previous one. If thinkers operating at this order of complexity are rare, ready examples from the history of science demonstrate the existence of such an order and its mechanisms and processes. Commons and Richards (2003) provide several persuasive examples, such as Descartes' coordination of paradigms in geometry, proof theory, algebra, and teleology, in developing the paradigm of analysis. In this vein, Commons & Richards (2003, p. 208) have also shown through studies that some subjects operate in this way when faced with problems designed for research in cognitive complexity. They also indicate that Rasch Analysis can validate both the order of complexity of items and possible responses to them, on the orders of complexity represented in the four postformal stages, including this one (Day, 2010b).

We have demonstrated (Day, 2010b; 2013a, b; Day, Richardson, & Commons, 2009) that logical inferences in the study of postformal operations can be made in comparing stages of faith, and of religious judgment development, with stages in the Kohlbergian paradigm of moral judgment. Such inferences yield the observation that stages in the psychology of religious development already shown, empirically, to parallel stages 4 and 5 in Kohlberg's model (i. e. stages 46 in Fowler's model, and 4 and 5 in Oser's) would qualify for inclusion as postformal stages in faith and religious judgment development. Operations and structural components requiring the management of complexity and solving of problems at orders higher than those in Piaget's descriptions and proofs of formal operational reasoning, have been applied and tested in this light, in the domain of cognition concerning religious concepts, beliefs, practices, and decisions where religious elements are taken into account. We have shown that moral judgment stages and faith and religious judgment, parallel to moral judgment at stage 4, would fall under the systemic stage, and those parallel at stage 5 and 6, would fall under the metasystemic stage (Day, 2010b; Day, Richardson, & Commons, 2009). Thus we have shown that there are stages in moral and religious cognition and thinking about spiritual sayings that qualify as postformal stages, and are specific to psychological development and learning in adulthood.

Kohlberg (1984, 1986) at least implicitly acknowledged the need for understanding postformal cognition in the moral domain when he argued that morality ultimately cannot explain itself. Kohlberg held that theories of moral reasoning and its development cannot, in the end, account for why one would decide to act on behalf of the good, or why one would make commitments to certain moral principles and try to effect their translation into potential forms of action. The fact that one knows, cognitively, how to describe, justify, propose, and advance such principles and articulate their relationship to action, does not resolve the question of why one would try to act on their behalf. It was on these grounds that, in the language of postformal stage, Kohlberg imagined a paradigmatic stage, positioned as a seventh stage, in his hierarchy of stages of moral judgment. Of particular interest for our own research, and the purposes of this chapter, Kohlberg described this stage as a spiritual stage, articulated in the language issuing from the world's religious traditions, and related to their notions of wisdom, understanding, and perspective in relationship to morality. In this paradigmatic stage, the subject would construct a paradigm capable of operating on systems of moral reasoning, including hierarchies such as Kohlberg's model proposed. This articulates, as Kohlberg put it, a cosmological, and explicitly "spiritual" articulation of a transcendent logic providing an impetus for moral action, and a standpoint from which action could be judged as good. This paradigmatic stage in Kohlberg's model forges an explicit connection between moral reasoning and religious concepts and systems, and in the language of the Model of Hierarchical Complexity and, as we have outlined, a move from metasystemic to paradigmatic reasoning (Day, 2010b).

## 5. Object Relations Theory, Religious Experience, and the "Transitional"

We have emphasized from the outset of this chapter that questions regarding the relationship between psychological development and religious and spiritual elements, dimensions, attitudes, affiliation(s), and participation have marked psychological science since its very inception. Early work in psychoanalysis was colored by fierce debates over these questions, with, at the extreme ends, those who, like Freud, contended that psychological maturity would, and should, preclude religious beliefs and practices, and obviate the need for any reference to "spiritual" language. In a dissimilar vein are those who, like Jung, held that what psychoanalysis could discover touched on the most fundamental, and noble, religious and spiritual impulses in the human psyche, and in human culture. These debates continue, but are characterized by an increasing openness, at least in some quarters of psychodynamic theory and practice, to the notion that, as in other branches of psychological investigation, questions of the epistemological claims of religious belief should be treated as lying beyond the purview of scientific know-how, while religious and spiritual phenomena, should be treated as worthy objects of study without a priori assumptions as to their inherent worth. It lies beyond the scope of this chapter to furnish a detailed handling of the debates that have occurred, and of the full range of opinion in the current literature. On these grounds we point to the excellent work of Dobbs (2007), Hood (1995), Jones (1991), McDargh (1983, 2001),

Meissner (1984), Paloutzian & Park (2005), and Rizzuto (1979, 1993, 2001) for more extensive portrayals, discussions, and applications.

One of the major psychodynamic theoretical approaches linking developmental psychology and clinical practice has been called the object relations school. Rooted in classical Freudian psychoanalysis, there emerged in England a group who emphasized the importance of affective variables from the very earliest moments in life, even from conception onward, in how people develop their understandings of self, other people, and the world. The group included people who were to become towering figures in the development of psychoanalytic thinking and the practice of psychotherapy as Ronald Fairbairn (1943), Harry Guntrip (1975), Donald Winnicott, and, more recently, Christopher Bollas (1987, 1989). Particular attention was devoted to the mother-child relationship, and to the characteristics of mother-infant interaction that gave rise to pathological, or, instead, healthy psychological functioning later in childhood, adolescence, and into the adult years. Donald Winnicott, trained both as a pediatrician and a psychoanalyst, was affiliated during much of his life with the Tavistock Institute in London, arguably the most important venue for psychoanalytical thinking in the English-speaking world in the 20th century. He was twice president of the British Psychoanalytical Society (Day, 2008b).

Winnicott's contributions to theory, practice, and research were numerous and have continued to have a huge impact on psychoanalytical thinkers concerned with human development and the place of religious and spiritual experience and development in it (Day, 2007a, 2008b). We focus here on three of the best-known of his concepts. These are good-enough mothering, transitional objects and spaces, and the false self.

Over the course of clinical practice as a physician and psychotherapist working with infants, young children, and their parents, and collaborating with others in research projects concerned with early relationships between children and their parents, Winnicott observed that a foundational element for psychological growth was an experience of "good-enough mothering" in infancy and early childhood. The good-enough mother, Winnicott stated, was that biological mother or other caregiver whose sustained attention and availability provided the infant with an experience of profound welcome, continuity, and legitimacy in the world. Gradually, an infant benefiting from such constancy and good will on the part of the mother figure, learns to accept frustration, express emotion in ways both honest and appropriate to the maintenance and enhancement of relationship, and explore and enjoy relationships as venues for learning and creative expression (Day, 2007b; Winnicott, 1971).

When the environment of early experience is characterized instead by constant frustration of basic needs, for feeding, holding, and sharing, or by patterns of ambivalent, inconsistent presence and absence, the baby comes to feel deeply uncertain as to the legitimacy of her/his own needs, lacking in trust toward the mother and the world, and fragmented in feelings toward self and in relationships. Babies beginning in this less favorable climate, when it is made heavier by harsh and rigid parental behavior and capricious discipline, are at risk of becoming children, and later adults, who come to feel that features of themselves are so undesirable that they must be cruelly repressed, even split off from the self. Since they cannot tolerate the "taboo" elements in themselves, they project them outward, imagining them as disembodied, even demonic, forces, or characteristics of others, who in turn are apt to become scapegoats. Such others are targets for the frustration, even hatred, they have internalized from their early environments. Children beginning in such circumstances are likely to develop what they will later come to feel is a "false self," something that has been a workable compromise between that for which they longed, and what was demanded of them in order to be acceptable, but which no longer satisfies because it feels quite "unreal," and thus deeply alienating (Day, 2007b, 2008b; Guntrip, 1971; Winnicott, 1971).

Even in the best of developmental circumstances, the need arises to help the child move from a position of nearly absolute dependence, to a measure of autonomy. In the early stages of this process, what Winnicott called the "transitional space" in the mother-child relationship, babies develop mechanisms of self-stimulation in order to console themselves in moments when they lack mother's attention, and claim an object in their environment in which they invest meaning. These objects are, in their experience of them, neither wholly external nor internal, not fully of their own imagining or fantasizing, yet populated with the stuff of their internal worlds and fantasies. The objects (of which teddy bears are the best known example) of relationship between the infant and his/her environment, and the way they are handled by the mother and other members of the child's family, become part of how the child makes the transition toward the capacity to move beyond the sphere of the parents and immediate group to the wider world. What s/he comes to feel is the character of the "transitional space" which the teddy bear or other object occupies, the space "in between" him/herself and the others who are constitutive of his/her earliest experiences, carries over, and becomes a kind of residue that will forever affect the climate of relationship in the child's life. Benevolent environments, experienced as deeply supportive and creative by the child, become part of how it feels for the child to imagine him/herself, and what it will be like for her or him to enter into relationships with others. Residual feelings from such foundational experiences of relationship, and the play of dependence and autonomy, will, when positive, incline the person to generosity, self-sharing, and delight in discovering the distinctive character of others. Intimacy with another will be viewed with hope, and as contributing to the enrichment of the self. When negative, or when, in analytic terms, transitional phases and behaviors are frustrated, or unaccomplished, the feeling of irresolution and incompleteness remain. Others may be perceived as potentially fascinating, but threatening, especially in experiences approaching intimacy. Fragility in others becomes more difficult to manage in relationship, because of anxiety aroused in the self.

For Winnicott, there were clear implications for very concrete features of human functioning. Thus, according to their quality of early experience of self and others, people might be more inclined toward moral benevolence, creativity, playfulness, sturdiness of self, resilience, and life-giving interactions with others. Conversely, they might show moral rigidity and self-centeredness, lack of creative action, fragmented experiences of self, and inconsistent, ambivalent conduct. In the latter case, according to Winnicott, this made for a particular heaviness for others both because of what one was likely to demand or do, and because of one's inability to listen, understand, take in, and genuinely give room to others.

All the authors in the object relations group remark on the consequences of personal development for interpersonal well-being, and give vivid examples tracing how the quality of early relationships and transitional phenomena color intimate relationships in adulthood. Several authors have developed work which has contributed to the psychology of religious and spiritual experience. Winnicott himself made theoretical and clinical observations regarding the pertinence of his insights to understanding religion, and its contributions or obstacles to human development. He argued, for example, that at its best, religion could serve as a creative transitional environment, permitting creative regression, reappropriation, and renewal in psychological development, and, through its association with ritual, symbol, and artistic expression, serve as a creative adjunct to healthy relationships, and psychotherapy, in constant service to individual persons, societies, and cultures.

## 6. Sociocultural Models of Religious and Spiritual Development: Narrative, Voice(s), and Identity

In sociocultural approaches to the psychology of religious and spiritual development, and their relationship to moral development, there is an insistence on the richness of social diversity in religious experience, and the ways in which language and story-making come to shape religious and spiritual belief, practice, and identity. For example, researchers in the field of "narrative psychology" emphasize the irreducible importance of narrative and story-making in human experience, for identity, communication, resolution of dilemmas and making of decisions, sense of belonging, and meaning in life. They make the observation that when people talk about life experience, and religious experience, they do so in story form: people don't just document experiences, they flesh them out in time and in context in the form of narratives. Kenneth Gergen (1994), a leading scholar in social psychology who has contributed to the "narrative turn" in psychological science, calls narratives "forms of intelligibility that furnish accounts of events across time. Individual actions… gain their significance from the way in which they are embedded within the narrative" (p. 224). Narratives are characterized by (a) an established, valued endpoint; (b) events recounted are relevant to and serve the endpoint; (c) events are temporally ordered; (d) its characters have a continuous and coherent identity across time; (e) events are causally linked and serve to explain the outcome; (f) the story has a beginning and an end (Gergen 1994, p. 224). Ruard Ganzevoort and Heinz Streib have made significant contributions to the narrative emphasis in the psychology of religious development. Ganzevoort has shown how the elaboration of religious elements in life stories among the elderly help them to increase self-esteem, take stock of gains and losses across the life cycle, renegotiate and improve adult relationships with peers, friends, and children, and prepare for death (Ganzevoort 1998, 2006; Ganzevoort & Bower, 2007; Tromp & Ganzevoort, 2009). Streib has shown that understanding narrative facets of religious experience may help us better appreciate just how much styles as well as stages come to characterize the ways we see ourselves, others, religious experience, religious groups, and God. He has revealed a particular interest in people who have joined or are leaving fundamentalist and other sectarian groups, and who have converted to, and left, a variety of religious groups and spiritual movements and practices over the life course. His work is pertinent to a general reevaluation of stage theory, especially that proposed by James Fowler (with whom Streib has long collaborated) (Streib 1991, 1997; Streib, Hood, Csoff & Sliver, 2009). Streib's work, complemented by other, recent, studies (Brandt, 2009; Day, 2009; Fournier, 2009; Paloutzian, 2009) on conversion and deconversion underscore how richly contextual are the nature of identity processes in how people move into, and out of, religious groups and spiritual practices, and how, again, what we already know augurs for further, longitudinal work in the psychology of religious and spiritual development.

To some degree, researchers in narrative approaches to religious and spiritual development help us understand that human subjects are to some degree multivocal, framing our identities and descriptions of self and world, and God and religious experience, partly in function of the audiences to whom we are addressing ourselves, and whose narrative conventions interweave with our own. In this sense sociocultural approaches, including narrative research, shift us from conceiving of religious and spiritual development and learning within subjects to an emphasis on such development within relationships, including the families, communities, societies, and cultures, within which we come to construct our understanding of self and world. These, in turn, could have considerable consequences for religious and spiritual education, pastoral practice, and training in psychology and pastoral theology (Day 1993, 2001,

2002, 2006; Day & Jesus, 2013; Day & Naedts, 2006; Day & Tappan, 1996; Day & Youngman, 2003).

Sociocultural contexts, including narrative, with their emphasis on the social construction of identity, religion, and definition and practice in spirituality, sensitize us to gender, culture, and religious affiliation in how religious development is described, and how religious elements become appropriated in critical life decisions. As we have attended closely to gender variables in the religious and spiritual development of adolescent boys and girls, and adult women and men, we have clear evidence that they talk differently about religious experience, definitions of religion, and religious decision-making, and that, in terms of religious context, young people in Belgium and in England whom we studied spoke differently about decisions concerning moral dilemmas according to their religious affiliation, cultural background, and degree of relative integration or alienation from dominant cultural contexts (Day, 2000, 2009).

Gender differences which have consistently appeared in our studies parallel those observed by Gilligan (1996) and Tannen (2001), and documented in meta-analyses of studies in sociology, anthropology, philosophy, biology, and psychology, by Eckert & McConnell-Ginet (2003). If Brabeck & Shore (2003) are critical of some of these distinctions, on the basis of their meta-analysis of studies in psychology on gender differences in moral and epistemological reasoning, we have robust results across thousands of subjects, showing gender differences in both moral and religious orientations. These underscore that people speak in different voices or styles, even languages, as they negotiate gender in relationship to the things they are talking about. Donahue (1995) and Greeley (1989) are among those who have demonstrated that what we would call "narrative" features of contextual discursive differences between Protestant and Catholic subjects are associated with different behavior in marriage; they have shown that emphases in the different traditions translate to behavioral differences among and within married couples, at least within the English-speaking world. Thus, we have considerable evidence that the sociocultural approaches offer an important contribution to understanding religious and spiritual development not only on conceptual, but also on empirical grounds.

## Conclusion

In this chapter we have outlined several models of religious, spiritual, and moral development in psychological science, insisting on the utility of working with mixed methods, both quantitative and qualitative, towards a better appreciation of cognitive, affective, and conative variables in the ways human beings try to make meaning, and how their meaning making connects with their action in the world.

# References

Bollas, C. (1987). *The shadow of the object*. New York: Columbia University Press.

Bollas, C. (1989). *Forces of destiny*. London: Free Association Press.

Brabeck, M. & Shore, E. (2003). Gender differences in intellectual and moral development? The evidence that refutes the claim. In J. Demick & C. Andreoletti (Eds), *Handbook of adult development* (pp. 351-368). New York: Kluwer Academic/Plenum Publishers.

Brandt, P.Y. (2009). L'étude de la conversion dans la psychologie de la religion. In P.Y. Brandt & C.A. Fournier (Eds.), *La conversion: Anaylses psychologiques, anthropologiques, et sociologiques*. Genève: Labor & Fides.

Commons, M., & Richards, F. (2003). Four postformal stages. In J. Demick and C. Andreoletti (Eds.), *The Handbook of Adult Development* (pp. 199-220). New York: Plenum.

Commons, M., & Pekker, A. (2005). Hierarchical complexity: A formal theory. Unpublished manuscript. Cambridge, Ma.: Dare Institute.

Commons, M., &. Richards, F. (1984). A general model of stage theory. In M. Commons, F. Richards, and C. Armon (Eds.), *Beyond formal operations,* Vol.1: *Late adolescent and adult cognitive development* (pp. 120-140). New York: Praeger.

Day, J. (1993). Speaking of belief: Language, performance, and narrative in the psychology of religion. *International Journal for the Psychology of Religion*, 3(4), 213-230.

Day, J. (1994). Narratives of "belief" and "unbelief" in young adult accounts of religious experience and moral development. In D. Hutsebaut & J. Corveleyn (Eds.), *Belief and unbelief: Psychological perspectives* (pp. 155-173). Amsterdam, The Netherlands: Rodopi.

Day, J. (2000). Le discours religieux en contexte: Deux études auprès d'adolescents et de jeunes adultes in Belgique francophone. In V. Saroglou & D. Hutsebaut (Eds.), *Religion et développement humain: Questions psychologiques*. Paris: L'Harmattan.

Day, J. (2002). Religious development as discursive construction. In C. Hermans, G. Immink, A. de Jong, & J. van der Lans (Eds.), *Social construction and theology* (pp. 63-92). Leiden, The Netherlands: Brill.

Day, J. (2007a). Moral reasoning, religious reasoning, and their supposed relationships: paradigms, problems, and prospects. *Adult Developments: The Bulletin of the Society for Research in Adult Development*, 10 (1), 610.

Day, J. (2007b). Personal development. In F. Watts and E. Gulliford (Eds.), *Jesus and psychology: Approaching the Gospels psychologically* (pp. 116-137) London: Longman, Dartmann, Todd.

Day, J. (2008a). Human development and the Model of Hierarchical Complexity: Learning from research in the psychology of moral and religious development. *World Futures: The Journal of General Evolution*, 65 (13), 452-467.

Day, J. (2008b). Marital spirituality throughout the life course: Insights from the psychology of human development. In T. KniepsPort le Roi & M. Sandor (Eds.), *Companion to Marital Spirituality* (pp. 85-104). Leuven, Belgium: Peeters.

Day, J. (2008c). Cognitive complexity, human development, and religious influence in moral problemsolving: Empirical evidence and some implications for human evolution. *Transdisciplinary Approaches to Personhood Congress* (Madrid, Spain), Metanexus Institute. The John Templeton Foundation.

Day, J. (2009). La (re)conversion religieuse face aux dilèmmes moraux: Regards empiriques sur base des recherches avec des adolescents et des jeunes adultes chrétiens et musulmans en Angleterre et en Belgique. In P.Y. Brandt (Ed.), *La conversion religieuse: Approches psychologiques, anthropologiques, et sociologiques* (pp. 151-178). Genève: Labor et Fides.

Day, J. (2010a). Conscience: Does religion matter? Empirical studies of religious elements in prosocial behavior, prejudice, empathy development, and moral decision-making. In W. Koops, D. Brugman, and A. Sander (Eds.), *The structure and development of conscience*. London: Psychology Press.

Day, J. (2010b). Religion, spirituality, and positive psychology in adulthood: A developmental view. *Journal of Adult Development*, 17 (4), 215-229.

Day, J. (2010c). Culture, psychology, and religion: Critically appraising Belzen's contributions. *Journal of Mental Health, Religion, and Culture*, 13: 4, 359-363.

Day, J. (2013a). Le modèle de complexité hiérarchique et la psychologie du développement religieux, spiritual, et moral. In PY Brandt & J. Day (Eds.) *Psychologie du developpement religieux: Questions classiques et perspectives contemporaines*. Genève: Labor & Fides.

Day, J. (2013b). Constructs of meaning and religious transformation: Cognitive complexity, postformal stages, and religious thought. In H. Westerink (Ed.), *Constructs of meaning and religious transformation: Current issues in the psychology of religion*. Vienna: Vienna University Press.

Day, J., Commons, C., Betts, E. & Richardson, A. (2007a). Religious cognition and the Model of Hierarchical Complexity: New possibilities for the psychology of religious development. Paper presented at the International Congress on the Psychology of Spirituality. Prague, Czech Republic.

Day, J., Commons, M., Ost, C., & Bett, E. (2007b). *Can the Model of Hierarchical Complexity assess religious cognition? Findings from initial research efforts*. Paper presented at the Society for Research in Adult Development, Boston, MA.

Day, J. & Jesus, P. (2013). Epistemic subjects, discursive selves, and dialogical self theory in the psychology of moral and religious development: Mapping gaps and bridges. *Journal of Constructivist Psychology, 26* (2), 137-148.

Day, J., & Naedts, M. (2006). Religious development. In R. Mosher, D. Youngman, & J. Day, (Eds.), *Human development across the lifespan: Educational and psychological applications* (pp. 239-264). Westport: Praeger.

Day, J. & Naedts, M. (1997). A reader's guide for interpreting texts of religious experience: A hermeneutical approach. In J. A. Belzen (Ed.), *Hermeneutical approaches in the psychology of religion* (pp. 173-193). Amsterdam: Rodopi.

Day, J., Richardson, A., & Commons, M. (2009). *Testing relationships among cognitive complexity, religious conservatism, moral judgment, and religious judgment*. Paper presented at the European Conference for Developmental Psychology. Vilnius, Lithuania.

Day, J., & Tappan, M. (1996). The narrative approach to moral development: From the epistemic subject to dialogical selves. *Human Development*, 39 (2), 67-82.

Day, J., & Youngman, D. (2003). Discursive practices and their interpretation in the psychology of religious development: From constructivist canons to constructionist alternatives. In J. Demick & C. Andreoletti (Eds.), *The Handbook of Adult Development* (pp. 509-532). New York: Plenum.

Dobbs (2007). *Faith, Theology, and PsychoAnalysis: The life and thought of Harry S. Guntrip*. Princeton, N.J.: Princeton Theological Monograph Series.

Donahue, M. (1995). Catholicism and religious experience. In R. Hood (Ed.), *Handbook of religious experience*. Birmingham, AL: Religious Education Press.

Eckert, & McConnell-Gilet (2003). *Language and gender*. Cambridge, UK: Cambridge University Press.

Fairbairn, R. (1943). *An object relations theory of personality*. New York: Basic Books.

Fournier, C.A. (2009). Le récit de soi, la dimension religieuse, et le dévoilement de l'identité. In P.Y. Brandt & C.A. Fournier (Eds.), *La conversion: Analyses psychologiques, anthropologiques, et sociologiques*. Genève: Labor & Fides.

Fowler, J. (1987). *Faith development and pastoral care*. Philadelphia: Fortress Press.

Fowler, J. (1996). *Faithful change*. San Francisco: Harper and Row.

Ganzevoort, R. (Ed.) (1998). *De praxis als verhaal: Narrativiteit en pratische theologie*. Kampen, The Netherlands: Uitgeverij Kok.

Ganzevoort, R. (2006). *De hand van God en andere verhalen: Over veelkleurige vroomheid en botsende beelden*. Zoetermeer, The Netherlands: Meinema.

Ganzevoort, R. R. & Bouwer, J. (2007). Life story methods and care for the elderly. An empirical research project in practical theology. In H.G. Ziebertz, & F. Schweitzer (Eds.), *Dreaming the land. Theologies of resistance and hope* (pp.140-151). Münster: LIT.

Gergen, K. (1994). *Realities and relationships: Soundings in social construction*. Cambridge, MA: Harvard University Press.

Gilligan, C. (1996) *In a different voice: Psychological theory and women's development*. Cambridge, MA: Harvard University Press.

Greeley, A. (1989). Protestant and Catholic: Is the analogical imagination extinct? *American Sociological Review*, 54: 485-502.

Guntrip, H. (1975). My experience of analysis with Fairbairn and Winnicott. *International Review of Psychoanalysis*, 2, 145-156.

Hood, R. (1995). The facilitation of religious experience. In Hood, R. (Ed.), *The handbook of religious experience*. Birmingham, AL: Religious Education Press.

Kohlberg L. (1984). *The psychology of moral development. The nature and validity of moral stages*. New York: Harper & Row.

McDargh, J. (1983). *Psychoanalytic object relations theory and the study of religion*. Lanham, MD: University Press of America.

McDargh, J. (2001). Faith development theory and the problem of foundations. *The International Journal for the Psychology of Religion*, *11* (3), 185-189.

Meissner, W. (1984). *Psychoanalysis and religious experience*. New Haven: Yale University Press.

Oser, F., & Gmunder, P. (1991). *Religious judgment: A developmental approach*. Birmingham: Religious Education Press.

Oser, F. & Reich, H. (1996). *Eingebettet ins Menschein: Beispiel Religion: Aktuelle psychologische Studien zur Entwicklung von Religiosität*. Lengerich, Germany: Pabst Scientific.

Oser, F., Scarlett, W., and A. Buchner, A. (2006). Religious and spiritual development throughout the life span. In W. Damon & R. Lerner (Eds.), *Handbook of Child Psychology, Theoretical Models of Human Development, Vol. 1. Theoretical models of human development* (pp. 42-98). New York: Wiley.

Ost, C., Commons, M., Day, J., & Bett, E. (2007). *Moral development and cognitive complexity*. Paper presented at the Society for Research in Adult Development Symposium, Boston, MA.

Paloutzian, R. (2009). Religion, identité, culture: impact du système de signification et de son analyse. In P.Y. Brandt & C.A. Fournier (Eds.), *La conversion: Analyses psychologiques, anthropologiques, et sociologiques*. Genève: Labor & Fides.

Paloutzian, R. & Park, C. (Eds.) (2005). *Handbook of the psychology of religion and spirituality*. New York: Guilford Press.

Rizzuto, A.M. (1979). *The birth of the living god: A psychoanalytic study*. Chicago: University of Chicago Press.

Rizzuto, A.M. (1993). Exploring sacred landscapes. In M. L. Randour (Ed.), *Exploring sacred landscapes: religious and spiritual experiences in psychotherapy*. New York; Columbia: University Press.

Rizzuto, A.M. (2001). Religious development beyond the modern paradigm discussion: The psychoanalytic point of view. *The International Journal for the Psychology of Religion, 11* (3), 201-214.

Streib, H. (1991). *Hermeneutics of symbol, metaphor, and narrative in faith development theory*. Frankfurt: Peter Lang.

Tannen, D. (2001). *You just don't understand: Women and men in conversation*. New York: Harper Paperbacks.

Tromp, T. & Ganzevoort, R. (2009). Narrative competence and the meaning of life. Measuring the quality of life stories in a project on care for the elderly. In L. J. Francis, M. Robbins, & J. Astley (Eds.), *Empirical Theology in Texts and Tables. Qualitative, Quantitative and Comparative Perspectives*. Leiden: Brill.

Winnicott, D. (1971). *Playing and reality*. New York: International Universities Press.

# CAPÍTULO IX

## GÉNERO Y FORMACIÓN INTERCULTURAL: DESAFÍO Y REFLEXIÓN DESDE LA FILOSOFÍA IBEROAMERICANA

Diana de Valléscar Palanca[1]

*La enseñanza de las historias del sexismo, racismo, imperialismo y homofobia coloca auténticos desafíos a la academia y su producción tradicional de conocimiento, en tanto que frecuentemente ha situado a las personas del Tercer Mundo como poblaciones cuyas historias y experiencias son anormales, marginales o innecesarias para la adquisición del conocimiento. Y esto es lo que acontece sistemáticamente en nuestras disciplinas y prácticas pedagógicas.* (Chandra Talpade Mohanty)

## Introducción

La pregunta por la teorización del género y la formación intercultural puede ser planteada desde varias perspectivas. La incorporación activa de las mujeres a la investigación y la Academia ha producido una reflexión y revisión que afecta a los diferentes paradigmas, las clásicas temáticas, introduce otras nuevas acompañadas de nuevas metodologías y teorizaciones. De forma que, al alterar las categorías fundamentales, no sólo interrogan el canon académico, sino también el "canon de sexo-género" diseñado por las culturas respectivas, desvelando, así, sus instrumentos de exclusión, su contextualidad y el subtexto de género.

¿Qué conocemos del sujeto plural de las mujeres y sus formas de articular el conocimiento y la experiencia de trasgresión? Esa pregunta guía nuestra reflexión. Este sujeto se nos revela a través de una variedad de protestas, resistencias, críticas

---

[1] Universidade Portucalense e Universidade Aberta / Lisboa.

DOI: https://doi.org/10.14195/978-989-26-1380-2_9

y experiencias, así como preocupaciones y esperanzas, que, dicho sea de paso, no sólo no coinciden con los ideales trazados por la sociedad patriarcal, sino que también pueden mantener ciertas reservas con respecto a los propios ideales feministas y los caminos de liberación que han trazado para las mujeres.

Esbozar algunas cuestiones relacionadas con la formación y el comportamiento transgresor de las mujeres, en clave intercultural y de género, es nuestro objetivo. Interesa subrayar de antemano, que muchos de los caminos emprendidos por las mujeres, a pesar de que a simple vista pueden maltratarlas, de hecho, orientan sus vidas y se entretejen con determinadas formas de pensar — no siempre comprensibles a primera vista — que influyen y marcan su trayectoria a distintos niveles. Asimismo, es preciso reconocer que muchas mujeres de todos los puntos de la geografía mundial superan los estereotipos comúnmente asignados a ellas y sus intereses personales y de grupo, les llevan a luchar y dar su palabra.

En definitiva y, como trasfondo, también nos preguntamos por el horizonte y la posibilidad de crear un espacio, de ensancharlo o redimensionarlo — si es que es el caso —, que haga audibles las diferentes voces de las mujeres y sus procesos de vida, así como su orientación, sentido y valores. Para ello, es necesario intentar ir más allá de las propias interpretaciones, esquemas de saber y experiencias, los que muchas veces impiden entrar en un diálogo abierto y equilibrado desde la perspectiva económica, política, afectiva, cultural y epistémica. De ahí que, nuestra pregunta, de alguna forma, también se relaciona con la capacidad y el atrevimiento para lidiar con la diversidad y sus diferentes figuras.

## 1. Antecedentes: la relación entre los estudios de género y los estudios interculturales

En otra parte, ya he tocado la temática que relaciona los estudios de género (EG) y los interculturales (EI), a partir de su perspectiva, alcance, dificultades e interrelaciones (De Vallescar, 2004a). Por lo que sólo realizaré, la vinculación que, a mi juicio existe y que puede ser resumida a partir de tres líneas eje:

1.º **La justicia y denuncia de la asimetría cultural.** Las culturas se hacen presentes a través de sus miembros 'vivos' y sus relaciones concretas. Los EG reivindican la *justicia de género,* entienden que esta exigencia atraviesa todos los ámbitos de la vida y es transversal a todas las culturas, aunque se presente de formas variadas. Los EI, enfatizaron la *justicia social,* preferentemente en su relación con la asimetría de carácter externa o, sin dejar de reconocer la asimetría de género, de carácter interno.

2.º **La crítica a una cultura dominante y su superación.** Tanto los EG como los EI asumen la crítica a toda la construcción teórica, supuestamente de carácter universal, que no concede a todos los sujetos el mismo estatuto epistemológico y político, constituyéndose sobre la base de relaciones desiguales. En ambos casos la propuesta es rescatar la historia de las voces silenciadas, deconstruyendo y abriéndose a nuevas fuentes, textos, contextos y pretextos, con el objeto de abrir horizontes y, de ahí, la posibilidad de articular otras formulaciones posibles. Los EG se mueven a partir de la crítica al sistema patriarcal y androcéntrico, producto y expresión del modelo no sólo occidental sino ancestral y, al parecer, presente en todas las culturas. Esto último no deja de ser cuestionable, desde una perspectiva socioantropológica. Los EI establecen una crítica a la cultura occidental (dominante) frente a las culturas nooccidentales y sus distintos modelos de colonización. Entre ellos, asumen el sistema patriarcal occidental, que se autoerigió como la norma o el modelo universal de las relaciones entre hombres y mujeres.

**3.º La lucha y transformación de las relaciones y mundos de vida.** Se defiende el principio de la igualdad y emancipación contra el dominio, inferiorización y exclusión del otro. Pero los EG subrayan el contexto de las relaciones de género y entre las mujeres, mientras que los EI se aplican especialmente a las relaciones y culturas no occidentales. Ambas propuestas persiguen una lectura diferente de la realidad, pero exigen de base la capacidad de iniciar cambios y desaprender mucho de lo aprendido a nivel de formas de pensar, relacionarse y comportarse. Se trata de formular nuevos sentidos de vida, en los que la praxis ético-política sea un elemento fundamental para construir una sociedad auténticamente inclusiva.

A finales de los años ochenta y, principalmente, de los noventa del siglo pasado, asistimos a una apertura progresiva 'entre' ambos paradigmas. Esta aporta — entre otros aspectos — una mayor profundidad sobre la conformación de la cultura y el sujeto plural de las mujeres. Además, este cruce de paradigmas, arroja una nueva luz sobre las dificultades existentes, insuficiencias, vacíos y nuevos significados que atañen a la teorización de esta temática. De ahí que, no es raro, entrever una redefinición de muchos conceptos y valores, cierta crisis de visión y opciones vitales.

Actualmente, se multiplican cuantitativa y cualitativamente los estudios en ambas direcciones y es notorio el reconocimiento y la demanda que van teniendo, no obstante también se refleja su falta de ciudadanía académica plena, una fragmentación unida a la carencia de espacios para intercambios y diálogos explícitos entre sus investigadoras/es, escaso financiamiento económico, etc. (De Vallescar, 2005; De Vallescar, 2004b).

## 2. Una aproximación a la cultura y diferencia sexual

Los antecedentes filosóficos del planteamiento del género podemos encontrarlos en el pensamiento de autores/as como Gabrielle Suchon, François Poullain de la Barre[2], Marie de Gournay, Ana Maria van Schurmann quienes mantenían que la diferencia sexual era de índole cultural, nonatural. Una asunción, ratificada por el pensamiento de la Ilustración en el s. XVIII, al descubrir la desigualdad como hecho histórico y nonatural. En esa línea, *El Discurso sobre el origen y fundamento de la desigualdad entre los hombres,* de J. J. Rousseau, constituye una crítica radical de la desigualdad social, política y económica, aunque resulte contradictorio en su tratamiento de la situación de las mujeres. Tal hecho, fue criticado por D'Alembert, al subrayar que la educación propuesta por Rousseau para las mujeres era poco menos que "homicida" y, se asemejaba a la jardinería francesa: somete la naturaleza a formas geométricas destinadas al placer de un observador cautivo de antiguos prejuicios (Condorcet, De Gouges, D'Alembert y otros, 1993, p. 83). En este contexto, la educación o formación de las mujeres y la enculturación pasó a ser una cuestión de primera importancia. En el fondo se advierte cierta aproximación al concepto moderno de género como construcción social, aspecto rescatado que más tarde rescató Simone de Beauvoir en el *El segundo sexo* (1949), concretamente a través de su afirmación: *"No se nace mujer, se llega a serlo... Ningún destino biológico, psíquico o económico define la figura que reviste en el seno de la sociedad la hembra humana; es el conjunto de la civilización el que elabora ese producto... al que se califica de femenino"* (Beauvoir, 1981, p.247). Esta premisa revela una aproximación a la noción del género, en su idea del destino de la mujer, trazado mediante las perspectivas de la sociedad y su idea de lo femenino y, no por aspectos de orden biológico, psíquico o económico.

Resta añadir que la concepción de la desigualdad como hecho histórico y su aplicación a la realidad de las mujeres, dió origen a la polémica entre los que defendían la «*igualdad de los sexos*» (D'Alembert, Condorcet, Madame de Lambert, Théroigne de Méricourt y Olympe de Gouges) y los que mantuvieron su «*inferioridad natural*», apoyados en una larga tradición que se remonta a Aristóteles, las teorías antropológicas de la edad Antigua, la Patrística y la Escolástica. El advenimiento de la crisis de la razón, dio paso al estudio de la temática de la sexualidad, desde la perspectiva de distintas disciplinas (metafísica, medicina, biología...), que buscaron justificar la exclusión de las mujeres en campos variados.

---

[2] Las obras que concentran su pensamiento en esta línea son tres. "Sobre la igualdad de los sexos" (*De l'égalité des deux sexes*), escrita en 1673, donde demuestra que la igualdad natural entre varones y mujeres está por encima de costumbres y prejuicios sociales. En 1674, "Sobre la educación de las damas para la conducta del espíritu en las ciencias y en las costumbres" (*De l'éducation des dames pour la conduite de l'esprit dans les sciences et dans les moeurs*), pone de relieve que la desigualdad entre los sexos puede combatirse a través de la educación. Finalmente, en 1675, con "Sobre la excelencia de los hombres contra la igualdad de los sexos" (*De l'excellence des hommes contre l'égalité des sexes*), se propone desmontar racionalmente la clave irónica y los prejuicios de los partidarios de la inferioridad de las mujeres. Para una visión histórica detallada puede verse: Cobo Bedia, 1995, p.56.

La aparición explícita de la teorización del género, en la década de los años 60, sirvió para establecer un campo de investigación aceptable y legítimo, desde el punto de vista académico. Esta perspectiva enfatiza que la diferencia sexual es un referente estructurante de todas las sociedades. Sin embargo, cada cultura construye (o interpreta) y cultiva una visión específica de la diferencia sexual natural (hecho biológico), la misma que traduce a formas y estilos de comportamiento que cobran numerosas expresiones hasta articular el simbólico universal de la pareja masculino/femenino[3]. Sobre esa base se encuentran una serie de prescripciones relativas a las conductas complementarias y excluyentes asignadas a los hombres y las mujeres (premisas de género), cuyo desarrollo se asegura mediante imperativos de acción o prohibiciones (los mandatos de género)[4]. La socialización desde la primera infancia y, luego, toda la educación posterior garantizan su asimilación.

De acuerdo con esa visión, se estructura la realidad social y se moldean los 'ideales' de masculinidad y feminidad de cada cultura. Esto significa que muchas de las diferencias entre hombre/mujer son socialmente construidas, pero no de manera arbitraria o autónoma, con respecto al dato de la naturaleza. Asimismo, cada cultura opera con su modelo particular de masculinidad y feminidad. Aunque éste también se ve sujeto a variaciones históricas que generan cambios en las necesidades y, en consecuencia, modifican roles y funciones. Con todo, a pesar de las múltiples interpretaciones de la diferencia sexual, al parecer y, de acuerdo con diferentes estudios, existen ciertas constantes que atraviesan todas las culturas: la jerarquización y la asimetría de género que pueden captarse a través de la subjetividad, la vida privada y la condición de los hombres y las mujeres en el ámbito público.

Mientras que los estudios socioantropológicos norteamericanos apuntaron al papel de los 'roles sexuales' para comprender el origen y las causas de la inferioridad social femenina (Rosaldo & Lamphere, 1974; y de Reiter, 1975)[5], Europa, en cambio, puso el acento en la perspectiva psiquiátrica/psicoanalítica y Latinoamérica, según las distintas regiones y centros, subraya una u otra vertiente. En cualquier caso, hoy, el género es concebida como una categoría primaria de análisis caracterizada por ser *relacional, vinculante* y *hermenéutico-analítica* de la *estructura invariable* — aparentemente — y *desveladora de la inequidad* (Sau, 2000, pp.133137; Tannen, 1996). Su punto de partida es la experiencia de las mujeres y el énfasis en el poder diferencial, existente entre hombres y mujeres. En ese sentido, su objetivo

---

[3] Para la concepción androcéntrica de la diferencia sexual y su desarrollo en Occidente, cf. Cavana, 1995, pp.85-118.

[4] Los efectos de las premisas y prescripciones de género pueden ser rastreados a través de la subjetividad, la vida privada y la condición de los hombres y las mujeres en el ámbito público.

[5] Aunque Ann Oakley ya había subrayado desde 1972, la necesidad de descubrir entre sexo (diferencias biológicas entre macho y hembra) y 'género' (la clasificación social de lo masculino y lo femenino).

inmediato y a futuro, es la transformación de las relaciones sociales, y, en particular, de esa situación desventajosa que viven las mujeres.

Con el tiempo, la categoría del género fue vinculada a las categorías de clase, raza y/o etnicidad y preferencia sexual, desencadenando el debate acerca del predominio entre ellas. Vale la pena referir que, hasta ahora, lo femenino y lo masculino ha sido tratado desde la contraposición dialéctica y no como una relación dual — que es diferente de opuesta (Sau, 2000, pp.133-137). Es crucial para comprender, situar a la mujer y el hombre en *relación*, en función de la época histórica, la clase social, la etapa evolutiva y la cultura de referencia. De ahí que, para conocer lo que vive la mujer, sea preciso entender su relación con el hombre y, viceversa.

No es exagerado decir que los "aires" liberadores levantados por los feminismos ya generaron crisis, cuestionamientos y fractura en el sistema patriarcal. Las manifestaciones de creciente violencia, maltrato y el asesinato de las mujeres por sus parejas, que se niegan a vivir en clave de dependencia y subalternidad, son algunas de sus manifestaciones. Las propias mujeres toman conciencia de su realidad, a la par que, muchos hombres, comienzan a interrogarse sobre su identidad y, en esa línea, surgen los denominados movimientos de masculinidad que emergen en los países escandinavos, EEUU, UK, Australia, Canadá y, más tímidamente, en España. No obstante, queda bastante por profundizar en las temáticas de la relación entre sexo y género, las diferencias de género y su carácter emancipatorio o no, el sujeto postulado por los feminismos, la posibilidad de establecer una sexualidad sin género, etc. La apertura a otras mujeres y sus experiencias se convierte así en una piedra de toque significativa.

## 3. La apertura a las "otras mujeres y sus diferencias"

La temática de la transgresión fue puesta de relieve por la cultura postmoderna, aunque la historia da cuenta de múltiples figuras de hombres y mujeres (en menor grado) pertenecientes a culturas diferentes y, con un comportamiento transgresor, en campos muy variados, desde las artes a la política.

El término transgredir (del lat. *transgredior, transgressus y transgressio*), indica el paso de un lugar a otro, generalmente saltando un obstáculo. Al aplicarse en sentido metafórico a las leyes y normas de conducta, adquiere el sentido del 'infringir' (de *frangere, fractum*), 'quebrantar' (frec. de quebrar), 'vulnerar' (de *vulnerem*, herida), desobedecer una orden, ley, etc., de cualquier clase (Moliner, 1998, p. 1283; Arnal, 2006). No es fácil captar, inmediatamente, el sentido y alcance de un comportamiento transgresor. Algunos de sus rasgos son:

• El carácter positivo, condición necesaria para cualquier tipo de progreso, conjugado con la existencia de un orden, que persiga y castigue la trasgresión;

• La excepcionalidad, dado que la práctica de la trasgresión lúcida pertenece sólo a una minoría de sujetos individuales, que viven de una verdad interior, a la que han de ser fieles y, no debe confundirse con un capricho o costumbre, al estilo infantil o adolescente;

• La visibilidad, un aspecto destacado en detrimento de la invisibilidad operante en diversos escenarios de la vida social (trabajo, medios de comunicación, política, vida doméstico-privada...);

• El sentido, o el ir más allá de lo marcado. Se impone en ciertas circunstancias y etapas de la vida, en la que los objetivos y los valores individuales se ven necesarios y útiles para una transformación radical en lucha contra las injusticias, haciendo caso omiso de la ley.

No sería errado afirmar que los movimientos feministas se asientan sobre un perfil transgresor. De esa forma, las mujeres buscan resituarse, desde sí mismas, en la sociedad. Para ello crearon determinadas estrategias, algunas más llamativas que otras. Si pudiéramos abrir una ventana para acceder a la visión y experiencias de trasgresión (abierta y encubierta) de muchas mujeres, nos llevaríamos más de una sorpresa al descubrir sus lenguajes, itinerarios y tácticas. Ellas inician esta experiencia de formas muy diversas, de acuerdo a sus necesidades, opciones y exigencias personales siempre vinculadas a un determinado contexto sociocultural, que define y marca las fronteras culturales, la configuración del espacio público o privado, las relaciones interpersonales o intrapersonales, etc. En este sentido, un estudio de carácter fenomenológico y comparativo puede ser muy útil para caracterizar sus caminos, posiciones, opciones, circunstancias, etc.

En esa perspectiva, resulta particularmente iluminador, por ejemplo, el gesto liberador profético de Rosa Parkers (la mujer de Luther King), cuando se negó a ceder su asiento del autobús en que viajaba, a una persona blanca. Su impacto fue tal, que dio paso al inicio de la lucha por los derechos civiles de la población de color en los Estados Unidos. Pero, no es menos importante, el comentario de otra mujer, que asistía a cursos de formación en Barcelona, para obtener el graduado escolar:

> Se considera que una mujer que asiste a una manifestación lucha a favor de los derechos de la mujer. Aquélla que consigue que su marido le ayude en las tareas domésticas (aunque sea comprando el pan o bajando la bolsa de la basura) no lo hace. Una mujer que estudia las consecuencias psicológicas y sociales de los malos tratos y la necesidad de acabar con ellos es valorada y escuchada. Sin embargo, la que denuncia a quien la maltrata sólo es considerada víctima de la sumisión que acepta. Una mujer divorciada que vive independiente y tiene un trabajo socialmente cualificado (amén de estudios universitarios) se convierte en el tipo ideal de mujer que ha superado las desigualdades debidas al género y, por tanto, alguien a imitar. En cambio,

la que huye de personas que la someten y vive como madre soltera en un piso de acogida es una fracasada en la vida. Una mujer que se preocupa de su formación, que está constantemente informada y defiende su derecho a acceder a cualquier carrera universitaria (en su primera, segunda o tercera titulación) se considera que ha entendido su derecho de igualdad respecto al hombre. Aquélla que participa en un centro de educación de personas adultas para sacarse el graduado, el certificado escolar o aprender a leer y escribir es mirada como 'aquel pasado desigual de las mujeres que ya no volverá a existir'. (Puigvert, 2001, pp.63-64)

Muchas mujeres indígenas de México, procedentes de distintas etnias (tzetzales, tzotziles...) se alistaron en la guerrilla zapatista, que les brindó un espacio para crecer en identidad y promover sus reivindicaciones. Algunas, desde jóvenes, no dudaron en huir de sus familias para integrarse clandestinamente. En ese ámbito, declaran, que cobraron conciencia de las desigualdades sufridas y de otras posibilidades (liberadoras) de vida, a la par que, se contagiaban unas a otras de otros aires. La organización cuenta con dos grupos diferenciados: el de las insurgentes, que vivían en los campamentos, enseñaban política y educación escolar, participando directamente en la lucha armada; el de las milicianas, que vivían en sus pueblos y apoyaban la acción de las primeras. Para ello recibieron el entrenamiento necesario, pero, si era preciso, también acudían a la guerrilla. Pagaron un alto precio hasta ser reconocidas y respetadas por las comunidades, sus compañeros/as, los/las ciudadanos y el propio gobierno de la nación mexicana. Ciertamente estas mujeres no son académicas, ni investigadoras feministas, pero nadie puede dudar de su espíritu de emancipación (Rovira, 1996; AA.VV., 1994).

Hasta la década de los años 80, se tuvo como principales informantes de las mujeres indígenas, a los hombres. Ellos las presentaron en su papel tradicional y como transmisoras y preservadoras de la cultura (en sentido del uso de la lengua y costumbres), siendo el espacio doméstico su entorno principal. Pero, hoy, ellas tomaron la palabra, manifestando la dureza de sus condiciones de vida, junto con el dolor, el olvido, el desprecio, la marginación y la opresión sufridas. La comandante Esther, afirmaba: "*Como somos niñas, piensan que no valemos, no sabemos pensar ni trabajar, cómo vivir nuestra vida (...); nos obligan a casarnos a la fuerza, no importa si no queremos...*"[6]. De hecho, su nivel de vida es comparativamente más bajo que el de los hombres indígenas y, muchas veces, el monolingüismo es un obstáculo para su desarrollo.

Hay que destacar que, no es sólo su denuncia o reivindicación directa lo que revela el comportamiento trasgresor de las mujeres. En este sentido, se pueden citar otros ejemplos. Las marchas del silencio, popularizadas por las Madres

---

[6] Cf. Discurso en la Cámara de Diputados, marzo 2001.

de la Plaza de Mayo en la década de los años 70[7], o incluso las 83 marchas silenciosas emprendidas por las compañeras adolescentes (mujeres en proceso...) de Maria Soledad, que había sido asesinada por varios jóvenes de la clase alta en Catamarca (Argentina) en la década de los 90. La inédita, pero efectiva propuesta transgresora, logró desencadenar un proceso, lento, bastante tortuoso y prolongado, salpicado por sucesivos bloqueos, aunque consiguió superar la pretendida cultura de la amnesia que el gobierno intentó difundir y, alcanzar, finalmente, la justicia exigida (Mecí, 2000).

No menos sorprendente resulta el arte milenario del tejido de alfombras y el bordado de las mujeres en Marruecos. Esta no fue una actividad inocente. La investigación actual desvela que en ellos aparecen auténticas escrituras por descifrar. Utilizan alfabetos olvidados (tifinang), la escritura bereber o el lenguaje de los mitos y los símbolos para comunicar su mensaje. Esta fue una estrategia ancestral de las mujeres poner en circulación sus mensajes, de forma subliminal (Mernissi, 2005). A su vez, las mujeres en China crearon un lenguaje secreto "*nushu*" ("escritura de las mujeres") para comunicarse entre ellas, de generación en generación. Este lenguaje prevaleció hasta el año del 2006 cuando murió la última mujer de la cadena[8]. Ambos casos, no sólo desvelan un acto profundamente creativo, sino transgresor, además del poderoso deseo de comunicarse, que muchas veces, les fue denegado a las mujeres, en las sociedades patriarcales.

Cualquier mujer que, simplemente camina en una dirección contraria a la reconocida socioculturalmente, se convierte en una mujer peligrosa para su entorno. A veces, basta que interroguen alguna premisa o bien, que expresen alguna inquietud de realización personal para despertar recelos y, en determinados grupos o sociedades, cierto estigma acerca de su reputación. Esto hace que, muy pronto, desarrollen poderes y estrategias soterradas, más visibles en las sociedades de corte tradicional, sin que haya desaparecido completamente en las más desarrolladas.

No hay que perder de vista, que la situación y recorrido de las mujeres en cualquier cultura o sociedad, como parte de su condición humana y cultural. Esto, siempre se da en el marco de una constante tensión conflictiva entre las tradiciones

---

[7] Ese grupo de mujeres emerge en un ambiente de represión militar, en el que la gente se hallaba condenada al silencio, para no "desaparecer". Se atrevió a movilizarse y denunciar — a nivel local e internacional — la desaparición de sus familiares, que habían sido secuestrados o detenidos clandestinamente. Inicialmente eran mal vistas por ser familiares de "terroristas" y se les cerraron las puertas en todas partes. Se toparon con la indiferencia, el laberinto burocrático militar y amenazas y acoso por parte del ejército. Varios grupos de ellas fueron apresadas, encarceladas y secuestradas. Pero su tenacidad y la justicia de sus demandas, fueron cobrando fuerza entre la población de Argentina.

[8] Esta lengua fue descubierta por una profesora de chino en 1998. El "nushu" es la única lengua en el mundo hablada exclusivamente por mujeres, en la zona de Hunan. Fue inventada hace alrededor de 1700 años, por las mujeres chinas privadas de una educación sistemática y encerradas en casa, bajo la autoridad del padre o el marido.

e innovaciones que son capaces de interrogar, contradecir, gestionar y asumir. Invariablemente, esto, las coloca a prueba en todos los campos (moral, religioso, técnico, económico, político…), al mismo tiempo que significa una expresión de su vitalidad (Fornet-Betancourt, 2000, p.44). L. Mizrahi, asume que esa dinámica se traduce en un comportamiento, en parte, orientado hacia la convencionalidad y previsibilidad (mitos, imagen estereotipada/arquetipos de la mujer), o bien, en el sentido del autodescubrimiento de los propios rasgos identitarios, fruto del esfuerzo en el proceso de creación personal y cambio, que le conducen a crear un tiempo y espacio histórico diferente en su vida. Se trata de la dialéctica entre "la mujer ancestral y la mujer transgresora" (Mizrahi, 1992, pp.81-119).

Cada mujer es artífice de los gestos de su vida (limitada) en búsqueda constante, rigurosa, cansada y esperanzada… oscilando constantemente entre la mujer ancestral (norma, costumbre, tradición) y la mujer transgresora (imaginación, deseos, sueños), entre la previsibilidad y el asombro. A pesar de sus avances y búsquedas de identidad, siempre persiste la sumisión a determinadas costumbres atávicas, que suelen generar una experiencia vital simbiótica y alienada. Su carrera es en contra de la sumisión y el miedo que le da ser.

La interconexión entre factores personales (lo biográfico) y contextuales (las circunstancias históricosocioculturales) es imprescindible para poder rastrear e identificar la trasgresión de las mujeres. Esta siempre emerge a partir de ciertas exigencias de liberación que plantea un contexto determinado y, en esa medida, es relativa a ese contexto. De ahí que, al intentar interpretar su comportamiento desde otros contextos y subtextos, sea particularmente difícil captar la fuerza de rupturacreadora de que es portador y, a veces, ni siquiera es reconocido como tal, pues se desconocen sus claves y raíces. En consecuencia, muchas de las aventuras transgresoras — en distintos grados — que emprendieron algunas mujeres no sólo quedaron invisibilizadas, sino que fueron menospreciados, al ser juzgados desde la perspectiva del déficit, la inferioridad, el anacronismo o subdesarrollo, de acuerdo a los discursos hegemónicos y de las propias feministas. Resta añadir que las contradicciones, inherentes a tales procesos, también impiden que puedan ser apreciados con justicia.

Esto conduce a una pregunta honda y sincera: ¿hasta qué punto se reconoce el factor de la individualidad psicológica asociada a la diferencia cultural? Al mismo tiempo, puede conferir otras posibilidades de análisis y lenguajes mucho más variados para el discurso y la práctica feminista, al grado de subvertir y descentrar los propios paradigmas (textos, contextos y pretextos).

### 4.La formación genérica-intercultural como descubrimiento del "propio lugar" y la "relación" con el conocimiento

La introducción del discurso multicultural y la crítica realizada por los feminismos, llevó a superar una etapa que tendía a minimizar o suprimir las distancias culturales entre las mujeres, así como su peso e incidencia en su vida cotidiana. Y supuso aceptar que se estaba operando a partir de una jerarquía y modelo de transgresión supuestamente exportable a nivel universal, de acuerdo con las especialistas de la materia. Este nuevo posicionamiento y toma de conciencia, todavía no parece alcanzar a todas ellas, que mantienen una ceguera con respecto a la mayoría de las mujeres y su situación. No se trata de negar los avances y aportes de los feminismos, sólo de llamar la atención sobre la cuestión de su falta de reconocimiento como sujetos capaces de generar conocimiento y prácticas innovadoras.

Desde la perspectiva del enfoque socioantropológico e intercultural asumimos que existe una diversidad de tradiciones culturales en las que viven y de las que forman parte las mujeres. Sus diferencias y procesos no han sido suficientemente visualizados y tenidos en cuenta, a causa de la dificultad de poder dialogar con la diferencia y aceptarla, sin pretender reducirla, traducirla o interpretarla ("síndrome de Occidente")[9].

Los caminos o encuentros interculturales se caracterizan por ser de "ida y vuelta". Son relaciones establecidas siempre desde un doble código, a descifrar y que pasa por preguntarse ¿Qué conocemos de la propia realidad social y cultural y las de otras culturas? ¿Cómo las vemos y nos ven?, ¿Qué postura tenemos y tienen frente a la discriminación? Además, interpelan y pueden conducir a denunciar al monopolio de la cultura hegemónica o generar cierta inflexióncrisis personal, conflictividad y choque cultural (De Vallescar, 2000, p. 350 e segs).

Las raíces que originan el comportamiento transgresor de las mujeres y su proceso, se relacionan íntimamente con su contexto, que interpela y conduce a generar un tipo de transgresión. No todas las mujeres recorren el mismo camino, avanzan o ganan los mismos espacios, ni se ven afectadas igualmente por los condicionamientos u obstáculos. La articulación existente entre ese comportamiento y proceso transgresor de las mujeres y las exigencias planteadas por el contexto apuntan a la necesidad de superar límites prefijados, ya sea por la propia personalidad o la sociedad, la cultura, la religión. A efectos de análisis se requiere crear formas de acceso (propedéutica) y de entendimiento o comprensión, que no se identifican únicamente con el ejercicio del poder y del control del otro.

Las disidencias emergentes entre las mujeres, dirigidas al interior de los feminismos y, las establecidas entre mujeres y hombres, confirman la dificultad de construir lo femenino y salirse de la mirada dominante. La apertura a lo imprevisible, que muchas veces, emerge, a primera vista, como ininteligible, es necesaria. Este mismo debate representa la posibilidad de construir la realidad de modo alternativo, lo que afecta a las epistemologías, las diversas disciplinas, la acepción misma de cultura y sus relaciones, la crítica masculina, etc.

---

[9] Así bautizada y denunciada por Panikkar (1990) o las propias feministas como Lippard (1990) y la crítica postfeminista de la década de los años 90.

Desde una perspectiva educativa, se vuelve necesario partir de una nueva semiótica, que permita evaluar y actualizar conceptos y herramientas de análisis y la movilización de todas las áreas del conocimiento en nuevas direcciones (teoréticas, epistemológicas, diferencias e identidades, intercambios y relaciones de comunicación, la semiótica de la cultura y sus prácticas, el fenómeno de la globalización en sus tiempos, espacios e identidades...). Sin denegar la contribución de los feminismos hacia la premisa de la igualdad de oportunidades de las mujeres con respecto a los hombres, en distintas áreas, como la educación, el trabajo y los salarios, la política y sus derechos cívicos (sufragio y representación política), etc. Su impulso efectivo se percibe a través de varios indicadores: cada vez son más las mujeres que trabajan fuera del hogar, alcanzan una mejor remuneración, intervienen en la política y la cultura. Esa premisa, en el nivel de principio y de realización práctica, es comúnmente aceptada. Incluso, el análisis internacional de la economía, la política y las sociedades, va asumiendo la perspectiva de género[10]. Tampoco podemos ignorar que existe una reflexión acumulada sobre la desigualdad de los sexos, con representantes que van desde Mary Schelley Wollstonecraft y John Stuart Mill a Germaine Creer, Gloria Steinem y Bety Friedman, pasando por Simone de Beauvoir, entre otras/os.

Con todo, no deja de llamar la atención la poca resonancia que tienen los feminismos en muchas mujeres y, resultan ajenos, para muchas mujeres de otras culturas como las asiáticas, africanas o latinoamericanas. Da la impresión de que siempre estamos comenzando de cero, como si los feminismos no hubieran existido y, salieron del escenario de la historia, sin dejar apenas rastro alguno.

Creemos que acontece algo de fondo. Han fallado en su transmisión de la experiencia de una generación a otra de las mujeres, no sólo con respecto a las mujeres cultas, informadas y politizadas de nuestras sociedades, sino también a las de otros estratos sociales y a las mujeres de distintas culturas. No es que hoy se les prohíba (al menos directamente) la escritura (sinónimo de formación pero también de cultivo y traspaso de la memoria histórica) al igual que a los esclavos en otros tiempos, según anota Nawal el Saadawi (2002, p. 12). Por lo menos, no es el caso de todas las sociedades. No obstante, prevalece esa ausencia de memoria junto con la ignorancia o falta de interés por lo que hicieron otras mujeres. Si las dinámicas del poder de los hombres son abiertamente llamativas (tal es el caso de las mujeres en Afganistán y los

---

[10] Recordemos como el Banco Mundial: *Gendered Development* (2001), llega a la conclusión — entre otras — de que los países que promueven los derechos de las mujeres y facilitan su acceso a la educación y la riqueza gozan de menos pobreza, corrupción y un mayor crecimiento económico. Asimismo, el informe de las Naciones Unidas, intitulado *Estado de la población mundial* (2000), que recoge datos sobre el costo económico de la violencia contra las mujeres en distintos países.

talibanes, las viudas que son quemadas o aquellas mujeres que llegan al matrimonio sin dote y son maltratadas por el marido en la India, etc.), vuelve a emerger la reivindicación de la igualdad y dignidad de las mujeres. Pero, en lo cotidiano de nuestras sociedades modernas, cuesta mucho desvelar y tomar conciencia de esas dinámicas de dominio subyacentes.

Muchas veces, la reflexión feminista quedó encerrada en los espacios de las universidades y con un lenguaje y aparato epistemológico, poco accesible, ya sea en la construcción de su discurso, la selección de temáticas o los énfasis realizados. Sin olvidar que procurar asegurar y mantenerse en este ámbito, tuvo (y tiene) un precio muy alto, debe considerarse el descuido de la investigación con respecto a la vida y circunstancias de muchas mujeres (contextualización), sus grupos y asociaciones. En el fondo, la idea que las mujeres ya integraban un grupo constituido, con idénticos intereses y deseos, aún cuando factores como la clase, la localización o contradicción étnica o racial, continuaban teniendo peso. Sucede algo semejante con la noción de género — o patriarcado — aplicada en sentido universal e intercultural, sin apenas distinguir matices. Debe añadirse que los primeros ciclos de la enseñanza tampoco recibieron suficiente atención. Las historias (autobiográficas) de las mujeres en la actualidad permiten descubrir nuevos signos y espacios de liberación en sus vidas (Sarmiento, 2002).

Un proyecto de formación intercultural, siguiendo a Fornet-Betancourt, que arranque de las universidades o instituciones de enseñanza superior, debiera analizar los planes de estudio cuyos contenidos esenciales se centran en casi exclusivamente de la "cultura científica" de la sociedad hegemónica de ayer y hoy. Así se busca mantener las condiciones epistémicas para la perpetuación de un modelo o ideal de conocimiento vendido bajo el rubro de universal, que avala una serie de prácticas e intereses de poder de los grupos hegemónicos (Fornet-Betancourt, 2004).

Desde una perspectiva contextualizada, intercultural y genérica, se trataría de examinar críticamente la enseñanza impartida y las tradiciones en las que se asienta (¿Desde *dónde* enseñamos lo que enseñamos?), con el fin de *detectar los vacíos, las ausencias y los silenciamientos en el sistema educativo de la sociedad hegemónica*. Pero, interesa subrayar, que estos son visualizados y, por tanto, asumidos como *otros puntos de vista sobre el sistema social y epistémico hegemónico* y, no simplemente carencias que se remedian con determinadas reajustes del sistema. Significa que representan, de hecho y por derecho, *universos alternativos de saber y de convivencia humana* y reivindican *el derecho a descolonizar la educación y la convivencia* vigente para elaborar un nuevo contrato basado en el *diálogo, la interacción e intercambio y, sobre todo, para la recreación ecuménica de la universalidad que supera el horizonte de la tolerancia porque va creciendo por la práctica de la convivencia y de la paz.* El desafío de *interculturalizar saberes, sus formas de aprendizaje y de transmisión* debe entenderse en un doble sentido. Primero, recuperando memorias silenciadas o colonizadas. Segundo, en su *sentido proyectivo prospectivo de intercambio e interacción entre tradiciones vivas* que reclaman su lugar como sujetos de pleno derecho (Fornet-Betancourt, 2004).

El papel del currículo es crucial, pues refleja en su estructura y conformación, una selección de saberes y tradiciones, prioridades, así como valores clave para ser experimentados o descubiertos por los formandos. Lo que necesariamente supone la exclusión de otros valores y perspectivas… ¿Qué suelen aprender a través de este currículo? y ¿cómo podrían desenvolver otras visiones y percepciones diferentes de la realidad? En esta línea, resulta esencial, revisar que otra información, cambios, prioridades, desafíos o valores pueden ser incluidos.

En el caso específico de un proyecto genérico e intercultural, que pretende abrirse a otras mujeres, recuperar sus sabidurías y sus distintos itinerarios de liberación, es imprescindible explorar su lugar e historias, en estrecha relación diversas facetas de su identidad y las "relaciones" con el conocimiento. El vínculo entre mujeres que pertenecen a la academia y el de las mujeres noacadémicas y/o sinescuela, así como procedentes de otras culturas, también debe ser contemplado, desde sus experiencias de aprendizaje y conocimiento, que les llevan a mantener diversidad de discursos. En esa línea es útil preguntarnos:

•¿Qué tipo de aprendizajes (competencias) y estrategias adquirieron y cómo los cultivaron para superar dificultades y sobrevivir en lo cotidiano?

•¿Cuáles fueron sus contextos de desenvolvimiento y los mayores obstáculos a los que se vieron enfrentadas?

•¿Qué actitudes asumieron ante desafíos familiares, sociales y profesionales?

•¿Qué personas, contextos y situaciones funcionaron como impulso de sus aprendizajes?

•¿Cuál es su percepción actual de la vida y su situación personal?

Hay mujeres que no pertenecen a la academia, o proceden de niveles sociales empobrecidos, pero eso no debería ser obstáculo para dejar de reconocer, difundir y asumir sus logros. Domitila Chungara, una mujer indígena boliviana y minera, al asistir a la Primera Conferencia Internacional de la Mujer en la ciudad de México (1975), declaraba que su objetivo al reunirse con otras mujeres latinoamericanas era *"para dar a conocer los problemas comunes y en que consistía su promoción. También dijimos que, para nosotras, el trabajo primero y principal no consiste en pelearnos con nuestros compañeros sino con ellos cambiar el sistema en que vivimos por un otro, donde hombres y mujeres tengamos derecho a la vida, al trabajo, a la organización"* (Viezzer, 1976, pp.224-226). Ese camino ¿ha de ser menospreciado? Puede que no convenga a muchas mujeres pero es una de las opciones posibles.

## A modo de cierre, algunas conclusiones:

Tomar en serio un proyecto educativo de género e interculturalidad, no es otra cosa que:

1. Asumir la idea de Freire, quien señala: *nadie ignora todo, ni sabe todo* (Freire, 2000, p.69). De hecho, todos sabemos e ignoramos algo. Las mujeres no son la excepción, aún las "sinescuela" o pertenecientes a "otras culturas". Preguntarse por sus procesos de liberación, significa, no sólo analizar las causas por las que no tuvieron acceso a una educación escolarizada para un mejor desarrollo, o las diferencias culturales y sus restricciones, sino también, significa acentuar esa falta o denegación de oportunidades y alternativas educativas formales y, los aspectos potenciadores de sus experiencias liberadoras, en sentido objetivo y subjetivo, formal e informal. Porque todo ello nos ayuda a clarificar sus procesos.

2. Considerar que se puede aprender de otras mujeres, sus experiencias y modos de desarrollar su vida. Los feminismos tienen que pasar por una transformación intercultural para ser más permeables a la pluralidad cultural y mostrar mayor valoración profunda de la misma, en el nivel de los hechos, los derechos y los discursos utilizados[11]. Las mujeres sufren una condición de desigualdad traducida a marginación y exclusión, sobre esa base se encuentran determinadas relaciones sociales y culturales, unidas a una falta de oportunidades.

3. Atreverse a leer las propias experiencias de esclavitud con otros ojos… Es difícil acceder a la experiencia y reflexión de otras mujeres captar con justeza sus vetas liberadoras, cuando muchas veces no ha habido informantes o sus portavoces han sido principalmente los hombres. Pero, es indudable, que nos devuelven una mirada distinta que puede ayudar a reconocer las propias esclavitudes. En esa línea, puede citarse, por ejemplo, a la escritora marroquí, Fátima Mernissi, galardonada con el Premio Príncipe de Asturias por su libro *El Harén de Occidente* (Mernissi, 2001). En este plantea su visión de la esclavitud de las mujeres occidentales cuya presencia pública y profesional se encuentra acotada por una frontera interior[12], en íntima relación con la de la edad y la exigencia de determinadas medidas corporales (talla 38), mientras que, para las mujeres orientales, la frontera es establecida desde exterior, en su modo de vestir y el espacio que habitan (harén).

---

[11] Fornet-Betancourt muestra la necesidad de una transformación intercultural de la filosofía latinoamericana, desde la epistemología y la hermenéutica. Pueden ser un ejemplo para imaginar el paso a la transformación intercultural de los feminismos (Fornet-Betancourt, 1994, pp. 24-98).

[12] Sólo el año pasado en Argentina, se manifestó la preocupación por adoptar medidas legales para combatir la discriminación sufrida por el físico exigido a las mujeres, que cada vez trastorna la vida de mujeres más jóvenes (anorexia, bulimia…) e impuso en los almacenes de prestigio la venta exigida de artículos de ropa para mujeres de una talla mayor que la "38" (o sea, de todas las medidas). Algo raro y bien esporádico, en la mayoría de nuestras sociedades modernas.

4. Aceptar que ellas representan un colectivo o sujeto plural/diferente en el nivel psicológico, biológico, cultural y sexual, cada una con su propia historia, aunque fueron víctimas de arquetipos, estereotipos, modelos, papeles/funciones. Es preciso dar visibilidad a los distintos procesos de liberación individual, frecuentemente poco llamativos, no sólo para sugerir nuevas formas o alternativas, sino porque cada uno de ellos representa la posibilidad de generar condiciones de liberación para todas.

La auténtica y equitativa repartición cultural de poderes, pasa por el poder ordenar y reconfigurar la contextualidad. Esto impone, reconocerla, descifrarla y darle su lugar. Las distintas culturas tienen formas distintas de acceder a la realidad y de valorarla, es decir, poseen hermenéuticas que implican su propio aparato conceptual y modo de funcionamiento. La cultura general en la que vive y crece una persona, le confiere su entorno y tiene un impacto significativo en su aprendizaje, retención y transformación de la información y de los conocimientos que recibe. Así como en los comportamientos transgresivos que forja. Todo esto, implica, de una parte, comprender que la verdad es relativa y que el significado de un evento depende del contexto en el que acontece y del marco de conocimiento utilizado por la persona que conoce para poderlo comprender. En este nivel se percibe que el conocimiento es construido (no dado), contextual (no absoluto) y mutable (no fijo) (Field Belenky, McVicker Clinchy, Goldberger, Mattuck Tarule, 1997, p. 910).

Puede que ser que todavía sea pronto para escribir una historia del pensamiento feminista, no obstante, si éste se considera como un medios escogidos por ellas para situarse en la realidad, así como para rediseñar la condición "femenina" (R. Braidotti), entonces, parece más pertinente abrirse a la experiencia de todas las mujeres (mujeres no universitarias, mujeres sin formación académica, mujeres populares…). Aproximarse a sus conquistas y reflexiones, con un estilo más dialógico, en vez de pretender llevarlas a todas a remolque, ensayando lo que L. Puigvert nos sugiere: el feminismo dialógico (Puigvert, 2001, pp. 11-13). Escuchar sus voces diferentes, interpretaciones y teorías, intentando comprender y buscar argumentos para refutar, afirmar o replantear su situación asimétrica. Así como revisar sus modos de conocer y los patrones de conocimiento utilizados, un pozo todavía bastante poco explorado.

## Referencias

A.A.V.V. (1994). *Chiapas ¿Y las mujeres qué?* In *http://creatividadfeminista.org/libros /chiapas1_indice. htm*

Arnal, M. (2006). 'Transgresión'. In *http://www.elalmanaque.com/junio/29-6- eti.htm*.

Beauvoir, S. de (1981). *El segundo sexo.* Madrid: Aguilar.

Cavana, M. L. (1995). Diferencia. In C. Amorós (dir.), *Diez Palabras Clave sobre Mujer* (pp. 85-118). Estella (Navarra): EVD.

Cobo Bedia, R. (1995). Género. In C. Amorós (dir.), *Diez palabras clave sobre mujer*. Estella (Navarra): EVD.

Condorcet; De Gouges; D'Alembert y otros. (1993). *La Ilustración olvidada. La polémica de los sexos en el siglo XVIII* (Alicia Puleo, ed.). Barcelona: Anthropos.

De Vallescar, P. D. (2000). *Cultura, multiculturalismo e interculturalidad. Hacia una racionalidad intercultural*. Madrid: PS.

De Vallescar, P. D. (2004a). Género e Interculturalidad: Una cuestión abierta. In Neusa Vaz e Silva & J. Miguel Back (orgs.), *Temas de Filosofía Intercultural* (pp.91-112). Porto Alegre (Brasil): Nova Harmonia.

De Vallescar, P. D. (2004b). La Filosofía en Europa y la cuestión de género. In R. Fornet-Betancourt (Ed.), *Interculturality, Gender and Education*. Bd. 19 (pp. 181-220). Frankfurt am Main / London: IKO Verlag für Interkulturelle Kommunikation.

De Vallescar, P. D. (2005). El impacto del género en la filosofía Latinoamericana. *Utopía y Práxis Latinoamericana*, 31, 7992.

El Saadawi, M. (2002). *Prueba de Fuego*. Barcelona: Ed. Bronce.

Field Belenky, M., McVicker Clinchy, B., Goldberger, N. R., & Mattuck Tarule, J. (1997). *Women's Ways of Knowing. The Development of Self, Voice, and Mind*. New York: Basic Books.

Fornet-Betancourt, R. (2000). *Interculturalidad y globalización*. Frankfurt am Main: IKO Verlag für Interkulturelle Kommunikation.

Fornet-Betancourt, R. (2004). Introducción. In FornetBetancourt, R. (Hrsg). *Interculturality, gender and Education* (pp. 15-20). Frankfurt am Main/London: IKOVerlag für Interkulturelle Kommunikation.

Fornet-Betancourt, R. (1994). *Filosofía Intercultural*. Méx.: Universidad Pontificia de México.

Freire, P. (2000). *Pedagogía del oprimido*. Madrid: Siglo XXI.

Lippard, L. (1990). *Mixed Blessings. New Art in Multicultural America*. New York: Pantheon Books.

Mecí, V. (2000). María Soledad no es sólo hija nuestra sino de todos los que reclaman justicia. In *Clarín digital, http://old.clarín.com/diario/2000/09/10/s05001.htm*.

Mernissi, F. (2001). *El Harén en Occidente*. Madrid: Espasa Calpe.

Mernissi, F. (2005). *El hilo de Penélope*. Barcelona: Lumen.

Mizrahi, L. (1992). *La mujer transgresora*. Barcelona: Emecé.

Moliner, M. (1998). 'transgredir', 'transgresión'. In *Diccionario del Uso del Español*. I – Z, Madrid: Gredos.

Panikkar, R. (1990). El mito del pluralismo: la Torre de Babel. In *Sobre el diálogo intercultural*, (pp. 15-70). Salamanca: San Esteban.

Puigvert, L. (2001). *Las otras mujeres*. Barcelona: El Roure.

Reiter, R. (1975). *Toward an Anthropology of Women*. California: Monthly Review Press.

Rosaldo, M. & Lamphere, L. (Eds.) (1974). *Women Culture and Society*. Standford: Standford University Press.

Rovira, G. (1996). *Mujeres de Maíz. La voz de las indígenas de Chiapas y la rebelión zapatista*. Barcelona: Virus.

Saadawi, Nawal el (2002). *Walking through fire. A life of Nawal El Saadawi*. London: Zed Books.

Sarmiento, T. (2002). *Histórias de vida de educadoras de infância*. Lisboa: Instituto de Inovação Educacional/Ministério da Educação.

Sau, V. (2000). Género. In *Diccionario ideológico feminista,* vol. I. Barcelona: Icaria.

Tannen, D. (1996). *Género y discurso*. Barcelona: Paidós.

Viezzer, M. (1976). '*Si me permiten hablar...*' *Testimonio de Domitila, Una Mujer de las minas de Bolivia*. Bolivia: s/e.

# CAPÍTULO X

## PLURALISMO DE DERECHO COMO RESPUESTA A LOS DESAFÍOS DEL DERECHO A CAUSA DE LA GLOBALIZACIÓN Y LA MIGRACIÓN? PERSPECTIVAS ETNOLÓGICAS Y FILOSÓFICAS

Matthias Kaufmann[1]

Cuando el 8 de enero de 2008 Dr. Rowan Williams propuso introducir la Sharia en Gran Bretana, recibió por ello protestas masivas. Granizaron peticiones de renuncia. Él no es idóneo para el cargo, el de Archbishop of Canterbury, si no conoce sus tareas, algo así dijo Gerard Batten, miembro del Parlamento Europeo. De parte de los tradicionalistas se insistió en que el sistema de derecho inglés se basa en valores bíblicos y cristianos, los liberales se preocuparon por el estatus social de la mujer y de los homosexuales en una sociedad gobernada por la sharia. Obviamente éste no era el propósito del Arzobispo, quien fue influenciado por las reflexiones, que en lo que sigue deberán ser discutidas, de la politóloga Ayelet Shachar, originaria de Israel y que trabaja actualmente en Toronto. Él se mostró sorprendido por la "hostilidad de las reacciones"; el *Muslim Council of Britain* le agradeció por su bien meditada declaración y lamentó las "histéricas y erroneas interpretaciones" de su discurso. El 3 de julio él recibió protección de nadie menos que del *Lord Chief Justice*, Lord Philips, presidente desde octubre de 2009 de la nueva *Supreme Court of the United Kingdom*, el cual defendió la tesis de que quien se decide voluntariamente por un determinado sistema de regulación, debe también poder utilizarlo.

De escuetas noticias de periódico se pudo extraer[2], que en el otoño de 2008 a puerta cerrada el gobierno británico integró, es decir aceptó, cinco estatutos jurídicos Sharia, los cuales se ocupan de casos de derecho civil como separación conyugal, cuestiones de herencia, pero también de violencia doméstica y cuyas

---

[1] Universidad Martin-Luther de Halle-Wittenberg, Allemania.

[2] *Sunday Times* del 14. y *Daily Mail* del 15. de septiembre de 2008.

DOI: https://doi.org/10.14195/978-989-26-1380-2_10

determinaciones están en vigor de conformidad con una cláusula del *arbitration act* de 1996 y las cuales son coercibles por el *county courts*. Ya desde hace tiempo los tribunales Beth Din dan sentencia con respecto a cuestiones similares en el caso de los judíos ortodoxos. En el estado canadiense de Ontario, la Sharia fue introducida en un apéndice del *arbitration act* de 1991 a comienzos del 2005; después de numerosas protestas el Premier hizo pública la suspensión de esta praxis en un discurso del 11 de septiembre, lo que tuvo lugar definitivamente en febrero de 2006.

De la discusión acerca del pro y el contra de estas maneras de proceder nosotros llegaremos en los presentes desarrollos al evidente reconocimiento de que entre tanto las así llamadas democracias occidentales han sido alcanzadas también por un fenómeno con el que una gran parte del mundo se ve confrontado desde hace mucho, a saber, el del pluralismo de derecho. Esta discusión nos pone frente a la pregunta: hasta qué punto debemos aceptar este hecho y dónde podemos salvaguardar posibilidades de configuración. En todo caso, estas posibilidades de configuración podrían ser de naturaleza diferente a las que estamos habituados hasta ahora. La filosofía del derecho ofrece en este contexto sobre un meta-terreno la posibilidad de comprender y describir las formas e intuiciones cambiantes por sí mismas, los paradigmas de derecho y justicia, sistematizar y con ello posibilitar un tratamiento normativo, el cual no apunte a ideales y concepciones que se han vuelto innútilizables. Al mismo tiempo, al interior del "lenguaje de objetos", los argumentos emergentes pueden vincularse bajo un aspecto interno a los principios reconocidos socialmente, lo que debe darse en dos grupos de ejemplos. En primera instancia se debe determinar el problema más de cerca.

## 1. Problemas con el ideal de unidad del derecho

El derecho es un fenómeno global. Con ello no se quiere decir de forma inmediata que habría normas de derecho particulares, válidas de manera global. En primer lugar se debe hacer constancia de que hoy en todas partes del mundo los sistemas de derecho poseen validez en el sentido moderno de la palabra. Si por el momento dejamos de lado los *failed states* como Somalia, entonces compartimos una amplia estructura de órdenes postcoloniales de derecho, en algunas partes de la federación rusa quizá aún coloniales, con los estados nacionales tradicionales, por así llamarlos.

Tradicionalmente se puede señalar una tendencia a la unanimidad normativa como un rasgo común de tales sistemas de derecho, o, en todo caso, una búsqueda de una unanimidad normativa, la cual es presentada e interpretada de maneras diferentes por diversos filósofos del derecho. En Hans Kelsen encontramos la conocida construcción del edificio por etapas jerárquicas del orden de normas con la norma fundamental hipotética a la cabeza (Kelsen, 1960, p.

228 ss), en la cual la ya evocada imagen de la pirámide sugiere un modelo monolítico del derecho. Por el contrario H.L.A. Hart interpreta el derecho como unidad de normas primarias y secundarias (Hart, 1994, p.79ss). En un ficticio sistema "primitivo" de derecho, el cual contiene sólo ordenamientos primarios e inmediatos y reglas distributivas, él ve principalmente tres problemas. El primero sería la inseguridad de saber cuáles reglas son válidas, segundo el carácter estático de las reglas, las cuales no podrían ser ajustadas a nuevas condiciones y tercero la ineficacia, pues los fraccionamientos de la regla no son claramente verificables ni trazables eficazmente.

Contra estos problemas Hart (1994, p. 91 ss.) cita tres remedios bajo la forma de reglas secundarias. Éstas son:

i) La regla de conocimiento (regla de reconocimiento, *rule of recognition*), la cual determina de qué manera reglas de derecho son identificadas como tales. Dado que esto es la Praxis completa de la generación del derecho al interior de los sistemas modernos de derecho, Hart habla aquí de una regla social, cuya existencia tan solo puede ser constatada, que no se puede justificar más mediante una regla más general y con respecto a la cual por esta razón tiene tan poco sentido la aseveración de validez como en el caso de la afirmación "el metro original debe ser de un metro de largo" no tiene ningún sentido decir que dicha afirmación es verdadera o falsa (Hart, 1994, p. 109). Ella existe "solamente como una compleja, pero normalmente coordinada Praxis de los tribunales, funcionarios y personas privadas, cuando ellos identifican lo que es el derecho con la ayuda de criterios seguros. La existencia de la regla de conocimiento reposa en esta clase de facticidad" (Hart, 1973, p. 155; Hart, 1994, p. 110). Se trata pues de una praxis viva, la cual, a partir de las perspectivas internas de los afectados, posee un normativo carácter fáctico con respecto a la perspectiva externa. Al interior de la teoría de Hart la regla de conocimiento reemplaza a la norma fundamental de Kelsen. Si bien el discurso de una praxis coordinada refleja usualmente una cierta vaguedad, ella no es con mucho una construcción hasta tal punto etérea como la norma fundamental.

ii) La regla de cambio, con cuya ayuda órganos legislativos son habilitados por decirlo así para cambiar las reglas o crear unas nuevas cuando sea necesario socialmente.

iii) La regla de decisión, a través de los tribunales y los órganos ejecutivos es entablada para la realización de sus decisiones.

Acá se puede criticar que la relación mutua de las tres reglas permanece subdeterminada con respecto al amplio carácter de la regla de conocimiento. Son las dos últimas solamente especificaciones de la primera, si no, ¿dónde se traza los límites? Veremos inmediatamente que las otras dos reglas no son de modo alguno irrelevantes para un sistema moderno de derecho. Además, debido a su carácter extraordinariamente complejo, el enganoso discurso de *una* regla de conocimiento parece tener la intención de sugerir precisamente aquella unidad del sistema de derecho, la cual representa según Kelsen (1960, p. 197) una de las tareas a ser instauradas por la norma fundamental. Sin embargo la idea de que esta unidad es un rasgo esencial del derecho permanece en píe.

Acá no debe ser aclarado si es cierta, y en qué medida lo es, la crítica de Ronald Dworkin del positivismo de Hart, es decir, de la "existencia de un test de procedencia de las reglas de derecho", el cual justifica la tesis de una sepa-ración entre derecho y moral (Dworkin, 1978, p. 33 ss). Parece procedente la indicación de que la "*rule of recognition*" o bien admite elementos morales de justificación y por ello no es adecuada para la separación entre derecho y moral o bien excluye, y por tanto no abarca, la totalidad de los procesos de creación del derecho (Kaufmann, 1996, p. 190 ss). Para nuestra conexión es decisivo que Dworkin califique a la "*integrity*" de ideal y de valor indicativo de su concepto de derecho, entendido como interpretación creativa, es decir, la obtención en lo posible de una gran unanimidad normativa con respecto a los principios comunes de una sociedad, a lo cual está vinculado su juez ideal de nombre Hércules. A esto corresponde su "*rigth answer thesis*", la concepción de que hay de cada problema de derecho, de cada caso concreto de derecho, precisamente una solución correcta en el sentido del ideal de integridad (Dworkin, 1986, p. 239 ss, 333 ss).

La imagen común del derecho, la cual está presente en estos tres muy in-fluyentes teóricos del derecho del siglo XX y que se ve confirmada por un gran número de otros autores, muestra pues al derecho esencialmente como el conjunto de estructuras administrativas, de las leyes promulgadas por un legislador democrático y de las actividades de derecho privado, las cuales son implementadas, ejecutadas e interpretadas según principios estatales de derecho vinculados al ideal común de unidad y integridad.

El problema al cual se ven enfrentados muchos sistemas de derecho de este mundo es que esta forma de derecho, esta aceptada unidad entendida de manera muy obvia como ideal, en ciertos contextos se desvía tanto de la realidad jurídica que surge la pregunta de si ella se debería mantener como meta en el terreno normativo o más bien se debería optar por una u otra forma de relativismo de derecho o buscar alguna otra solución.

Esto tiene ante todo dos razones: en primer lugar el derecho internacional se ha desarrollado de múltiples maneras. A los estados reconocidos como suje-tos tradicionales de derecho se les ha sumado en primera instancia el Comité Internacional de la Cruz Roja (cf., por ejemplo, Kimminich, 1993; Ziegler, 1994), después incluso las ONGs, además asociaciones supra estatales como la UE, pero también la UN. Dado que junto al derecho internacional interestatal se desarrollan progresivamente un supranacional y un transnacional (es decir económico) derecho público (Hobe, 2008; Herdegen, 2009), no se plantea más desde el punto de vista jurídico y filosófico la pregunta durante largo tiempo dominante de si se debe dar un dualismo entre derecho de estado y derecho internacional o si se debe aspirar a un monismo, sino más bien cómo se debe proceder normativamente con respecto al hecho del pluralismo de derecho.

El concepto "pluralismo de derecho" acuñado presumiblemente por Gilissen (Vanderlinden, 1972), entre otros, ya en 1972 ha sido introducido de manera creciente en los últimos anos de parte de la etnología del derecho, en particular para describir la situación jurídica de numerosos estados postcoloniales; entre tanto, para describir esta misma situación se desarrollan paralelos todavía más claros también en los así llamados estados occidentales.

*Ésta es la segunda razón del desmoronamiento del ideal de unidad: el sistema de derecho estatal decretado inmediatamente después de la época colonial, en parte aún influido por ésta, y en parte, sin duda, más bien reconstruido en forma de nuevas tradiciones vivas de derecho, las cuales se conectan en algunos terrenos con la Scharia o compiten también con ella, compite en muchos lugares con tradiciones de derecho nuevamente fortalecidas, Además, frecuentemente el derecho de las Naciones Unidas viene aún con la petición de cumplimiento de los derechos humanos y las apremiantes ONGs (von Benda-Beckmann, 2002; von Benda-Beckmann & von Beckmann, 2007) para la realización de estas exigencias.*

Permítaseme ilustrar este suceso en dos regiones bien investigadas jurídica y etnologicamente. Yo me baso en dos investigaciones, que Franz y Keebet von Benda-Beckmann desde los anos setenta en Indonesia y Bertram Turner desde hace más o menos quince anos en Marruecos han llevado a cabo (von Benda-Beckmann & von Benda-Beckmann, 2005, 2006; von Benda-Beckmann, von Benda-Beckmann, & Turner, 2007; Turner, 2006).

## 2. Ejemplos de un pluralismo de derecho en Sumatra occidental y Marruecos

En el siglo XIV o XV el Islam encontró en Minangkabau en Sumatra occidental una sociedad de pequeñas repúblicas bajo el derecho de la así llamada Adat y con estructuras sociales determinadas matrilinealmente, tanto en lo que respecta a la herencia de bienes y transmisión de cargos políticos, como también a las reglas de residencia. Después del matrimonio los hombres vivían en la casa de las mujeres; si bien el parentesco de padres (hombres) e hijos fue aceptado, no tenía sin embargo casi ningún significado jurídico. En este ambiente el Islam fue aceptado como religión durante largo tiempo y preferido a las religiones originarias, produjo sin embargo muy poco efecto sobre las estructuras de derecho, a excepción de algunos empréstitos verbales, hasta que en los inicios del siglo XIX se produjo una guerra entre los reformadores islámicos influenciados por el Wahhabismo y los leales a la Adat, los cuales después invocaron la ayuda de los holandeses, quienes a raíz de ello ocuparon el país. Desde entonces ambas tradiciones vivieron una con la otra y una al lado de la otra, en continuas disputas con respecto a las leyes de sucesión, las cuales mostraron finalmente la superficialidad de la lucha por una verdadera autoridad y de igual modo de las continuas pero claramente cuestionables declaraciones de harmonía. En los anos 80 del siglo XX fueron relegados los Adat a causa de una reforma administrativa, mientras que el Islam se convirtió en una instancia moral en contra de la corrupta dictadura Suharto. Después de su caida, los Adat resurgen en el ano 1999 con la descentralización y sus representantes usan el modelo de legitimación islámico para revaluar legitimamente las acciones propias y *vice versa*. La obra maestra de esta particular simbiosis es una *fatwa*, expedida en el ano 2000 por la alianza de los consejos populares de Adat de Minangkabau, la cual legitimó el traspaso, realizado por el gobierno, de un bien popular a una fabrica de cemento por absolutamente nada. Así pues se hizo uso al menos lingüísticamente de uno de los instrumentos importantes de los competidores sociales para afirmar el derecho propio contra el derecho estatal. En parte los representantes del renacimiento Adat son los que hoy ocupan los cargos correspondientes, personas que en lo absoluto han crecido en la población, sino funcionarios, docentes, comerciantes, los cuales se fían de la historia de estas tradiciones de derecho sólo de manera muy limitada y ellas pocas veces de manera muy selectiva se acomodan a la situación o también a sus intereses (von Benda-Beckmann & von Benda-Beckmann, 2005, 2006; von Benda-Beckmann, von Benda-Beckmann, & Turner, 2007; Turner, 2006).

Una reposada situación en parte paralela y en parte algo distinta hallamos en Marruecos, en donde las prácticas locales experimentaron un fortalecimiento a causa de motivos similares. Para la población del campo, la así llamada "urf" (Turner, 2006, p 109 ss) es la primera fuente de derecho para sus exigencias, la cual según el entendimiento propio de la población rural se presenta en una conexion tan evidente con el Islam, que "no tiene sentido" "diferenciar entre el derecho consuetudinario y el derecho local islámico" (von Benda-Beckmann, von Benda-Beckmann, & Turner, 2007, p. 18). Además del derecho local islámico, en estas regiones existe aún el derecho islámico estatal y religioso, la Sharia. El estado de Marruecos fomenta estos desarrollos locales para actuar en contra de las influencias venidas de fuera de parte de actores globales, ya sea de grupos de derechos humanos, ya sea del fundamentalismo islámico. Aquí el fortalecido derecho local del campo eleva, a partir de instancias ciudadanas y estatales, la pretensión de restituir la verdadera Sharia y que de esta manera sirva, junto con la capacidad de regulación regional, de método de defensa contra pretensiones supraregionales de poder islámico. También acá los representantes de este retradicionalismo son entre tanto no necesariamente los trasmisores originarios de las antiguas tradiciones, sino instancias interesadas, usualmente estatales.

Más importante que la fidelidad histórica a los detalles de estas construcciones jurídicas se muestra en todo caso la legitimidad conferida a través de la tradición y la conexión regionales, la cual es puesta en juego contra el estado, a veces contra los diversos *global players* — se habla acá del fenómeno de la glocalización. En algunos casos estas autoridades locales son posibles en las zonas, en las cuales el estado quizá no está dispuesto más o no es capaz de llevar a cabo la repartición de recursos u otras de sus tareas, un estado, que posiblemente está presto a la injusticia y corrupción para hacerse respetar. Con ello se pasa por alto de manera intencional o también voluntaria que, de su parte, estas reglamentaciones perpetúan frecuentemente injusticias, por decirlo así, en la relación que ambos sexos tienen entre sí. No pocas veces participan en esto organizaciones nacionales y extranjeras no gubernamentales, con el fin de legitimar tradiciones supuestas o reales como una garantía de relaciones sociales justas y eficaces modelos económicos. Así, en las islas Molucas en Indonesia oriental se destaca el típicamente moluco y anticolonial rasgo de la reglamentación sasi, de un tipo de regla de veda y de tierra de cultivo para determinadas frutas y determinados tipos de peces, y se ignora que la forma en la cual ella es usada fue copiada de un decreto correspondiente a la administración colonial holandesa, la cual se diferencia completamente de la tradición precolonial. Incluso en algunos casos se ha expresado la sospecha de que en ciertas regiones se habrían restaurado de manera selectiva algunas nociones tradicionales de valor, que prohíben a la población indígena la participación en el uso económico de los recursos, los cuales por ello son explotados por parte de otros agentes. "Lo que el derecho tradicional es o debe ser es negociado en distintas coaliciones de actores locales, nacionales y transnacionales en distintas arenas" (von Benda-Beckmann, von Benda-Beckmann, & Turner, 2007, p. 26 ss).

Para nuestra conexión es importante una continua yuxtaposición y convivencia de tres formas de derecho, la "coexistencia de un derecho no estatal con un derecho estatal", por lo cual el entendimiento etnológico del derecho recurre explícitamente a un concepto de derecho, que "no se basa en un acoplamiento directo al estado" (von Benda-Beckmann & von Benda-Beckmann, 2005, p. 90). Ciertamente este pluralismo de derecho existió antes del estado colonial y postcolonial, aquél sólo ha complicado las relaciones, por decirlo así.

Si analizamos esta situación con el aparato conceptual de Hart, vemos que aquí existen tres reglas distintas de conocimiento una al lado de la otra, en parte de manera conjunta y en parte en competencia y rivalidad. Para una de estas reglas de conocimiento, a saber la estatal, hay reglas de cambio fijas, mientras que las otras se acomodan a los hechos de una forma muy diferenciada y con frecuencia difícil de pronosticar. Su transformación depende de relaciones locales de poder, de un poder temporal de convencimiento variable y de los intereses y conocimientos de los protagonistas más importantes. Ciertamente no se trata de ninguna manera de lo que Hart había calificado de un orden "primitivo", pues muy probablemente existen reglas secundarias, también una regla decisiva para casos jurídicos cuestionables, la cual combate posiblemente por la hegemonía contra las reglas decisivas de los otros sistemas de derecho. Por ello acá es plausible hablar de un pluralismo de los órdenes de derecho, en lugar de "hábitos" o "costumbres". En muchos sistemas coloniales han subsistido en menor o mayor medida "un derecho de hábito", "costumbres" y cosas similares, pero últimamente, de parte del poder colonial y de sus adeptos regionales a los órdenes formados, también se los ha interpretado a veces como típicos productos coloniales (von Benda-Beckmann, von Benda-Beckmann, & Turner, 2007, p. 20). Por la descolonización la ya mencionada glocalización se dirige a una solidificación de estas estructuras, las cuales parecen adecuadas para hablar de los órdenes de derecho existentes uno al lado del otro, los cuales actúan uno con el otro y uno contra el otro en coaliciones cambiantes.

Mientras que al interior de los resultados investigativos presentados hace poco de manera breve la existencia de un pluralismo de derecho es simplemente diagnosticada, sin que con ello necesariamente fueran vinculadas consecuencias relativistas de derecho, se ha propagado activamente por parte de Ayelet Shachar una dividida jurisprudencia en algunos sectores según pertenencia étnica o también religiosa.

### 3. Jurisdicción dividida en Canada e Inglaterra?

En su estudio *"Multicultural Jurisdictions"* publicado en 2001, el cual, como se dijo, fue la fuente más importante de las propuestas del Arzobispo de Canterbury, Ayelet Shachar propuso para el ámbito del derecho de familia un *"joint governance"*, de parte del estado liberal de occidente por un lado y de parte de los defensores de los respectivos grupos de migrantes por otro lado. Con ello, en el caso de los musulmanes se habría otorgado una misma validez al orden de derecho liberal y a la Scharia; ciertamente los ejemplos de Shachar proceden también en gran medida del contexto de las familias ortodoxas judías. Según ella, se trata de evitar el así llamado "reactivismo cultural", esto es, el intento de estabilizar los grupos de inmigrantes mediante un regreso extremo a leyes, reglas y prácticas tradicionales y de aislarse de una transformación social a causa de una secularización y modernización (Shachar, 2001, p. 35). De acuerdo con la experiencia, tales desarrollos son perjudiciales justamente para los integrantes débiles de estos grupos, porque al mismo tiempo las jerarquías se intensifican al interior del grupo. A causa de su papel esencial en la generación de los futuros integrantes de los grupos, a causa de sus *"reproductive activities"*, particularmente las mujeres viven bajo extremo control y supervisión, los cuales producen un efecto tan negativo, que las reglas de los grupos cumplen el rol de una "legislación no oficial" (Shachar, 2001, p. 76).

Por esta razón, para hacer frente a estos desarrollos, Shachar propone que se conceda y se acepte el desafío de la sociedad multicultural, que alguna gente pertenece más que a una sociedad política, que ellos poseen derechos y obligaciones con respecto a más de una autoridad conforme a derecho. De esta manera nos hallaríamos nuevamente pues en una situación como la que nos encontramos en el pluralismo de derecho, sólo que esta vez es admitida al menos de manera consciente a nivel normativo, aun cuando no sea acogida con beneplácito o no sea apoyada. El fin proclamado es igualar en el caso concreto los intereses del estado con los del grupo y los del individuo, el cual pertenece a ambos (Shachar, 2001, p. 88 ss).

Hay diversas versiones de un mando común: un federal *arrangement* (*accomodation*) supone una concentración espacial de los "grupos-nomoi" (Shachar, 2001, p. 92). En un *arrangement* temporal el estado se aisla de determinados periodos de la vida, por ejemplo del periodo educativo, o él interviene en determinadas situaciones, digamos si se tiene que regular cuestiones de herencia o la subsistencia de los sobrevivientes. Aquí obviamente se da el problema de que en estos periodos de tiempo pueden ser tomadas decisiones irreversibles. Un consuetudinario *arrangement* permite sólo a la persona afectada la decisión acerca de la pertenencia al grupo respectivo y un contingente *arrangement* reserva al estado una posibilidad de intervención "por necesidad". En cierta medida ambos se arriesgan a la arbitrariedad y a la no obligatoriedad de una u otra parte (Shachar, 2001, pp. 103-113).

El *arrangement* transformativo preferido por Shachar parte de que ni el estado ni el grupo relevante ni el individuo, perteneciente a la larga a ambos, permanecen iguales, sino formula que, a causa de este permanente y necesario diálogo dado a través de este arrangement, todos los participantes están supeditados a un cambio (Shachar, 2001, p. 118 ss). Ella espera de los "gruposnomoi" una forma más elevada de transparencia de las estructuras internas de poder a causa de este proceso continuo, pero ante todo a causa de determinadas posibilidades, que ofrecen una salida opcional a los integrantes débiles de los grupos, si, por decirlo así, la decisión de un tribunal de grupos internos no es aceptable. Mejor que la simple posibilidad de entablar un largo y costoso proceso ante un tribunal ordinario, el cual no podría ser mantenido por los afectados a causa de diversas razones — ya sea falta de dinero, a causa de presión social o sencillamente a causa del aislamiento del grupo al que ellos se sienten unidos — y que posiblemente incitaría al grupo a un aislamiento más fuerte, sería un programa de protección, que posibilite una "solución para ellos", garantice una protección financiera y fortalezca su posición de negociación al interior del grupo (Shachar, 2001, p. 134 ss, 138 ss). Potencialmente las mujeres tienen una posición particularmente fuerte, porque sólo ellas podrían posibilitar la subsistencia del grupo.

Si se toma en consideración estas posiciones, entonces es totalmente claro que la propuesta del Arzobispo de Canterbury se trataba de algo distinto al perjuicio de las mujeres musulmanas. De otra parte, seguramente la tesis de Shachar no consiste en repetir los "errores del esencialismo de los grupos", lo cual Sheila Benhabib le reprueba a ella, ni mucho menos en fomentar la "refeudalización del derecho" (Benhabib, 2002, p. 123), un punto al que nosotros aún deberemos regresar. No obstante sigue habiendo un problema: si de esta manera es estipulado legalmente un estatus destacado de un grupo, entonces probablemente se requerira principalmente diferentes reglamentaciones para diferentes grupos, lo que puede llevar a crisis de credibilidad del estado. Fue el *Muslim Canadian Congress* el que ya en agosto de 2004 en el debate acerca de la introducción del Sharia en Ontario alertó que algo de este tipo conlleva para los musulmanes un nuevo sistema de guetos. Además se dieron fuertes protestas de parte de organizaciónes de mujeres musulmanas, pero también judías. Estas reacciones remiten al problema de que la determinación de los jueces (as?) no puede implicar necesariamente representación y legitimación democrática. Además, puesto que de acuerdo con la experiencia la existencia simultanea de diferentes y a la larga no pocas veces concurrentes regulaciones de derecho trae consigo un considerable potencial de conflicto o incluso de violencia para los mismos hombres — hace poco en Alemania hubo durante siglos los tanto conocidos como penosos conflictos entre iglesia y estado —, un reconocimiento de esta clase de un gobierno común parece no recomendable en el mismo contexto, *siempre y cuando* haya posibilidad de otras posibilidades.

Otra cosa ocurre con el ofrecimiento de mediación, que también puede ser hecho por tribunales musulmanes, y del cual un partido sin embargo puede apartarse y dirigirse a un tribunal estatal, si él ve infringidos sus derechos. Una mediación tal a través de una autoridad religiosa reconocida por todos los integrantes al interior de las sociedades religiosas puede manejar mejor en ocasiones la naturaleza social del conflicto que un proceso judicial "justo" aplicado al triunfo y a la derrota, cuyos "triunfadores" posiblemente no logran su objetivo verdadero, es decir, ser aceptados por el grupo con su solicitud. Lord Philips habló también de *mediation* y el Arzobispo parece haber tenido en mente algo parecido. Al estado se le puede colocar de hecho en la dirección del desarrollo de tales directrices, para poner en marcha el proceso de cambio descrito por Shachar. En todo caso, para ello sería importante la apertura de los tratados, exigida como necesaria también por Shachar.

Para el estado democrático es natural pues en el terreno nacional evitar tanto como se pueda un paralelismo y contraposición de los diferentes sistemas de derecho. No se debería desistir fácilmente del ideal de unidad, en la medida en que éste se pueda preservar de manera realista. En el secular estado liberal también se puede contrarrestrar, bajo las premisas de este ideal de unidad, un culturalismo reactivado y una formación de gueto a través de la producción de la apertura y de una transparente creación de decisión en el tribunal arbitral. En las situaciones presentadas hace un momento las opciones no parecen asequibles del mismo modo. Además la glocalización y las minorías culturales eran sólo uno de los campos, en los cuales nosotros estabamos confrontados con el fenómeno del pluralismo de derecho. Más difícil será la conservación del ideal de unidad, si diversas estructuras de derecho se superponen, a causa de la globalización en el terreno del derecho privado, al campo internacional, o también si las regulaciones internacionales intervienen en los derechos nacionales. También sería concebible que consorcios multinacionales se transformen en

Formas democráticas estructuradas con un tipo de sistema interno de derecho, para mejorar entre tanto la transparencia y la responsabilidad de estos factores de poder político tanto impenetrables como influyentes.

Junto al argumento tradicional de la continua amenaza de guerra entre los estados, la solicitud razonable de contrarrestar una "Refeudalización" del derecho con un sistema de derecho válido mundialmente y de transformar el ideal de unidad, la integridad del derecho, en una norma global podría representar otro motivo convincente para una república mundial, para una democracia global. Ésta tiene importantes defensores. A favor de una "verdadera autoridad política", la cual se debe "subordinar al derecho, atener consecuentemente a los principios de la subsidiariedad y solidaridad, la cual debe estar dirigida a la realización del bien común", pero al mismo tiempo, "al ser reconocida por todos, (tiene que) disponer de poder efectivo, para garantizar a toda costa la protección de la justicia y el respeto de los derechos", se pronunció el 29. de junio de 2009 el Papa Benedicto XVI (2009, cap. 5., Rte. 67) en su Encíclica *Caritas in veritate*. Hace ya 10 anos Otfried Höffe (1999, p. 426) había celebrado "la república federal mundial" como "punto culmen" del "edificio global de derecho y democracia". En todo caso esta democrácia global tiene también sus puntos negativos.

## 4. Impide una república mundial el pluralismo de derecho?

Queremos realmente un estado mundial? En primer lugar se debe recordar la afirmación de Kant en su escrito sobre la paz; el asumido estado de derecho internacional de estados independientes sería no obstante uno tal de guerra, ciertamente sería "sin embargo, mejor, según la idea de la razón, que su fusión por una potencia que controlase a los demás y que se convirtiera en una monarquía universal, porque las leyes pierden su eficacia al aumentar los territorios a gobernar y porque un despotismo sin alma cae al final en anarquía, después de haber aniquilado los gérmenes del bien" (Kant, AA, p. 367; Kant, 2005, p. 167). Al anhelo de los estados de alcanzar la paz mediante un gobierno mundial, la naturaleza ha contrapuesto la distinción de los lenguajes y de las religiones, los cuales, como Kant afirma, "llevan consigo, ciertamente, la propensión al odio mutuo y a pretextos para la guerra, pero, con el incremento de la cultura y la paulatina aproximación de los hombres a un más amplio acuerdo en los principios, estas diferencias conducen a coincidir en la paz, que se genera y garantiza mediante el equilibrio de las fuerzas en una viva competencia y no con el quebramiento de todas las energías, como ocurre en el despotismo (cementerio de la libertad)" (Kant, AA, p. 367; Kant, 2005, p.167).

Sin duda Kant se refiere expresamente a una monarquía universal, la cual, según el modelo de la *pax Romana,* edifica por decirlo así aquella paz sobre el cementerio de la libertad, a la cual incluso el estado de guerra daría prioridad. Ciertamente el argumento muestra que las regulaciones legales difícilmente se transforman y se realizan en una forma controlada, para hallar de igual manera una democracia global. A esto se agrega aún el problema de que la concepción de participación no puede ser comprendida de una manera cabal, si el estado sobrepasa un cierto tamano. Desde luego, estos problemas son conocidos por ambos autores mencionados así como por otros, que están de parte de una democracia mundial. Benedicto acentua la importancia de la subsidiareidad, "para no dar vida a un peligroso poder universal de tipo monárquico" (Benedikt XVI, 2009, cap. 5, Rte. 57). Con medios similares Höffe (1999, pp. 317 ss, 320 ss) combate contra "un Leviathan global" y apuesta además por el principio de espacio público".

Sin embargo es posible tener diversas dudas de la *deseabilidad* de una república mundial tal. Quizá los argumentos de algunos de los así llamados Euroescepticos, los cuales surgieron en Alemania en los debates al rededor del juicio del Tribunal Constitucional Federal Alemán del 30.6.09 acerca del tratado de Lisboa[3], pueden ser tomados como un indicio de que también ordenamientos de un poder ultimativo central legitimado democráticamente pueden mostrarse rápidamente, en el uso concreto, como desalmados y sin sentido y su realización como despótica o por lo menos dejarse interpretar de esta manera de parte de un sector interesado. Antes de tanto entusiasmo por la idea de que el tribunal fortaleciera el papel del parlamento nacional se pasó por alto que aquí los jueces por decirlo así también se dedicaban además a una cuestión particular[4].

Para la obtención del poder y del monopolio de autoridad en todas partes de la tierra puede además ser adecuado un nivel considerable de presión militar, la cual es sentida rápidamente como represión. Acá solamente tenemos que pensar en la situación emocional de muchos vascos en la Espana democrática. También los problemas de un pluralismo interno de derecho discutidos hace poco podrían, por lo menos localmente, reaparecer en cualquier momento. Y ciertamente esta presión militar no ofrece de ninguna manera la garantía de que no estalle nuevamente toda clase de guerras civiles de carácter mundial. Para los individuos afectados por esto se da el problema adicional, hasta ahora no conocido por nosotros, de que el camino clásico de ponerse a salvo de la persecución de uno — o también de ambos — de los partidos participantes, a saber el éxilio, no existiría más en un estado mundial.

Teniendo en cuenta el recordado Argumento de los "Euroescepticos" de que a causa de la destrucción de la soveranía estatal el cosmopolitismo niega "a los ciudadanos de muchos países el derecho democrático de gobernarse a sí mismos" (Mouffe, 2007, p. 133), y el segundo punto crítico de que versiones completas del cosmopolitismo suponen "como dado la posibilidad de un gobierno orientado consensualmente, el cual podría rezagar lo político así como el conflicto

---

[3] BVerfG, 2 BvE 2/08 vom 30.6.2009, número de párrafo (1 421).

[4] Martin Höpner, *Frankfurter Rundschau* 2.7.09 aclara este punto en todo caso.

y la negatividad" (Mouffe, 2007, p. 139), Chantal Mouffe toma partido por un "orden mundial multipolar" en el sentido de Carl Schmitt (Mouffe, 2007, p. 151 ss). Ella quiere conservar lo político, lo cual ella en contraposición a Schmitt no ve definido en todo caso mediante la posibilidad real de la lucha armada entre grandes colectividades de hombres con la posibilidad de "negación" física (Schmitt, 1979, p. 29, 33), sino a través de "agónicos" conflictos "entre proyectos hegemónicos incompatibles" (Mouffe, 2007, p. 31), los cuales se deben cumplir de acuerdo con las reglas de la democracia y deben fortalecerla (Mouffe, 2007, p. 45), es decir mediante lo que Schmitt rechaza despectivamente como "miserables" productos auxiliares de la verdadera decisión política para el conflicto entre estados (Schmitt, 1979, p. 32). La ordenación territorial de Schmitt "con prohibición de intervención para poderes de territorio foráneo" es determinada esencialmente mediante el concepto de un poder de ordenación territorial para cada uno de los territorios, el cual se distingue a causa de que él se ha convertido en un material moderno de guerra, con todas las consecuencias (Kaufmann, 1988, p. 366 ss; Schmitt, 1939; 1940, pp. 303-313; 1974). Se puede aceptar que tampoco en este punto Mouffe tiene la intención de seguirlo a él.

Nosotros no tenemos que decidir acá si el intento de Chantal Mouffe de hacer uso de algunos conceptos centrales de Carl Schmitt, sin que esto conlleve las implicaciones facistas, se alcanza con éxito. Así pues con respecto a los problemas de una república mundial, que fueron mencionados arriba, la distribución del mundo en varios territorios grandes no posee ninguna ventaja, para no mencionar el hecho de que se requeriría por otra parte de alguna regulación jurídica de las relaciones entre éstos. De la misma manera en que se dejarían un poco de lado los peligros de una democracia global mediante idóneas institucionalizaciones, en que en además, mediante el ya mencionado énfasis del principio de subsidiareidad, se evitaría la "pérdida de alma" y los alejamientos de la realidad propios de los reglamentos, y en que también una protección de los derechos humanos y de las intensas minorías sería siempre imprescindible para una democracia global — se cree por esto ciertamente requerir de ella —, se podría imaginar entonces de igual manera que tales instituciones benefician a los diversos grandes territorios. No obstante también estarían por resolver, en lo esencial, los mismos problemas, que fueron expuestos en el caso del estado mundial, y las opiniones acerca de las perspectivas de éxito de estas medidas se mantienen del mismo modo divididas. No hay razón alguna para suponer que los problemas planteados disminuirían a causa del pluralismo de derecho, a causa de la cooperación simultanea de distintos ordenamientos de derecho, más bien, las diversas relaciones "transpolares" de derecho de carácter económico distinto representarían un nuevo desafío. Por supuesto, uniones de estados más grandes en cualquier parte del mundo pueden resultar convenientes en diversos sentidos. Sin embargo, la suposición de que al interior de tales lugares de la tierra — Mouffe (2007, p. 153 ss) nombra el mundo islámico, Sudamérica y la jurisdicción de China — el problema del pluralismo de derecho no es virulento, es o bien ingenua o bien da píe para la represión incontrolada de las minorias. Pero dado que se quiere combatir toda represión y concesión de privilegios y promover la democracia, como es la intención de Mouffe, se ha introducido un principio de orden cosmopolita.

Los algo más de dos siglos desde la aparición del escrito de Kant "La paz perpetua" nos han ensenado, por una parte, cuán cuestionable y peligrosa puede ser la violenta o también solamente irreflexiva equiparación de diferencias regionales, culturales y religiosas; por otra parte nos ha ensenado, evidentemente también, que el salvamento de este peligro, la realización de la muy pretendida "política de la diferencia" (Taylor, 1997, p. 28), no se debe buscar seguramente en el separatismo y nacionalismo no refrenados, los cuales producen repetidamente nuevas minorías (Habermas, 1997, p.170).

Si ahora la democracia global es menos atractiva que lo que parecía primero, si además la unión de naciones vista por Kant como sucedánea desfallece ahora y para colmo no se compone seguramente de verdaderas repúblicas, si además la partición del mundo en grandes terrenos no parece brindar la solución, nos entregaremos pues para bien o para mal a un pluriversum de los estados y a un pluralismo de los sistemas de derecho existentes uno al lado del otro y concurrentes uno con el otro, sin poder controlar de alguna manera los enormes conflictos potenciales y los riesgos?

La situación no parece ser totalmente sombría por tres razones: primero, pese a todos los obvios problemas, las Naciones Unidas de ninguna manera han fracasado aún; segundo, hay en la forma de los derechos humanos una medida en principio válida y reconocida por los órdenes de derecho de todo tipo. Actualmente se busca precisamente en la concepción de los derechos humanos aquel "acuerdo basado en principios", el cual posibilita, sobre el terreno de la socidad civil, hacer fructíferas diferencias y particularidades culturales o también económicas al interior del conflicto.

Tercero, con respecto al entendimiento del derecho, uno tendrá que acostumbrase al hecho de que el derecho en lo posible no se determina en general por las decisiones de un aparato de estado soberano en lo posible democrático, sino que representa con frecuencia un proyecto de negociación, en el cual los integrantes, en la medida de lo posible, presentan buenos argumentos a favor de su idea de derecho. En cierto sentido se puede hablar pues de una "refeudalización" del derecho.

## 5. Negociación sobre la base de los derechos humanos

La propuesta presentada aquí radicaría pues en aceptar si bien localmente la imagen de derecho vinculada al ideal de unidad o integridad como posicionamiento, siempre y cuando se pueda justificar de manera realista; sin embargo, en otro caso más general, radicaría en interpretar el derecho como proceso continuo de negociación y respectivamente como un status quo logrado a partir de este proceso. Se tiene con ello dos imágenes de lo que es el derecho, subsistentes una al lado de la otra, las cuales por lo general no se presentan en conflicto: esto representa en este punto la concepción del derecho como posicionamiento que se ha convertido en estándar en la época europea moderna y la cual se ha mantenido en su base, pese a todos las restricciones y relativizaciones a causa de las alusiones a la relevancia de las reglas secundarias, a los principios del derecho, a la *policy* y a cosas similares, aun cuando no se la entiende más como mandato del senor, no del docto — como se afirma con insistencia en Christian Thomasius (1979, p. 152) —, sino como expresión del derecho de un pueblo "a gobernarse a sí mismo", para retomar la formulación de Chantal Mouffe. Según la tesis aquí propuesta, a este derecho positivo, el cual estructuralmente apunta a una unidad y consistencia, no se le *contrapone* principalmente el concepto de derecho como derecho natural, a causa de providencia divina o por otra parte como sistema de normas que se eleva por encima del hombre; más bien, es complementado mediante la imagen del derecho entendido como un resultado de un proceso de negociación, es decir, como una operación de negociar por sí misma, en la medida que la unidad no es alcanzable, quizá porque existen dos sistemas de reglas concurrentes.

No se debe pasar por alto con ello la ventaja de la sencillez del derecho legal vinculando a la idea de integridad, siempre y cuando éste cumpla con su obligación de procurar la paz y siempre y cuando éste se legitime, en la medida en que pueda llegar a ser reconocido de manera general. En todo caso ya está determinada la realización de las leyes en el estado democrático mediante procesos de negociación. En el momento en que el derecho legal no pueda validarse o la búsqueda de coacción se dirigiera sin embargo a conflictos violentos con un desenlace imprevisible, el proceso de la negociación reemplaza siempre al posicionamiento y a la imposición del derecho; en todo caso la negociación debería reemplazar al intento de una imposición violenta. Para propagar esto aparece la solicitud de aquellos, que se ocupan del pluralismo de derecho. Este proceso de negociar tiene lugar sobre distintos terrenos y desde luego bajo distintos síntomas, a veces en medio de lo legítimo y/o en relación con su posición de poder en la igualdad; usualmente, sin embargo, también bajo condiciones de asimetría masiva con respecto a los medios de poder disponibles. Acá se puede también, si así se quiere, ver lo político en el sentido progresivo de Chantal Mouffe. Que de esta manera se den las cosas en el terreno político no es ciertamente algo nuevo, obedece a costumbres tanto nacionales como internacionales. Hay además una intensiva investigación acerca del significado del negociar en el contexto de los conflictos internacionales[5]. De lo que se trata

---

[5] Con respecto a este punto dan testimonio quizá un sin número de artículos acerca de este tema en la *Harvard Negotiation Law Review*, véase por ejemplo *HNLR Online*) y las actividades del *Stanford Center on International Conflict and Negotiation* (SCICN).

acá es en primera instancia de identificar el proceso de negociar como uno de los conceptos centrales en todas las esferas del derecho, de relevancia similar al concepto de norma, de regla, de institución o también de decisión, para recordar nuevamente a Carl Schmitt. En segundo lugar, si la propuesta difiere en varios puntos de la praxis ejercida facticamente, debe ser considerada la pretención de que la negociación puede ser determinada no sólo a causa de la posición de poder y pericia individual, sino que la protección y en la mayoría de los casos la mejora de la situación del derecho humano tiene que valer como principio fundamental compartido, como objetivo común.

En el momento, el objetivo prefijado de que todos los participantes se vean comprometidos con los derechos de los hombres y de que por lo menos estén listos para una solución pacífica al conflicto no es necesariamente algo conforme a la realidad, posee claramente sin embargo un gran potencial de realización en tanto república mundial, por lo menos por lo que se deja entrever de dentro para fuera. Sobre la base del reconocimiento de una ejecución de la libertad y del cuidado de los derechos humanos, las partes del conflicto tienen pues, según la tesis aquí propuesta, la posibilidad de fortalecer su posición de derecho y con ello sus perspectivas de éxito a través de una argumentación convincente frente a un fortalecido público mundial. A causa del rol normativo de los derechos humanos se limita claramente la lista de las opciones existentes abiertas a las partes en conflicto, si bien nosotros ya podemos determinar que en casos de conflicto cada lado eleva la pretención de defender los derechos humanos en vista de un genocidio. Se puede y debe acá tener la esperanza de un efecto a largo plazo de las informaciones y argumentos.

Si bien se sabe de manera general que de parte de varios sectores hay una resistencia constante a los derechos humanos (Kaufmann, 2009, cap. 5), los cuales presuntamente no son compatibles con determinadas culturas o religiones — según Carl Schmitt no con los principios de derecho alemanes de igualdad y liderazgo, además no con el carácter espanol, latinoamericano, asíatico o africano —, se debe aceptar por una parte sin embargo que ellos son reconocidos por todos los estados contractualmente. En segundo lugar, ellos ofrecen una manera bien revisada de formular la diferencia presente en la mayoría de las culturas entre un gobierno moralmente bueno y uno malo. En tercer lugar ellos hacen posible una cierta neutralidad con respecto a las diferentes religiones; cuarto ellas tienen con respecto a las religiones la ventaja de no ser desde el principio evidentes solamente para los creyentes y por lo tanto justamente de alcanzar un cuarto o un tercio de la población global. En quinto lugar con respecto al reproche de que se le puede imponer al hombre nuevamente un orden de normas ajeno, se puede responder que se examine las dificultades muy seriamente. Tampoco la pregunta de la correcta interpretación de principios normativos como los derechos humanos no se decide en un pasaje central, sino es un asunto de debates y negociaciones abiertos. A causa del requisito implicado con ello de llevar a cabo tales debates de una manera racional y la aceptación y el supuesto de que es posible en principio encontrar una salida racional para todos los participantes en tales casos, se distingue este procedimiento de un pluralismo de derecho, el cual constata solamente la presencia de distintos sistemas de derecho, sin pretender una solución racional de esta situación.

El universalismo así concebido busca pues confrontar el reproche de que los principios universales abstractos serían impuestos sin que tengan por ello ningún sentido para los problemas concretos y necesidades de los hombres. Él corresponde más o menos a lo que Seyla Benhabib (2002, p. 14 ss) llama universalismo "interactivo" y que se distingue de un Universalismo "substitutivo", hallado en progreso presuntamente en Kant y Rawls, y que pretende simplemente establecer los principios universales en lugar de las opiniones mantenidas por los hombres hasta acá. El universalismo interactivo por otra parte toma en serio a los hombres en su individualidad fáctica. No pueden desaparecer totalmente de esta manera las tensiones entre pretensiones universales y la interpretación propia de los protagonistas locales. No obstante fueron los derechos humanos lo más importante, si no el único criterio universal de la aceptación de las estructuras de derecho.

En consecuencia, tanto nacionalmente como en el terreno internacional se debe asegurar que, por una parte, la contrariedad de los sistemas de derecho concurrentes no esté libre de problemas; por otra parte, la idea de una base jurídica unificada tiene que ceder quizá también ante la negociación común de una solución consuetudinaria según criterios reconocidos, de los cuales la protección de los derechos humanos podría ser lo más importante.

## Bibliografía

Benedikt XVI. (2009). *Caritas in veritate*. Civitas Vaticana.

Benhabib, S. (2002). *The Claims of Culture*. Princeton: Princeton University Press.

Dworkin, R. (1978). *Taking Rights Seriously*. Cambridge MA: Harvard University Press.

Dworkin, R. (1986). *Law's Empire*. Cambridge MA: Harvard University Press.

Habermas, J. (1997). Anerkennungskämpfe im demokratischen Rechtsstaat. In Charles Taylor (Ed.), *Multikulturalismus und die Politik der Anerkennung*, Frankfurt/M.

Hart, H.L.A. (1973). *Der Begriff des Rechts* (trad. Alexander von Bayer). Frankfurt.

Hart, H.L.A. (1994/1961). *The Concept of Law* (2. ed.). Oxford: Oxford University Press.

Herdegen, M. (2009). *Völkerrecht* (8. ed.). München.

Hobe, S. (2008). *Einführung in das Völkerrecht* (9. ed.). Tübingen.

Höffe, O. (1999). *Demokratie im Zeitalter der Globalisierung*. München.

Kant, I. (1795). *Zum ewigen Frieden*. AkademieAusgabe Bd. VIII.

Kant, I. (2005). *La paz perpetua* (Trad. Joaquín Abellán. Prólogo de Manuel Garrido). Madrid: Cátedra.

Kaufmann, M. (1988). *Recht ohne Regel? Die philosophischen Prinzipien in Carl Schmitts Staats und Rechtslehre*. Freiburg/München.

Kaufmann, M. (1996). *Rechtsphilosophie.* Freiburg/München.

Kaufmann, M. (2009). *Diritti umani.* Napoli.

Kelsen, H. (1960). *Reine Rechtslehre* (2. ed.). Wien.

Kimminich, O. (1993). *Einführung in das Völkerrecht* (5. ed.). Tübingen/Basel.

Mouffe, C. (2007). *Über das Politische. Wider die kosmopolitische Illusion.* Frankfurt/Main: Edition Suhrkamp.

Schmitt, C. (1939). *Völkerrechtliche Großraumordnung mit Interventionsverbot für raumfremde Mächte.* Berlin/Wien: Deutsches Rechtsvert.

Schmitt, C. (1940). Der Reichsbegriff im Völkerrecht. In *Positionen und Begriffe im Kampf mit WeimarGenfVersailles* (pp. 303-313). Hamburg.

Schmitt, C. (1974). *Der Nomos der Erde* (2. ed.). Berlin.

Schmitt, C. (1979). *Der Begriff des Politischen.* Berlin.

Shachar, A. (2001). *Multicultural Jurisdictions. Cultural Differences and Women's Rights.* Cambridge: Cambridge University Press.

Taylor, C. (1997). *Multikulturalismus und die Politik der Anerkennung* (2. ed.). Frankfurt/M.

Thomasius, C. (1979/1718). *Fundamenta iuris naturae et gentium* (4. Ed., 2. Impr.). Aalen & Halle.

Turner, B. (2006). Competing Global Players in Rural Morocco. *Journal of Legal Pluralism*, 101-139.

Vanderlinden, J. (1972). Le pluralisme juridique. Essai de synthèse. In John Gilissen (Dir.), *Le pluralisme juridique.* Bruxelles: ULB.

von Benda-Beckmann, F., von Benda-Beckmannn, K., & Turner, B. (2007). Umstrittene Traditionen in Marokko und Indonesien. *Zeitschrift für Ethnologie*, 132, 15-35.

von Benda-Beckmann, F. & von Benda-Beckmann, K. (2005). Adat, Islam und Staat — Rechtspluralismus in Indonesien. In M. Kemper & M. Reinkowski (Eds.), *Rechtspluralismus in der Islamischen Welt* (pp. 89-104). Berlin/New York.

von Benda-Beckmann, F. & von Benda-Beckmann, K. (2006). Changing one is changing all: Dynamics in the Adat-Islam-State Triangle. *Journal of Legal Pluralism*, 53-54, 239-270.

von Benda-Beckmann, F. & von Benda-Beckmann, K. (2007). Between Global Forces and Local Politics: Decentralization and Reorganisation of Village Government in Indonesia. In Christoph Antons & Volkmar-Gessner (Eds.), *Globalization and Resistance* (pp. 211-252). Oxford.

von Benda-Beckmann, F. & von Benda-Beckmann, K. (2007). Transnationalisation of Law, Globalisation and Legal Pluralism: a Legal Anthropological Perspective. In Christoph Antons & Volkmar-Gessner (Eds.), *Globalization and Resistance* (pp. 53-80). Oxford: Oxford University Press.

von Benda-Beckmann, F. (2002). Who's Afraid of Legal Pluralism? *Journal of Legal Pluralism and Unofficial Law* 47, 37-82.

Ziegler, K. H. (1994). *Völkerrechtsgeschichte.* München.

# CAPÍTULO XI

## ÉTICA, ECOLOGÍA Y UNA VIDA AUTÉNTICA SOBRE LA TIERRA. EL PRINCIPIO DE RESPONSABILIDAD DE HANS JONAS ANTE SUS CRÍTICOS

Angela Miranda[1] & Agustín Ferraro[2]

> En respuesta directa a la agónica catástrofe histórica de la que Jonas había sigo testigo [...] se impuso una ingente tarea intelectual: descubrir los orígenes filosóficos de la crisis de la civilización occidental y con ello sugerir, aunque sea de manera experimental, una nueva y positiva orientación a la humanidad.
>
> (Richard Wolin, *Los hijos de Heidegger*)

## Introducción

La década de los '70 fue una época de relativo escepticismo sobre las posibilidades de fundamentar filosóficamente una ética normativa, un clima de opinión académica que resultaba del triunfo del positivismo como orientación teórica dominante luego de la segunda guerra mundial. El criterio de validación de proposiciones filosóficas del positivismo, o bien empirista o bien puramente lógico, no dejaba lugar sino para una ética descriptiva, del tipo de las orientaciones emotivistas. En aquella época, por otra parte, los movimientos ecologistas y organizaciones políticas verdes eran muy incipientes; todavía se pensaba que la responsabilidad por el medio ambiente era una cuestión que podían resolver las élites científicas y políticas. En este contexto, Hans Jonas lanza a fines de la década una propuesta de ética normativa ligada directamente con la problemática ecológica, un verdadero llamado a la acción, que se sintetiza en

---

[1] Universidad del País Vasco.

[2] Universidad de Salamanca.

DOI: https://doi.org/10.14195/978-989-26-1380-2_11

su famoso principio de la responsabilidad (*das Prinzip Verantwortung*): "obra de tal modo que los efectos de tu acción sean compatibles con la permanencia de una vida humana auténtica en la tierra" (Jonas, 1995, p. 40). En muy poco tiempo, el pensamiento de Jonas habría de alcanzar una gran influencia, lo que le daría un estatuto fundacional para las nuevas corrientes de la ética normativa y para la creciente organización e impacto de movimientos políticos que colocaban a la responsabilidad ante el medio ambiente como principio fundamental de su visión del mundo. La obra de Jonas, verdaderamente, inicia una nueva época.

En el presente trabajo, vamos a considerar los orígenes teóricos del pensamiento de Jonas, atendiendo a su formación filosófica y a su trayectoria posterior. Vamos a destacar, en este contexto, la influencia de una *perspectiva fenomenológica* sobre su trabajo y su cercanía, en distintos aspectos, con las propuestas filosóficas de Martin Heidegger. Jonas y Heidegger continúan, en este sentido, la obra de Husserl, es decir, la revisión crítica de los fundamentos metafísicos de la ciencia occidental y de las sociedades modernas. En segundo lugar, vamos a analizar las críticas a Jonas elaboradas por dos filósofos contemporáneos, a partir de orientaciones filosóficas muy influyentes en ambos casos. Por una parte, Karl-Otto Apel, quien critica a Jonas desde la perspectiva específica de una ética del discurso, es decir, una orientación filosófica post-metafísica, fundada en el carácter deliberativo de la razón práctica. Por otra parte, Javier Echeverría, un filósofo español que es representativo de la tradición positivista, ya mencionada arriba, la que constituye todavía en nuestros días una de las corrientes filosóficas más extendidas e influyentes en el ámbito iberoamericano.

Luego de un análisis y discusión de las críticas mencionadas, intentaremos, en las conclusiones, realizar una evaluación sobre la actualidad del pensamiento de Jonas en nuestros días.

## 1. La trayectoria filosófica de Hans Jonas

### 1. 1. Filosofía y gnosis: los dos maestros

Hans Jonas nace en 1903 en Alemania y recibe una educación con mucha influencia de las tradiciones religiosas y culturales del judaísmo centroeuropeo. Dicha influencia se ve plenamente reflejada en sus textos sobre las posibilidades de la teología después del holocausto. La trayectoria filosófica de Jonas se inicia en los años veinte, cuando estudia con el joven profesor de la Universidad de Freiburg, Martin Heidegger. La influencia del "filósofo del ser" en el pensamiento del discípulo, el "filósofo del ser responsable" se hace notar en su obra posterior. Así es que, como veremos, la fundamentación teórica de una ética de la responsabilidad, propuesta por Jonas, tiene muchos puntos de contacto con la ontología heideggeriana del cuidado (*Sorge*).

En 1924, Jonas se traslada a Marburgo, donde conoce al destacado teólogo Rudolf Bultmann, que también ejerce sobre él una importante influencia
intelectual, sobre todo en lo que respecta a los estudios sobre la gnosis. Jonas
defiende una brillante tesis doctoral, dirigida por Heidegger y autorizada por
Bultmann, sobre la religión gnóstica en la antigüedad tardía y su influencia en
el cristianismo primitivo. La influencia de Bultmann se marca también en el
posterior desarrollo del principio de la responsabilidad. Así por ejemplo, cuando
Jonas sostiene que la ética necesita tanto de la representación del bien, cuanto de
la representación del mal. Este principio gnóstico inspira a Jonas para desarrollar
una ética ecológica como *heurística del temor*, un principio que consulta antes
a nuestros temores que a nuestros deseos y presupone que el conocimiento del
*malum* es infinitamente superior al del *bonum*.

En la década del treinta, Jonas se ve obligado a abandonar Alemania, refu-
giándose en Londres y después en Palestina. Jonas ingresa en una organización
judía de autodefensa y, como oficial en la Brigada Judía del ejército británico,
vuelve a Alemania en 1945 para combatir al nazismo. Se entera entonces de que
su madre había sido asesinada en Auschwitz. Tras cumplir su misión bélica,
que según el propio Jonas se basaba en un juramento que había hecho para sí
mismo, a saber, que solamente pisaría su tierra natal nuevamente para combatir
a los nazis, volvió a Israel y continuó con su interés por la teología judía, sobre
todo la lectura de los profetas hebreos.

En 1955 se traslada a Nueva York para enseñar en la *New School for Social
Research*. Por sus estudios sobre la gnosis, Jonas era ya una figura reconocida en
ámbitos especializados. Pero es con la publicación de su obra *El Principio de la
Responsabilidad* (1979) que Jonas gana un lugar destacado entre los intelectuales
de su tiempo. Su fama se extiende sobre todo entre los movimientos ecologistas
y los seguidores del Partido Verde en Alemania. Por ironía o justicia del destino,
Jonas alcanza su mayor relevancia pública en el país que tuvo que abandonar
bajo amenaza de muerte en 1933.

## 1.2. De discípulo de Heidegger a soldado en la guerra.

Observa Wolin que, así como Hannah Arendt, Karl Löwith y Herbert
Marcuse, por las circunstancias históricas que les ha tocado en esta época,
Jonas es también uno de estos hijos que filosofaron *con Heidegger contra
Heidegger* (Wolin, 2003, p. 33). Esa postura filosófica y política está muy pre-
sente en los discípulos de Heidegger, *tras* el conocido episodio de su rectorado
en la universidad y su complicidad con el régimen de Hitler.

Jonas reconoce, sobre todo al final de su vida, cuando hace una retrospectiva
de su trayectoria como alumno de Heidegger, que las experiencias vividas en
el período del régimen nazi lo han distanciado de su maestro. Evalúa, además,
que en el período en que ha sido soldado, alejado de los libros, y obligado a

interrumpir su vida académica, se topa con lo más inmediato y corpóreo: lo práctico de una vida en tiempo de guerra, el peligro físico. Jonas reconoce que su experiencia de combate alteró profundamente su modo de concebir la filosofía y, por consiguiente, sus opiniones filosóficas. Incluso logra superar la falta de atención al cuerpo y a la naturaleza que, según él, era una de esas debilidades de los cursos de filosofía, incluyendo aquí las clases de Heidegger, con su militancia como soldado durante la guerra (Jonas, 1987, p. 20).

Pero si es verdad que Jonas filosofa contra Heidegger, también es verdad que desarrolla sus propias inquietudes y convicciones filosóficas sirviéndose de su formación en fenomenología, adquirida en el período de sus estudios en Friburgo y Marburgo. Entre estas inquietudes filosóficas está la intención de establecer una relación *auténtica* entre hombre y naturaleza que, según Jonas, ha sido sofocada durante muchos siglos por el dominio tecnológico de la naturaleza y la negligencia del ser. Se trata de una crítica de la modernidad tecnológica cuya inspiración heideggeriana resulta evidente.

Jonas admite que, en la primera fase de su trayectoria académica, la formación en Friburgo con Heidegger y después en Marburgo con Bultmann ejercieron fuerte influencia en su pensamiento filosófico, pero este reconocimiento no se repite en la mirada retrospectiva hacia Heidegger. Al final de su vida, cuando Jonas examina su trayectoria personal y académica en una entrevista, es implacable en la crítica a su maestro, llegando a afirmar que Heidegger ejercía una capacidad casi hipnótica sobre sus alumnos, que no les permitía penetrar a fondo en su discurso. También acusa a la filosofía de Heidegger por propiciar afinidades políticas con el régimen nazi, de lo él mismo no se había dado cuenta en un primer momento, cuando aún era su discípulo (Jonas, 1988, p.227).

A pesar de lo dicho, a pesar de las fuertes razones que tenía Jonas para tomar distancia de Heidegger, puede mostrarse, como veremos, que el principio de responsabilidad de Jonas tiene una clara influencia de la fenomenología heideggeriana, en uno de sus aspectos más elementales. Se trata de la idea de que la propia condición fáctica o existencial del ser humano establece su obligación ética fundamental, es decir, que el deber humano de responsabilidad está directamente basado en su condición ontológica, su existencia. Esto equivale al intento por superar la distinción entre una esfera práctica y una esfera teórica de la razón, que los críticos positivistas de Jonas denunciarían, previsiblemente, como una *falacia naturalista*.

### 1. 3. De la gnosis a la ética de la responsabilidad.

Hemos dicho que el tema de la gnosis es una de las inquietudes filosóficas fundamentales que acompañan a Jonas desde su juventud. La gnosis ocupa también un lugar destacado en la madurez de su pensamiento filosófico, informando su tratamiento de la responsabilidad para con el medio ambiente, frente a los desarrollos tecnológicos. Para Jonas, hay un paralelismo muy significativo entre la época del gnosticismo y la ciencia moderna. Ambas sufren una profunda crisis de "carencia de hogar". Al dualismo gnóstico fundamental entre Dios y el mundo, que genera el sentimiento acósmico en la antigüedad tardía, corresponde el dualismo científico entre hombre y naturaleza, que genera el sentimiento tecnológico en la era moderna (Jonas, 2001, p.214).

A partir de su formación filosófica y teológica, Jonas busca analizar el problema de la ciencia moderna, que en su opinión ha dado con Darwin el golpe definitivo para eliminar a la teleología de la naturaleza. He aquí en definitiva que se rompe el mundo aristotélico, y triunfa por completo el mundo moderno de Galileo y Bacon. Jonas tiene en claro que esta ruptura transforma radicalmente la imagen de la naturaleza y la percepción misma de la subjetividad. Como hace notar Rodríguez, la nueva concepción de la naturaleza que describe Jonas comienza por reducir la naturaleza a mera *res extensa*, para terminar aboliendo la dimensión de la consciencia en el ser humano. Es así que los estados de consciencia son considerados en nuestros días, bajo la perspectiva tecnocientífica, como el mero efecto de interacciones químicas:

> Bajo el lema saber es poder, el "programa baconiano" acomete la conquista de la naturaleza por el hombre. A la base de este intento se halla una metafísica de la naturaleza que entiende a ésta como pura extensión inerte, privada de interioridad y finalidad [...] Naturaleza como res extensa: negación cartesiana de la conciencia animal que no tarda en ceder el paso a la abolición de la subjetividad en el mismo hombre, o al menos a la negación de su eficacia en la determinación de su conducta. (Rodríguez, 1997, p.131)

Para Jonas, se trata de recuperar el *imperativo de la vida* y superar así el déficit promovido por la ciencia moderna. Para dicha tarea filosófica, Jonas intenta rescatar el sentido teleológico de la naturaleza. Es una propuesta extremamente provocadora, por cierto, si se tiene en cuenta la actitud totalmente adversa a una tal empresa por parte de sus contemporáneos. Hay que recordar que, en este período, el entorno y el espacio geopolítico de Jonas es el mundo anglosajón, donde dominan el empirismo, positivismo y utilitarismo modernos, sobre todo en los Estados Unidos. Desde esta segunda patria suya, lugar de exilio, Jonas elabora los principios de una ética de fundamentación metafísica. Así, mientras los programas de investigación en biología y física hace tiempo que presuponían la ausencia de finalidad en la naturaleza, Jonas, por su lado, se propone restablecer el lugar del significado y del sentido de las entidades naturales. Para él, tanto la vida en la naturaleza cuanto la vida de los hombres están cargadas de finalidad.

Se trata de uno de los aspectos de la ética de Jonas que más han atacado sus críticos. Pero también es cierto que, hoy día, hay una tendencia de la propia ciencia empírica positiva a considerar que las reflexiones jonasianas no carecían de fundamento. Algunas teorías científicas avanzan en esta dirección. Sabemos que la teoría de la complejidad no descarta la trama de la vida y la complejidad de los sistemas orgánicos, al modo que enuncian científicos tales como Prigogine (1990, 1997, 1998) en la química, por medio de la teoría de las estructuras disipativas; los hallazgos de Maturana y Varela (1984, 2003) en la biología o la teoría cinegética de Haken (1983) en la física, los estudios en epistemología y sociobiología de Morin (1984, 1996) entre otros. En ellos perfectamente se pueden encontrar resonancias de aquello que defendía Jonas ya en los años setenta.

En resumen, considerando su tiempo, sus pares y el contexto en que vivía, Jonas ha navegado contra la corriente. Esto le ha costado cierto exilio filosófico, por otra paradoja de la historia, en el país que le ha acogido en su exilio político. Tal vez por eso su reconocimiento como pensador ha llegado tan tarde, y desde un país paradójicamente distante, su tierra natal.

Jonas define tres fases de su vida intelectual. La primera fue su época de estudiante en Friburgo y Marburgo, que tuvo como resultado la publicación de su tesis doctoral, *Gnosis und Spätantiker Geist*, en 1934. La segunda fase se centra en la publicación de su obra *The phenomenon of life* en 1966 y se continúa con una tercera y última fase de su tarea filosófica, cuando publica *Das Prinzip Verantwortung: Versuch einer Ethik für die Technologische Zivilisation* en 1979, traducido al inglés en 1984[3].

En el epílogo de la obra principal de la segunda fase de su vida intelectual, Jonas aclara que con "la continuidad de la mente con el organismo y del organismo con la naturaleza, la ética se vuelve parte de la filosofía de la naturaleza [...] solamente una ética fundada en la amplitud del ser, no solamente en la singularidad del hombre [...] puede tener significado en el gran esquema de las cosas" (Jonas, 2001, pp.282-284). Como se puede observar, en estas formulaciones ya se dibujan los presupuestos de lo que más tarde va a llamar *principio de la responsabilidad*.

Es evidente que la trayectoria intelectual de Jonas está marcada por las cuestiones políticas de su tiempo. Como señala Wolin, Jonas se propone descubrir los orígenes filosóficos de la crisis de Occidente, para responder a las catástrofes históricas de su época: el surgimiento del nazismo, las dos guerras mundiales y el holocausto. Y a partir de esta indagación filosófica, Jonas intenta dar una orientación nueva y positiva a la humanidad (Wolin, 2003, p. 169). Es una de las empresas intelectuales más ambiciosas del siglo XX, pero también una de las más exitosas en términos de resonancia práctica: no olvidemos que Jonas, a través de su influencia en Alemania, se ha convertido en una de las fuentes de inspiración más fundamentales para

---

3 Jonas hace este panorama autobiográfico sobre tres momentos de su formación filosófica en una conferencia de octubre de 1986.

los movimientos ecologistas y las orientaciones políticas verdes en Europa y el mundo.

En su obra más destacada, *El principio de la responsabilidad*[4], sintetiza Jonas su trayectoria intelectual y expone de manera definitiva su pensamiento filosófico. Ahora bien, es por cierto relevante tener en cuenta que, en vista del alcance y repercusiones de la propuesta ética de Jonas, se le han dirigido infinidad de críticas, desde distintas orientaciones filosóficas. Sin embargo, muchas de estas críticas carecen de suficiente fundamentación filosófica si tenemos en cuenta la génesis del pensamiento filosófico de Jonas. Es necesario considerar que los orígenes de la ética jonasiana están marcados por una perspectiva fenomenológica y por el intento de aplicar este abordaje al terreno de la metafísica, una empresa característica del pensamiento de Heidegger. Muchas críticas ignoran este contexto, sea por mero descuido, sea porque ignoran la trayectoria intelectual de Jonas, o simplemente porque desconocen completamente su contexto filosófico.

Vamos a exponer a continuación dos argumentaciones críticas contra Jonas, que nos parecen especialmente relevantes en la actualidad. Se trata de dos autores que, en sus críticas, encierran un buena parte del debate en torno a la propuesta de la ética en Jonas, ya sea por el lado de la ética, como es el caso de Apel, ya sea por el lado de la axiología de la tecnología, como es el caso de Echeverría.

## 2. La crítica de Karl-Otto Apel

Apel admite, ciertamente, la necesidad de una ética de la ciencia y de la técnica. Pero entre Jonas y Apel hay diferencias importantes al respecto. Apel, desde la teoría de la acción comunicativa, no comparte la idea de Jonas sobre el retorno a una ética con fundamentación metafísica (Apel, 1990, pp.179-216). Jonas no acepta fundar la ética en una teoría del discurso, como hace explícito en una de sus últimas entrevistas (Greisch, 1991). Ambos filósofos coinciden, con todo, en que la responsabilidad es un principio indispensable para la sociedad tecnocientífica. Pero la fundamentación de este principio es muy diferente en uno y otro autor. Consideremos dos pasajes donde claramente aparecen las semejanzas y diferencias entre ambos. Apel, por un lado, sostiene:

> Pues de lo que hoy se trata, por primera vez en la historia del hombre, es de asumir la *responsabilidad solidaria* por las consecuencias y subconsecuencias

---

[4] Según Wolin, hasta mediados de 2001, sólo la edición alemana había alcanzado más de 200.000 ejemplares vendidos: "Una (asombrosa) cifra que es especialmente notable puesto que, de todos sus libros, es el más abstruso filosóficamente" (Wolin, 2003, p. 167).

a escala mundial de las actividades colectivas de los hombres — como, por ejemplo, la aplicación industrial de la ciencia y de la técnica — y de organizar esa responsabilidad como praxis colectiva. (Apel, 1991, p.148)

Jonas, por su lado, afirma que:

> En la era de la civilización técnica, que ha llegado a ser "omnipotente" de *modo negativo*, el primer deber del comportamiento humano colectivo es el futuro de los hombres. En él está manifiestamente contenido el futuro de la naturaleza como condición *sine qua non*; sin embargo además, independientemente de ello, el futuro de la naturaleza es de suyo una *responsabilidad metafísica*, una vez que el hombre no sólo se ha convertido en un peligro para sí mismo, sino también para toda la biosfera. (Jonas, 1995, p.227)

Hemos subrayado el sentido de "responsabilidad" en ambas citas, porque indica claramente la concordancia y discordancia entre los autores. En efecto, ambos coinciden en la responsabilidad como dimensión de la ética en la era de una sociedad tecnocientífica. Pero con diferencias elementales en su forma y contenido. Para empezar, Jonas habla de una *responsabilidad metafísica*, mientras Apel se refiere a una *responsabilidad solidaria*. Apel propone una ética *dialógica* de la responsabilidad, mientras que Jonas habla de una ética *ontológica* de la responsabilidad. La diferencia fundamental está en que Apel parte del carácter de la historicidad; de la "pragmática-trascendental" de la responsabilidad, es decir, de la crítica de la ética del discurso al imperativo kantiano por su carácter abstracto y monológico (Cortina, 1991, p.26ss). Jonas, por su lado, parte del carácter ontológico de la responsabilidad, es decir, de la crítica fundamental de la ética jonasiana a las éticas deontológicas, que separan los ámbitos del ser y del deber.

Para Apel, desde la razón comunicativa, "la perspectiva normativa de una ética de la responsabilidad" está en "la institucionalización de los discursos prácticos", como una "tarea que estaría sujeta a la cooperación solidaria de todos los individuos corresponsables, y, en este sentido, estaría sujeta también a la crítica de la 'opinión pública', mediante los discursos" (Apel, 1991, p.149). Por lo tanto, la ética del discurso correspondería a "la ética de la responsabilidad con referencia histórica" (Apel, 1991, p.163). Para Jonas, la perspectiva normativa de la ética de la responsabilidad adviene desde la propia existencia fáctica: existe responsabilidad porque hay hombres. O, dicho de modo imperativo: hay hombres, luego existe responsabilidad. Esta idea se acerca a la visión heideggeriana del sentido ontológico del cuidado [*Sorge*], como ya hemos mencionado antes. Basta hacer notar que, para Heidegger, el "cuidado" es el rasgo fundamental de la condición humana; es la estructura fundamental del "comportarse en el mundo" propio del *Dasein*.

Para Apel, la condición metafísica del existir del hombre en el mundo es insuficiente a la hora de plantear el problema de la fundamentación y necesidad de la ética, porque se refiere todavía a un postulado abstracto. Todo el recorrido del principio de la ética del discurso está basado en esta crítica, que fundamenta también su rechazo al imperativo categórico de Kant. Ahora bien, si Apel formula una crítica al carácter abstracto del imperativo kantiano, intentado establecer una ética alejada del formalismo y a la vez, poniendo de relieve su sentido histórico, eso no significa afirmar que el principio jonasiano de la responsabilidad sigue el mismo camino del formalismo kantiano. El hecho de sostener que la responsabilidad posee una fundamentación metafísica no significa que su sentido sea abstracto. Jonas parece tener en claro el peligro de incurrir en el formalismo. Tal vez por eso mismo ha invertido el imperativo categórico. Mientras Kant argumenta a favor del deber: porque debemos podemos, Jonas argumenta exactamente desde el punto de vista contrario: porque podemos, debemos. Es decir, Jonas argumenta en favor del "poder ser" responsable. La condición de poder se corresponde con la condición fáctica de existir en el mundo. Y en eso no hay nada de abstracto; es la pura facticidad de la vida, que Heidegger definía como ser-en-el-mundo.

Apel parece admitir "las concepciones de la *hermenéutica* filosófica en el *a priori* de la 'facticidad' y la 'historicidad' del ser en-el-mundo humano" (1991, p.165), conforme nota en su artículo sobre *La ética del discurso como ética de la responsabilidad referida a la historia,* en donde alude a Heidegger, aunque con ciertas restricciones[5]. Por lo tanto, aunque fundada en la metafísica, la responsabilidad en Jonas posee un carácter eminentemente fáctico, histórico. No se trata aquí de una metafísica trascendental, en el sentido kantiano, sino de una *ontología en el sentido fenomenológico.* Considerando la influencia de Heidegger en el sentido ontológico de la responsabilidad postulado por Jonas, podemos cuestionar la crítica que lo tacha de formalista y abstracto. Al fin y al cabo, la ontología heideggeriana parte de la existencia fáctica como dato fundamental, su intención no es, en ningún momento, trascender lo dado históricamente.

## 2.1. Sobre las condiciones de posibilidad y validez de la responsabilidad

Las condiciones de posibilidad de la ética de la responsabilidad representan otra diferencia entre ambos filósofos. Jonas funda la responsabilidad respecto a

---

5 Dichas restricciones se refieren, según Apel, a que los seguidores de Heidegger (y también los del segundo Wittgenstein) ignoran "el a priori no-contingente de los presupuestos universales y la racionalidad del discurso argumentativo" (1991, p. 166).

las consecuencias, de cara al futuro de los seres humanos y de la propia biosfera. Sostiene así que en "la era de la civilización técnica […] el primer deber del comportamiento humano colectivo es el futuro de los hombres" (1995, p.227). Pero a esto añade que en ese deber está también "manifiestamente contenido el futuro de la naturaleza como condición *sine qua non*" (1995, p.227). Apel sitúa la responsabilidad, en cambio, en el ámbito de la solidaridad. Propone así un concepto del deber que supone "asumir la *responsabilidad solidaria* por las consecuencias y subconsecuencias a escala mundial de las actividades colectivas de los hombres" (1991, p.148). Por lo tanto, "la organización de la responsabilidad solidaria de los hombres por las repercusiones universales de la acción humana en todos los niveles de la cultura" es la condición fáctica, histórica desde dónde se puede plantear el lugar de la responsabilidad en el mundo (1985, p.249).

La crítica de Apel a Jonas presupone una concepción de la responsabilidad como el condicionante en "todos los niveles de la cultura"; pues debe informar todas las acciones prácticas en la esfera humana. De ahí la expresión *responsabilidad solidaria*. Luego no se trata de plantear la responsabilidad como dimensión de la ética solamente, desde la cual "asuma las consecuencias imprevisibles de las actividades humanas", conforme sostiene Jonas (1985, p. 249). Dicho de otro modo: para Apel la responsabilidad por las consecuencias no es un principio suficientemente capaz de superar el formalismo deontológico kantiano. Así observa:

> Precisamente en este punto [un principio capaz de superar los límites de la ética kantiana] una transformación de la ética kantiana tiene que enfrentarse hoy — a mi juicio — a la crítica del formalismo kantiano, realizada por Hegel, por el utilitarismo anglosajón y, por último, por Hans Jonas. (1985, p. 249)

A esta visión kantiana y a la ética consecuencialista de la responsabilidad se debe contraponer una ética solidaria de la responsabilidad, asegura Apel (1985, p. 249). Este autor polemiza así directamente con una ética consecuencialista según el modelo de Max Weber y también de Jonas. Para Weber, en efecto, la responsabilidad tiene que ver con las consecuencias de la acción. Por lo tanto, en la base de la propuesta de Weber está la racionalidad teleológica. En este caso, "los efectos de las decisiones tomadas y las acciones emprendidas contarán tanto o más que las intenciones que movieron al responsable de las mismas a tomarlas o emprenderlas"[6].

---

6 La explicación es de Muguerza, al analizar la diferencia entre intención y consecuencia en Max Weber en su ensayo "Convicciones y/o responsabilidades. Tres perspectivas de la ética en el siglo XXI." (Aramayo y Guerra, 2007, p. 23)

Si Weber se ocupa de la responsabilidad como consecuencia, desde la perspectiva política, Jonas se ocupa de ella desde la perspectiva tecnocientífica. Pero una responsabilidad consecuencialista no convence a Apel, su crítica se extiende a toda idea de una responsabilidad definida a partir de las consecuencias de la acción. Apel considera que la acción práctica no solamente debe ser pensada desde el futuro, sino y sobre todo, desde lo que hay que hacerse cargo en el presente, considerando "todos los niveles de la cultura." En este punto estamos plenamente en acuerdo con Apel. En efecto, Apel revela un límite de la ética de la responsabilidad, al apuntar a las deficiencias de una validación de la acción práctica desde la perspectiva de futuro. Pensamos también que la responsabilidad no debe estar condicionada a las consecuencias previsibles, sino más bien orientada a todos los niveles de la existencia de lo que es, en el presente.

## 2.2. Sobre el fundamento de una ética en la era tecnocientífica

La crítica de Apel a la ética consecuencialista de Jonas nos conduce a un tercer ámbito de divergencia entre ambos autores. Se trata del lugar desde donde parte la reflexión sobre la ética de la responsabilidad en la era de la ciencia y de la técnica. El punto de partida de la ética de la responsabilidad solidaria propuesta por Apel tiene como base, por un lado, las circunstancias históricas, que han producido enormes cambios tecnológicos y científicos, los que a su vez demandan una reflexión ética. Por otro lado, el punto de partida de Apel es la propia concepción científica sobre la imposibilidad de un discurso racional de la ética, por considerar a la ciencia como libre de valores[7]. Apel constata aquí una paradoja: si por una parte, la racionalidad está determinada por la ciencia y la propia ciencia se considera incapaz de formular un fundamento racional de la ética, por otra parte, dadas las circunstancias históricas y las consecuencias de su acción, la ciencia misma carece de fundamentación ética.

Las circunstancias históricas de nuestro tiempo, los efectos globales del cambio tecnológico, vuelven evidente el hecho de que las actividades científicas no pueden considerarse valorativamente neutrales. Al fin y al cabo, todas las actividades de la cultura, incluyendo las actividades científicas y tecnológicas, presuponen como condición de posibilidad una ética. Afirmar la ausencia de la ética en la ciencia es un recurso ideológico, donde la pretendida neutralidad es una forma de justificación de cualquier tipo de empresa científica. Apel fundamenta este punto, además, recurriendo a las condiciones pragmáticas de la argumentación científica: toda argumentación presupone determinadas

---

[7] Una reflexión detallada sobre este tema se puede encontrar en Apel (1986).

reglas sobre la manera de llegar a un consenso deliberado, reglas que tienen un contenido ético en el sentido de un sistema de costumbres o *ethos*. Y esto también ocurre con la comunidad de científicos. Si es así, entonces, todo tipo de conocimiento, toda forma de hacer ciencia, presupone ya una ética. El conocimiento científico no puede sino ser producido públicamente en la comunidad de comunicación formada por los sujetos de la argumentación científica.

Pero tampoco es suficiente decir que la ética de la ciencia reside en la lógica discursiva de la argumentación entre miembros de la comunidad científica. Si así fuera, estaríamos cayendo en una "falacia intelectualista", mucho más que si nos remitimos a las propias condiciones del obrar práctico. Se trata de un reconocido talón de Aquiles para la ética del discurso. Apel, así como el propio Habermas, han hecho muchos esfuerzos para superar este problema, mediante diversos argumentos. No vamos a profundizar esta cuestión aquí, porque no es el objeto de nuestro estudio, pero interesa destacar que las condiciones de validación de enunciados científicos, en el marco de una comunidad de argumentación, contienen para Apel reglas con un contenido ético. Sin estas reglas, la ciencia misma no sería posible.

También hay en torno a esta cuestión un cierto paralelismo con Jonas. Para este autor, la validez de una norma moral para la acción técnica se funda en la propia técnica como un ejercicio del obrar humano[8]. Si todo obrar humano está expuesto a un examen de orden moral, entonces toda acción técnica tiene de *por sí* implicaciones éticas. Este argumento ha sido blanco de muchas críticas, especialmente por parte de los filósofos positivistas, que insisten en separar acciones técnicas de acciones morales, como discutiremos en el próximo punto (cfr. Becchi, 1989).

### 2.3. Falacia intelectualista *vs.* falacia naturalista

Como decíamos arriba, una crítica frecuente contra la ética del discurso de Apel consiste en afirmar que comete la "falacia intelectualista", que consiste en atribuir al intelecto la validación de la norma ética, es decir, fundamentar la norma solamente en la lógica (en este caso, la lógica pragmática). Muchas críticas contra Jonas siguen el mismo esquema, solamente que empleando la noción de *falacia naturalista*. La propuesta de Jonas comete esta falacia, supuestamente, porque se basa en la fundamentación ontológica, al constatar incondicionadamente que el simple hecho de que "haya hombres" tiene como consecuencia la exigencia de su responsabilidad (Jonas, 1995, p.89).

---

[8] Es verdad que Jonas considera que la técnica es objeto de la ética no sólo porque es un tipo de acción humana, sino también por su modo de ser en la modernidad (Véase Jonas, 1997).

Jonas propone una "autoafirmación del ser", que equivale a la responsabilidad por la tutela de la supervivencia del género humano y, en consecuencia, de todos los seres en la tierra. Para sus críticos, con todo, esta forma de razonar es "dogmática", puesto que se no se basa en el deber, sino en el ser, el que "difícilmente puede ser puesto a la base de la ética" (Becchi, 1989). Vamos a considerar esta perspectiva en la próxima sección.

## 3. La crítica de Javier Echeverría

El filósofo español Echeverría hace una fuerte crítica a la noción de responsabilidad en Jonas, que puede sintetizarse en tres puntos principales: (1) la ética de Jonas estaría afectada por un "monismo axiológico" que la vuelve reduccionista y abstracta; (2) Jonas no desarrolla una teoría de la acción, de modo que su descripción de la tecnología es inadecuada; (3) no se define el destinatario del imperativo de la responsabilidad, que resulta así insuficiente para fundamentar una propuesta ética. Vamos a exponer y discutir cada uno de estos puntos a continuación.

### 3.1. Monismo axiológico

Para Echeverría (2007), la responsabilidad no puede ser considerada solamente como un principio ético, sino también como una "cuestión axiológica". En opinión de este autor, la axiología es mucho más amplia que la ética, porque en aquella están implicados no solamente valores morales, sino también los valores pertenecientes a la política, a la economía, a las artes militares, etc. (Echeverría, 2007, p. 253). Por eso considera que hay un *monismo axiológico* en Jonas, puesto que este autor estaría restringiendo la evaluación de las acciones a la dimensión moral. Echeverría propone, por su lado, un *pluralismo axiológico* que comprende "diversos sistemas de valores relevantes para la ciencia y la tecnología"[9].

Al considerar este argumento de Echeverría, cabe preguntarse si la enumeración plural de valores es suficiente para construir una ética. A nuestro juicio, la descripción de valores y su clasificación, desde distintos ámbitos de la cultura, puede ser el punto de partida para reflexionar sobre una propuesta de ética. Pero la mera clasificación de valores no puede ser el *punto de llegada* de una teoría ética. Sobre esto volveremos.

Echeverría da por supuesto que existen valores independientes de la ética, puesto que pretende separar valores económicos o militares, por ejemplo, de los valores morales. Ahora bien, ¿es posible que los valores sean independientes

---

[9] La teoría del pluralismo axiológico de Echeverría se encuentra desarrollada en el capitulo dos de su obra *Filosofía de la ciencia* (1995); también en *Ciencia y valores* (2002).

de la ética? La respuesta parecería ser negativa, por cierto, puesto que todo valor presupone de antemano una dimensión ética, según una orientación previamente asumida. Si por ejemplo, adherimos a una ética utilitarista, la escala de valores será muy distinta a una clasificación sugerida por la ética del discurso o la ética de la responsabilidad. El punto débil de la argumentación de Echeverría es aquí el mismo que ya ha criticado Jonas al llamar la atención sobre el error frecuente de confundir *valor* con *finalidad*. Para Jonas, el hecho de definir finalidades, no significa necesariamente definir valores. Decir que el martillo sirve para golpear no me habilita para emitir un juicio de valor sobre este artefacto.

Para Jonas, la responsabilidad no es un valor, sino un principio ético, que puede enunciarse en la forma de un imperativo categórico, incondicionado. Así por ejemplo, la más conocida formulación del principio de la responsabilidad es la siguiente: "obra de tal modo que los efectos de tu acción sean compatibles con la permanencia de una vida humana auténtica en la tierra" (1995, p. 40). Pero los valores a que se refiere Echeverría son puramente condicionados, su carácter positivo o valioso depende de la finalidad que se establezca en cada caso y no pueden, por tanto, juzgar de manera inequívoca a las acciones. Consideremos la eficiencia: es un valor de la economía o de la administración, es algo positivo si nuestros fines presupuestos son, por ejemplo, obtener un resultado de manera rápida y maximizando los recursos disponibles. Pero en el ámbito político, por ejemplo, este valor puede entrar en conflicto con otro valor, como la solidaridad. Una política pública, por caso, puede ser altamente eficiente pero no ser suficientemente solidaria y viceversa (respecto a valores siempre hay una cuestión de graduación). Un imperativo categórico, como el principio de la responsabilidad de Jonas, permite evaluar las acciones sin necesidad de presuponer fines de antemano y sin gradaciones: las acciones son correctas o incorrectas. En este sentido, es claro que el primer fundamento de un sistema de ética son los principios: los valores son imprecisos y meramente condicionales. La objeción de Echeverría es poco sólida desde el punto de vista metodológico: su pluralismo axiológico corre el riesgo de perderse en la arbitrariedad y en la imprecisión.

Volviendo al principio de responsabilidad, su contenido normativo puede ser formulado también de otras maneras, así por ejemplo, Jonas ensaya la siguiente variante positiva: "incluye en tu elección presente, como objeto también de tu querer, la futura integridad del hombre" (1985, p. 40). Y finalmente, el principio se puede formular de modo negativo: "obra de tal modo que los efectos de tu acción no sean destructivos para la futura posibilidad de esa vida" o "no pongas en peligro las condiciones de la continuidad indefinida de la humanidad en la tierra" (1985, p.40).

Echeverría (2007, p. 255) critica esta formulación imperativa de la ética de Jonas y cualquier otra ética que se formule de este modo. Pero aquí es interesante considerar que Jonas parte de la responsabilidad como un principio que surge directamente del modo de ser de la vida, incluyendo por cierto a los seres humanos en esta categoría. En razón de nuestra condición ontológica se nos impone un "deber" en términos normativos. La razón del *hacer* reside para Jonas en una postulación normativa que resulta directa e incondicionadamente del plano ontológico. Sostiene así Jonas:

> En la vida orgánica ha manifestado la naturaleza su interés y lo ha satisfecho progresivamente [...] en la enorme variedad de sus formas, cada una de las cuales es un modo de ser y apetecer [...] La multiplicidad genérica es una manifestación de ello y su conservación es de seguro un bien frente a la alternativa de la aniquilación o la decadencia [...] En este sentido, cada ser que siente y anhela no es sólo un fin de la naturaleza, sino también un fin en sí mismo, esto es, su propio fin. (1995, p.148)

La responsabilidad para Jonas no tiene una dimensión axiológica, sino ante todo ontológica y, a partir de esto, es un principio de la ética. Echeverría parece pasar por alto la distinción entre normas, principios y valores al criticar el "monismo axiológico" de Jonas. Se puede cuestionar que la responsabilidad pueda derivarse directamente de la ontología, del ser. Pero, desde aquí a reprochar a Jonas un monismo axiológico parece haber un abismo, sobre todo si tenemos en cuenta que Jonas no tiene la pretensión de producir axiología de la tecnología. Su principal preocupación es postular una ética para la civilización tecnológica. Una cosa es justificar la responsabilidad como principio, elemento fundante de la ética; otra cosa es situar la responsabilidad dentro de una dada categoría de valores y dentro de un ámbito de la cultura, por ejemplo, la técnica. Jonas está preocupado con el primer aspecto y no con el segundo. Por lo tanto, criticarle un supuesto monismo axiológico no parece tener mucho sentido si tenemos en cuenta su propósito principal.

En cualquier caso, una escala de valores se subordina a un modelo dado de ética y proviene en última instancia de sus principios normativos. Por ejemplo, para el utilitarismo ético, puede que la eficiencia sea uno de los valores más relevantes, no solamente en la esfera de la tecnología, sino también en la economía, la política, las artes militares, etc. Pero para una ética de la responsabilidad, la vida y la dignidad son valores mucho más relevantes que la eficiencia, no solamente en la esfera tecnocientífica, sino también en otras esferas de la cultura. Ambas escalas de valores se fundan en decisiones previas sobre principios normativos.

### 3.2. Técnica y tecnología

El siguiente punto de la crítica de Echeverría se refiere al problema del sentido de la tecnología. Dice Echeverría, refiriéndose a Jonas:

> Continuamente afirma que las tecnologías modifican radicalmente las acciones humanas, pero no distingue entre técnica y tecnología, ni precisa a

qué tecnologías se refiere cuando dice que la tecnología se ha convertido en una amenaza o que lo artificial ha devorado a lo natural. Su noción de tecnología es tan vaga e imprecisa que difícilmente puede ser considerada como un concepto filosófico. (Echeverría, 2007, p.256)

Es cierto que Jonas podría haber concedido un lugar más destacado a lo que se entiende por técnica y tecnología y, en consecuencia, profundizar la definición de estos conceptos. Pero tampoco es posible aprobar el procedimiento que encontramos en muchos tratamientos de la tecnología, que analizan la definición y diferenciación entre una y otra y no van mucho más allá. Esta orientación se corresponde, en última instancia, con una concepción positivista de la filosofía, de acuerdo con la cual la tarea filosófica se concentra, precisamente, en el esclarecimiento de conceptos y sus relaciones lógicas. Se trata de la idea, popularizada por filósofos como Carnap o Ayer en la primera mitad del siglo XX, de la filosofía como auxiliar lógico y metodológico de la ciencia. Para este tipo de perspectiva, la falta de precisión conceptual es inadmisible, puesto que aquí la filosofía estaría faltando a su misión fundamental.

Ahora bien, a partir de su formación fenomenológica y su orientación metodológica en el marco de esta corriente, es claro que Jonas no aceptaría poner el énfasis en la elaboración de una definición precisa, pero simple, como la que formula Quintanilla y es retomada por Echeverría (2007, p. 256), con ciertas extensiones y elaboraciones. Pues incluso estas extensiones y elaboraciones de Echeverría resultarían insuficientes desde una perspectiva fenomenológica. Decir así, por ejemplo, que la técnica es un "sistema de acciones humanas intencionalmente orientado a la trasformación de objetos concretos para conseguir de forma eficiente un resultado valioso" (2007, p. 266), no nos indica, desde una perspectiva fenomenológica, cuál es el *significado* de la técnica en el mundo moderno. El sentido de la técnica en la modernidad es mucho más profundo que la mera definición del artefacto tecnológico. Como ha sostenido Heidegger (2001) y en esto Jonas sin duda coincide con él, jamás llegaremos a la esencia de la técnica hablando de lo meramente técnico.

Desde una perspectiva fenomenológica, afirmar que la tecnología se distingue de la técnica porque aquélla está basada en el conocimiento científico, como sostiene Echeverría, representa un gran equívoco. Pues se trata más bien de que la ciencia moderna, como observa Heidegger, está determinada de entrada por la praxis tecnológica. Para fundamentar esta tesis, muy resistida por los positivistas, Heidegger hace un largo recorrido por la historia de la técnica moderna, para llegar a la conclusión de que en ella no hay nada instrumental, sino que es pura abstracción de lo real, a punto tal que la tecnología impacta sobre la ciencia, determinando sus rumbos, y no al revés como generalmente se pretende. Con todo, Echeverría (2003) parece aproximarse a dicha tesis heideggeriana cuando formula el concepto de *tecnociencia*. Dice así, avanzando un poco más respecto a la formulación básica de Quintanilla:

> [...] así como la tecnología se distingue de la técnica por estar basada en el conocimiento científico, así también la tecnociencia se distingue de la ciencia por estar basada en conocimiento tecnológico, sin perjuicio de que la ciencia siempre ha tenido un componente técnico e instrumental indudable. (Echeverría, 2007, p.266)

Ahora bien, Heidegger va más lejos que esto y concluye: nunca llegaremos a lo que realmente significa la técnica en la modernidad hablando meramente de los aparatos técnicos. Lo que es la técnica no se responde hablando de lo técnico. Es necesaria una reflexión filosófica mucho más profunda, que implique la propia concepción del ser en la modernidad, para llegar a la cuestión central de la técnica moderna. Luego, se trata de un problema metafísico y no meramente de definiciones. Quizás la necesidad de establecer distintas definiciones de *técnica*, *tecnología*, y ahora *tecnociencia*, ya alude a este problema central, pero la cuestión debe ser tratada en su contexto, que es la pregunta por la técnica y su *significado* en la modernidad.

Por lo tanto, si bien Jonas no ofrece una definición terminológica para identificar técnica y tecnología en el sentido conceptual, tampoco parece Echeverría considerar en todo su alcance el significado de estos fenómenos, ofreciendo en cambio distinciones que permanecen en un nivel terminológico. Se trata, en última instancia, de estrategias filosóficas muy distintas. En la tradición de investigación de Husserl y Heidegger, Jonas busca antes la *significación* de la tecnociencia como realidad constitutiva del mundo, se trata de una indagación metafísica y no epistemológica.

Por esto mismo, Jonas propone discutir la cuestión de la ética para una entera *civilización que se ha tornado tecnológica*. Jonas no profundiza, sin embargo, en el origen metafísico del mundo que se constituye por la sociedad tecnológica. Por esa época, esta indagación sobre los orígenes de la tecnología como metafísica de Occidente era llevada a cabo por el propio Heidegger, pero Jonas se había distanciado entre tanto de su maestro, por las razones que ya hemos expuesto arriba. Es probable que los escritos del así llamado "segundo Heidegger" no le resultasen familiares cuando trabajaba en su obra sobre el principio de la responsabilidad, publicada en 1979. Con todo, es evidente que el abordaje filosófico de ambos autores mantiene muchos puntos de contacto.

Uno de estos puntos de contacto se refiere al marxismo, por ejemplo, que ambos autores entienden ha quedado implicado en el mito del progreso científico y tecnológico, perdiendo así distancia crítica respecto a las sociedades modernas. Una crítica radical a este modelo de sociedad exige, para Jonas, también una crítica radical a la propia ciencia y técnica modernas. En este mismo sentido se pronuncia el análisis de Heidegger sobre el marxismo y la técnica de los años sesenta (Heidegger, 1977).

En este sentido, resulta también desacertada la crítica de Echeverría (2007, p.267) sobre Jonas, respecto a que éste "guarda un silencio significativo sobre un componente de la modernidad tan relevante como el *capitalismo industrial*". Para una perspectiva fenomenológica, el problema no está solamente en el capitalismo industrial, como plantea la crítica marxista, porque el propio marxismo ha adoptado la perspectiva del *homo faber*. El marxismo ha sido traicionado por la ideología de la sociedad industrial, según advierte Jonas (1995, p.237). Tanto la crítica de Heidegger cuanto el principio de la responsabilidad de Jonas establecen claramente este punto de vista. Jonas incluso llega a condenar al marxismo como "ejecutor del ideal baconiano" (1995, p. 238).

Por lo tanto, la crítica de Jonas no se dirige solamente contra los moldes de la sociedad capitalista, sino también contra el propio marxismo, que se ha dejado dominar por el mito del progreso tecnológico. En este sentido, Heidegger también observaba:

> El marxismo, en efecto, piensa a partir de la producción: producción social de la sociedad (la sociedad se produce a sí misma) y autoproducción del hombre como ser social [*Selbstproduktion des Menschen als soziales Wesen*]. Al pensar así, el marxismo expresa justamente el pensamiento de hoy en día, donde efectivamente domina la autoproducción del hombre y de la sociedad [...] y determina la realidad de toda la tierra. (Heidegger, 1977, p.125)

Sobre esta tesis, la del hombre como proceso de producción-consumo, reposa todo el marxismo, para Heidegger. La concepción moderna del *homo-faber* o animal para el trabajo, tan refrendada por el marxismo, forma parte de la propia lógica de la sociedad de la tecnificación. Por lo tanto, la crítica a la sociedad industrial debe ir más lejos que la que propuso el marxismo. Para Heidegger y Jonas, una lectura crítica más profunda de la sociedad industrial debe sospechar incluso de la crítica marxista.

## 4. El destinatario del imperativo de la responsabilidad

Para Echeverría, tampoco está muy claro en la propuesta de Jonas a quién está dirigido el imperativo de la responsabilidad. Echeverría así se pregunta: "¿A quien se dirige el imperativo categórico jonasiano? ¿A los tecnólogos? ¿A los políticos? ¿A los que tienen el poder económico? ¿O, por qué no, a los militares? Y prosigue:

> En la vida cotidiana de la inmensa mayoría de personas es difícil hallar alguna acción que pueda poner en peligro la conservación de la naturaleza,

por lo que el pretendido imperativo [jonasiano] ha de ser entendido más bien como un consejo, si no como una súplica dirigida a quienes de verdad tienen la capacidad de incidir gravemente en la naturaleza con sus acciones. (Echeverría, 2007, p.256)

Con eso, concluye Echeverría, "su noción de responsabilidad resulta excesivamente abstracta y de ella no se derivan normas para las acciones concretas" (2007, p. 256). Ni mucho menos puede entenderse, según Echeverría, que estemos en presencia de una "nueva ética" fundada en dicho principio, porque Jonas no afronta ciertas cuestiones centrales de la ética contemporánea, como es el caso de la bioética o el control de la natalidad, de donde se sigue una vez más el carácter "abstracto" de las propuestas de Jonas.

Ahora bien, respecto a la primera observación de Echeverría, sobre el destinatario del principio de la responsabilidad, es evidente que esta crítica no es acorde con la realidad política en nuestros días. Pues resulta claro que las decisiones relevantes sobre la "conservación de la naturaleza" no son solamente las que toman "quienes de verdad tienen la capacidad de incidir", en opinión de Echeverría, o sea las élites, sino las que toman gran número de ciudadanos. En los últimos veinte años, con iniciativas fuertes sobre todo en Alemania, Gran Bretaña y países escandinavos, resulta claro que las causas ambientales y ecologistas dependen de la amplia participación popular, que se estructura en torno a organizaciones no gubernamentales y partidos verdes. Tal vez los ciudadanos tienen "de verdad" capacidad de incidir con sus acciones, pese al escepticismo de Echeverría al respecto. Jonas no se equivocaba al dirigir su principio de responsabilidad a todos los ciudadanos, antes que a las élites. ¿Acaso las élites son los actores más indicados para confiarles la protección del medio ambiente? En términos políticos, la crítica de Echeverría a Jonas padece aquí de una cierta falta de realismo.

Pero en segundo lugar, es visible el error de Echeverría al afirmar que en la vida cotidiana de la inmensa mayoría de personas es difícil hallar alguna acción que pueda poner en peligro la conservación de la naturaleza. Por el contrario, las políticas ambientales más exitosas son aquellas que cuentan con la participación comprometida de los ciudadanos, desde el ahorro de energía hasta el reciclado de la basura y muchos otros ejemplos. Es relativamente sorprendente, una vez más, que Echeverría solamente considere las acciones de los miembros de la élite como relevantes en este contexto.

Es cierto que el comportamiento privado de las personas no puede lograr, por sí mismo, un cambio en la política pública y, de manera más fundamental, un cambio en el modo de relacionarnos con la naturaleza y concebir nuestra propia situación en el mundo. Jonas tenía esto perfectamente claro, sus propuestas no incurren en el idealismo político ingenuo de pensar que debe cambiarse cada consciencia individual para lograr entonces el cambio colectivo. Todo lo contrario, al referirse al principio de la responsabilidad, afirmaba que "el nuevo imperativo se dirige más a la *política pública* que al *comportamiento privado*" (Jonas, 1995, p.40). Pero el error que cometen muchos autores aquí, por una deficiencia en su concepción normativa de la democracia, es pensar que dirigirse a la política pública significa dirigirse a las élites. Este tipo de distorsión no sólo es normativamente condenable, por su visión restringida de la democracia, sino que es poco realista. En efecto, los cambios profundos solamente se logran a través de la movilización y el compromiso de amplios grupos de ciudadanos. Es ingenuo pensar que las élites van a tomar decisiones para la preservación del medio ambiente y que solamente podemos (y debemos) confiarnos en su benevolencia.

## Conclusiones

Como decíamos en la introducción de este trabajo, a finales de la década de los '70 la ética de la responsabilidad de Hans Jonas abre una nueva época, tanto para la reflexión filosófica como para el contenido y orientación de la participación política en torno a causas ambientales. En el presente ensayo, hemos intentado evaluar, además, la medida en que el pensamiento de Jonas continúan siendo relevante en el tiempo presente, a través del análisis de su capacidad para confrontar críticas que se le han dirigido desde distintas orientaciones filosóficas.

A partir de la discusión de las críticas de Apel y Echeverría, ambas representativas de corrientes filosóficas muy influyentes en la filosofía contemporánea, en el segundo caso en el ámbito iberoamericano, podemos concluir que la propuesta ética de Jonas muestra amplia capacidad para continuar afirmándose en debates éticos actuales. Ahora bien, el análisis de estas críticas revela también la importancia de tener en cuenta los puntos de partida y presupuestos metodológicos de la ética de Jonas, de modo de poder entablar un diálogo productivo con sus propuestas.

Particularmente a partir de algunos de los comentarios de Echeverría podemos notar que hay una tendencia a ciertos equívocos, y críticas por tanto meramente superficiales a la ética de la responsabilidad, que resultan de la falta de atención a la particular orientación fenomenológica con que la propuesta de Jonas ha sido concebida. Es cierto que la fenomenología no es una de las orientaciones filosóficas más difundidas al día de hoy, particularmente en el terreno de la ética, pero es indispensable atender a la fundamentación filosófica de un pensador si se pretende entablar un diálogo productivo con sus propuestas.

Y también podemos concluir de este trabajo que el diálogo con la ética de la responsabilidad de Hans Jonas seguirá siendo buscado por autores de las más variadas tendencias intelectuales. Pues el pensamiento de Jonas marcó un punto de inflexión en su época, como queda dicho. Pero ante los crecientes problemas causados en nuestros días por un desarrollo tecnológico, por momentos, fuera de control, las propuestas de Jonas se vuelven *cada vez más actuales*. Nada parece indicar que el ideal de una vida humana auténtica sobre la tierra se aproxime a nuestras sociedades tecnocientíficas. Pero mientras este ideal siga actuando para nosotros como una pauta, como un principio que podemos y debemos seguir intentando realizar algún día, como lo propuso Jonas, entonces tendremos un motivo para no perder completamente las esperanzas.

## Referencias

Apel, K. O. (1990). *Diskurs und Verantwortung. Das Problem des Übergangs zur postkonventionellen Moral.* Frankfurt: Suhrkamp.

Apel, K. O. (1991). *Teoria de la verdad y ética del discurso.* Barcelona: Paidós.

Apel, K. O. (1986). Necesidad dificultad y posibilidad de una fundamentación filosófica de la ética en la época de la ciencia. En: *Estudios éticos* (pp. 105-173). Alfa: Barcelona.

Apel, K.O. (1985). *Transformación de la Filosofia* (versão castelhana de A. Cortina, J. Chamorro & J. Conill). Madrid: Taurus.

Aramayo, R. y Guerra, M. J. (Eds.) (2007). *Los laberintos de la responsabilidad.* Madrid/ Mexico: Plaza y Valdés.

Becchi, Paolo (1989). La ética en la era de la técnica. Elementos para una crítica a Karl-Otto Apel y Hans Jonas. *Revista Doxa, Cuadernos de Filosofía del Derecho*, 25, 117-137.

Cortina, A. (1985). *Razón comunicativa y responsabilidad solidaria.* Salamanca: Sígueme.

Cortina, A. (1991). Introducción. In K.O. Apel, *Teoría de la verdad y ética del discurso.* Barcelona: Paidós.

Echeverría, J. (1995). *Filosofía de la ciencia.* Madrid: Akal.

Echeverría, J. (2002). *Ciencia y valores.* Barcelona: Destino.

Echeverría, J. (2003). *La revolución tecnocientífica.* España: Fondo de Cultura Económica.

Echeverría, J. (2007). El principio de la responsabilidad: ensayo de una axiología para la tecnociencia. In R. Aramayo y M. Guerra (Eds.), *Los laberintos de la responsabilidad.* Madrid: Akal.

Greisch, J. (1991). De la gnose au Principe responsabilité. Un entretien avec Hans Jonas. *Esprit*, 171, 5-21.

Haken, H. (1983). *Synergetics: an introduction: nonequilibrium phase transitions and self-organization in physics, chemistry, and biology.* Berlin / New York: Springer.

Heidegger, M. (1962). Die Frage nach der Technik. In *Die Technik und die Kehre.* Stuttgart: Klett-Cotapp.

Heidegger, M. (2001). *Conferencias y artículos.* Barcelona: Serbal.

Heidegger, Martin (1977). *Vier Seminare. Le Thor 1966/1968/1969.* Zähringen 1973. Frankfurt am Main: Klostermann.

Jonas, H. (1987). *Wissenschaft als persönliches Erlebnis.* Göttingen: Vandenhoeck & Ruprecht.

Jonas, H. (1988). Heideggers Entschlossenheit und Entschluss. In Neske, Günther y Emil Kettering (Eds.), *Antwort: Martin Heidegger im Gespräch* (pp. 221-229). Pfullingen: Klett-Cotta.

Jonas, H. (1995). *El principio de la responsabilidad. Ensayo de una ética para la civilización tecnológica* (trad. esp. de Andrés Sánchez Pascual). Barcelona: Herder.

Jonas, H. (1997). *Técnica, medicina y ética. Sobre la práctica del principio de la responsabilidad.* Barcelona: Paidós

Jonas, H. (1987). *Technik, Medizin und Ethik: zur Praxis des Prinzips Verantwortung.* Frankfurt am Main: Suhrkamp.

Jonas, H. (2000). Gnosticismo, Existencialismo y Nihilismo. In *El principio vida: hacia una biología filosófica* (trad. esp. de José Mardomingo). Madrid: Trota.

Jonas, H. (2001). *The Phenomenon of Life: Toward a Philosophical Biology.* Evanston: Northwestern University Press.

Maturana, H. & Varela, F. (1984). *Autopoiesis and cognition: the realization of the living.* Dordrecht /London: Springer.

Maturana, H. & Varela, F. (2003). *El árbol del conocimiento: las bases biológicas del entendimiento humano.* Buenos Aires: Lumen.

Morin, E. (1984). *Ciencia con consciencia.* Barcelona: Anthropos.

Morin, E. (1996). *Introduction à la pensée complexe.* Paris: ESF.

Prigogine, I. (1997). *Las leyes del caos* (trad. esp. de Juan Vivanco). Barcelona: Crítica.

Prigogine, I. (1998). *Modern thermodynamics: from heat engines to dissipative structures.* Chichester: John Wiley & Sons.

Prigogine, Ilya (1990). *La nueva alianza: metamorfosis de la ciencia* (trad. esp. de Manuel García Velarde). Madrid: Alianza.

Rodríguez, L. (1997). Una ética para la civilización tecnológica: la propuesta de Hans Jonas. In J. M. Gómez-Heras (Ed.), *Ética del Medio Ambiente. Problemas, perspectivas e historia.* Tecnos: Madrid.

Wolin, R. (2003). *Los hijos de Heidegger: Hanna Arendt, Karl Löwith, Hans Jonas y Herbert Marcuse* (tradução de Maria Condor). Madrid: Cátedra.

# CAPÍTULO XII

## PARA UMA ÉTICA DO ENCONTRO CLÍNICO, ANTES DOS PRINCÍPIOS

Nuno Miguel Proença[1]

Há no encontro clínico uma especificidade que resulta da aparente dissimetria em que se encontram os seus protagonistas. Na maior parte dos casos, o que o motiva é um *pedido* dirigido ao médico ou a um terapeuta, por quem está – ou pensa estar – doente e se queixa. A queixa em razão de uma dor, a expressão de um sofrimento, a inquietação em razão de uma estranheza ou a formulação de uma pergunta, dirigem-se ao médico ou à equipa hospitalar que supostamente dispõem dos conhecimentos e dos meios suficientes para informar, esclarecer, averiguar, tratar, acompanhar ou aliviar o paciente na impaciência do seu pedido, no que não está bem na relação consigo próprio ou com o seu corpo e que ele não consegue transformar pelos seus próprios meios. Desta assimetria, que pode gerar figuras próximas às da dependência, resulta a necessidade de garantia de direitos e liberdades de quem está doente pela limitação do poder médico e das instituições de saúde pública. Dela não trataremos, pelo menos diretamente. Antes nos interessaremos por aquilo que frequentemente é deixado de lado pelas práticas clínicas que se fundam em resultados de investigações científicas, na eficácia de métodos e tecnologias de tratamento ou em representações da doença organizadas sob a forma de modelos teóricos aceites. Interessar-nos-emos, assim, por aspetos tácitos da relação clínica que, no entanto, condicionam os conteúdos verbais e participam na sua formulação, estando assim presentes no sentido veiculado pelas conversas entre quem cuida e quem está doente. Interessar-nos-emos, também, pela dimensão do encontro que, apesar de invisível, está presente na formação daquilo que é observável e mensurável no quadro diagnóstico e terapêutico.

Se o paciente se dirige ao médico pedindo um pouco do seu saber e formulando da melhor forma esse pedido, quem está doente não é só por isso objeto

---

[1] CHAM, FCSH Universidade Nova de Lisboa/Universidade dos Açores.

DOI: https://doi.org/10.14195/978-989-26-1380-2_12

de um saber científico de que dispõem o médico, o terapeuta ou a equipa de acolhimento. O encontro não se dá entre quem cuida e uma generalidade objetiva, o corpo ou a mente, mas sempre com a singularidade de um existente semelhante. Qualquer relação estabelecida implica a afetividade e as suas dinâmicas, mas situa-se também nos meandros da significação e da expressividade de duas vidas. Ambos, médico e paciente, mesmo na relação clínica que os designa como tal, comungam de uma vida cujas formas pessoais, mas também sociais, se entre-afetam e se entre-exprimem. Ambos têm um mundo comum de significações no qual se encontram implicados pela fala e pela palavra e no qual ser médico, ser ou estar doente, como, porquê e onde, têm sentidos a ter em conta para a definição da relação que entre eles se estabelece. Podemos identificar sumariamente, à luz de trechos do trabalho de Freud anteriores à formação da psicanálise propriamente dita, alguns aspetos do encontro e da relação terapêuticos. Chegaremos, por meio deles, a teses centrais ao pensamento filosófico de Michel Henry e de Henri Maldiney, passando pela apresentação de aspetos essenciais à relação psicoterapêutica, segundo o psiquiatra de inspiração fenomenológica Ludwig Binswanger.

## 1. Singularidades, afinidades e confiança

Antes da instauração do método psicanalítico, ligado à regra que permite a associação livre e a identificação do fenómeno da transferência, com tudo o que de real e de imaginário esta implica, os textos de Freud sobre a psicoterapia da histeria apontam para algumas condições sem as quais o trabalho clínico não pode ter lugar e sem a tomada em consideração das quais é pouco provável que tenha sucesso. Estas condições são de ordem relacional e afetiva e estendem-se, no entender do médico vienense, a qualquer método terapêutico. «Ao lado dos factores intelectuais, escreve Freud, aos quais se faz apelo para vencer as resistências (que mantêm o sintoma), *um factor afectivo sem o qual podemos raramente passar* tem o seu papel. Refiro-me à personalidade do médico e, em numerosos casos, só ela será capaz de suprimir a resistência (ao tratamento). Aqui, como sempre em medicina e em todos os métodos terapêuticos, é impossível renunciar totalmente à acção deste factor pessoal» (Freud & Breuer, 2002, p. 229). Se o médico suscita formas de simpatia ou de antipatia que podem entrar em jogo no trabalho terapêutico, também os pacientes, pela sua maneira de ser, podem suscitar nos terapeutas formas de atração ou de repulsa. No sentido em que, escreve Freud, «o processo [terapêutico] é cansativo para o médico, e lhe toma um tempo considerável, pressupõe que tenha um grande interesse pelos factos psicológicos e muita simpatia pessoal pelo doente que trata. [Escreve por isso que] seria incapaz de se imaginar estudando, em detalhe, o mecanismo psíquico de uma histeria num sujeito que [lhe] parecesse menosprezável e repugnante e que, assim que fosse mais bem conhecido, se revelasse incapaz de inspirar a menor simpatia humana. [Mas também escreve que] poderia, pelo contrário, tratar qualquer tabético, quem quer que sofresse de reumático, sem se preocupar com a sua personalidade» (Freud & Breuer, 2002, pp. 213-214). A estes fatores "humanos" juntam-se outros que o são igualmente mas que designamos por afinidades (sociais, históricas ou "políticas") que nada parecem ter a ver com a "objetividade" do trabalho terapêutico mas sem as quais, na realidade, o trabalho terapêutico singular e concreto parece não poder ser duradoiro, independentemente da boa vontade de ambas as partes.

Seguindo a exposição de Freud e alargando-a um pouco, o que a relação clínica pede aos doentes parece ainda mais exigente, nomeadamente nos casos em que pode estar em causa grande parte da sua integridade física ou moral. «A adesão total dos pacientes, a sua inteira atenção, mas sobretudo a sua *confiança*, são indispensáveis, *já que a análise leva-nos sempre em direcção aos factos mais secretos, aos mais íntimos*. Muitos doentes, entre os quais aqueles a quem o tratamento se prestava mais, escapam ao médico assim que têm a menor suspeita acerca da via pela qual a investigação os vai levar» (Freud & Breuer, 2002, pp. 213-214). A *desconfiança* destes poderia ser consequência da forma de ser dos médicos, de uma falta de afinidades, ou da incapacidade do sujeito doente em *confiar*. Mas pode também ser uma preferência em não revelar elementos que poderiam ter um fator explicativo e terapêutico, não os disponibilizando para a eventualidade de serem objeto de uma transformação clínica. O que parece estranho, se não supusermos – como Freud fará anos mais tarde – que pode haver nalguns casos um ganho secundário trazido pela doença. As vantagens que dela se tirariam poderiam justificar, por si só, que o trabalho terapêutico fosse interrompido. Para esses pacientes, escreve ainda Freud, «o médico permaneceu um estranho. Outros decidem *confiar*-se ao médico, testemunhar-lhe uma confiança que geralmente não se dá senão por uma escolha livre e sem que seja exigível. Para estes pacientes é quase inevitável que as *relações pessoais* tomem, pelo menos durante um certo tempo, uma importância capital. Parece-me até que *esta influência exercida pelo médico seja a condição em si* para a solução do problema» (Freud & Breuer, 2002, p. 218).

Reencontramos *a confiança* como condição da boa relação clínica num escrito «Sobre a Psicoterapia» da autoria do psiquiatra suíço Ludwig Binswanger. «Esta confiança, escreve, é a prenda que o doente dá ao médico como condição *sine qua non* de qualquer acto terapêutico, e que quanto mais se solicita menos se obtém; já que é como a prenda de qualquer comunicação autêntica que se situa para lá da intenção, do meio e da meta, para lá da causa e do efeito» (Binswanger, 1971, p. 126). Sem esta relação existencial, lemos ainda, «o acto terapêutico pode suscitar uma recusa psíquica do médico e até, por exemplo, a manifestação de pura e simples antipatia podendo ir até à declaração de uma recusa de qualquer tratamento ulterior» (Binswanger, 1971, p. 126). A confiança recíproca permite que o ato médico, por ser relação entre dois existentes humanos, reconhecendo-se mutuamente como tal, não seja vivido como um ato de brutalidade nem de crueldade. Nasce da singularidade do encontro no qual a relação clínica se realiza a cada uma das vezes: na «lei individual do estar em comum concreto *deste* médico com *este* paciente *neste* momento» (Binswanger, 1971, p. 126). O médico deve poder responder à confiança do doente, trazer-lhe por sua vez a prenda de uma confiança humana [...]; o doente deve saber que o médico, em qualquer caso e sob qualquer ponto de vista, está animado de boas intenções para com ele, que o quer ajudar com o seu saber e o seu talento, não como a um objecto que se repara, mas ao prestar-lhe uma atenção confiante enquanto «pessoa». Caso contrário, uma tal intervenção não atinge a forma complexa de um acto psicoterapêutico, mas permanece o que é enquanto mera actuação, fora da esfera médica e humana: uma ameaça, até mesmo uma violência sobre o outro considerado como objecto, logo enquanto um acto de brutalidade» (Binswanger, 1971, p. 127).

Para que não haja brutalidade nem violência, é preciso que a relação clínica assente numa confiança mútua. Mas essa confiança só parece existir se houver um reconhecimento, também mútuo, da forma singular de ser de quem está doente. Se as condições gerais da existência são comuns a cada ser, a maneira singular de cada um é expressão de uma história, de uma sensibilidade, de uma expressividade nas quais, e pelas quais a doença, o sofrimento e a cura adquirem o seu sentido. Parece por isso difícil resolver a tensão aparente entre o pessoal e o impessoal tal como ela se estabelece entre o conhecimento da vida, do corpo ou da mente "abstratos" (e nisso "impessoais", por não serem nunca realmente os de ninguém), e o cuidado pela singularidade de uma vida, de um corpo, de uma mente, de um espírito que ora são *de alguém* ora são *alguém* que se encontra. O reconhecimento da singularidade e da *ipseidade* de quem está doente ou de quem dirige ao médico um pedido de esclarecimento, de reconforto ou de alívio é maneira de afirmar a sua pertença à mesma comunidade, não só de seres vivos, mas, mais particularmente, de seres vivos humanos cujo mundo comum é estruturado pela historicidade, pela compreensão e pelo *logos* (diz Binswanger). Como o ser é sempre o meu, o teu, o de alguém, reconhecer e respeitar essa singularidade, tê-la em conta e partir dela para cada etapa da relação clínica é também reconhecer os meandros da significação e da identidade nas dobras da carne, é reconhecer num corpo vivido uma presença que se sabe, se sente, se exprime e se situa numa dimensão constitutiva do mundo comum. Se o encontro clínico e a relação terapêutica não forem também uma forma de realizar esse reconhecimento, depressa se podem tornar em formas de exclusão, de estigmatização ou de violência.

## 2. A comunidade afetiva

E então o que dizer? O que fazer? Reconhecer a *ipseidade* e a alteridade de outrem, a sua singularidade de ser vivo humano igual por isso a tantos outros, não impede que se recorra à generalidade do que se aprendeu nos livros, nas escolas ou com o tempo. Não impediria também que se recorressem a princípios e a formulações, nomeadamente éticos, para saber como lidar com outrem na relação clínica, escapando assim (talvez) à angústia que o encontro pode suscitar, também no pessoal médico. Mas o pensamento de inspiração fenomenológica aponta antes para a importância do que de comum há sempre entre terapeuta e paciente bem assim como para a importância de deduzir dessa comunidade e das suas dinâmicas afetivas, significativas ou existenciais, o que convém ou não para a relação clínica que estão vivendo. «A ética já não tem que procurar o seu fundamento em quaisquer estruturas ideológicas ou religiosas, enraíza-se imediatamente na intersubjetividade do *pathos* vivida pelos sujeitos carnais em relação afectiva recíproca, que sabem o que é a angústia, o sofrimento, a necessidade, a felicidade do outro, não por intermédio de um saber teórico mas, de forma mais fundamental, porque a eles próprios foi dado vivê-lo por e nesta realidade *impressional* que é a sua essência comum», escreve R. Vaschalde (2006, p. 158). A intersubjetividade afetiva em nada anula a relação clínica e o saber, mesmo científico, enraíza-se nessa dinâmica afetiva e pulsional.

Por isso, a orientação ética, em vez de seguir preceitos, parece consistir em assumir na primeira pessoa, para cada um dos que nela estão implicados (médicos, enfermeiros, doentes, familiares) essa realidade que se exprime também no encontro e na relação clínicos entre subjetividades que se *auto-* e *entre-* afectam. «Que, na modalidade particular que constitui a relação terapêutica, possamos distinguir uma pessoa que sofre, em posição de pedido e de não saber, face à neutralidade científica de outra que é suposto saber bem mais sobre uma questão que pode ser de vida ou de morte, não aniquila de modo nenhum a verdade original que se manifesta no encontro de duas subjectividades inalienáveis, no acontecimento que requer ambas na integralidade de uma experiência carnal necessariamente e inexoravelmente sua e que se trata então de assumir, de bom ou mau grado» (Vaschalde, 2006, p. 161). Parece difícil, deste modo, situar a ética num lugar que não seja o da relação com uma vida que ao afetar-se a si-própria se singulariza. Que ética pode haver que não tenha em conta a dinâmica de um sujeito que se encontra a si-próprio por meio da historicidade da vida partilhada com outros (humanos e não só humanos), que o precede e o acolhe. Um saber que *se* sabe, *se* vive e *se* pratica na primeira pessoa (saber médico ou ético) – face a outrem – constitui-se a partir de uma vinda a si do sujeito e do *eu* que somos sem que estejamos na origem nem do encontro connosco nem do encontro com as condições em que viver nos é dado. «O ego que somos todos, escreve Vaschalde (2006, p. 161), enquanto indivíduos vivos, não é nem autonomia nem um feito nosso. Vimos a nós próprios enquanto este *eu* que somos sem o ter querido e sem nos termos trazido a esta vinda a si. Transidos pela vida que não cessa de se urdir em nós, é enquanto coincidimos integralmente com o próprio conteúdo do seu aparecimento que a nossa carne é idêntica à sua, com a diferença de esta ser incapaz de assumir a sua própria autonomia ontológica e a sua vinda ao ser. De maneira também que o *eu* que somos é continuamente gerado enquanto manifestação derivada do Si da vida que faz de cada vivo, precisamente, este (ou aquele) vivo e não tal ou tal outro que, no entanto, goza da mesma propriedade». Se a relação clínica pode assentar em formas de empatia – que são as que estruturam a comunidade dos vivos e dos tendo vivido – isso deve-se ao facto de tanto a singularização como a ipseidade exprimirem um *pathos* comum aos que nela estão implicados.

As afirmações de Vaschalde inspiram-se em larga medida no pensamento de Michel Henry. Se retomarmos alguns aspetos do trabalho deste, poderemos entender melhor o alcance das teses de uma fenomenologia radical para quem quer pensar (e melhor viver) o encontro clínico, como também poderemos esclarecer de maneira inovadora, a partir da tradição filosófica, o papel fundamental do pensamento freudiano para qualquer atividade terapêutica. Henry considera Freud (o mesmo Freud que chama a nossa atenção para o papel fundamental da confiança na relação clínica) como um «herdeiro tardio» (Henry, 1985, p. 5) da metafísica ocidental. No entender do autor da *Genealogia da Psicanálise*, o conceito freudiano de inconsciente nada mais faz do que retomar uma noção que apareceu na cultura moderna ao mesmo tempo que o conceito de consciência e como consequência deste. No entanto, ao afirmar, «depois de Schopenhauer e Nietzsche, que a vida nunca se exibe na Ek-stase onde o pensamento, desde a Grécia, a procura» e que «o Fundo da Psique escapa à fenomenalidade» (Henry, 1985, p. 4) entendida na orientação cartesiana – quer dizer, reconduzível ao *cogito* – Freud rompe com esta tradição fazendo depender o pensamento e as suas representações de forças inerentes a um dinamismo pulsional cuja fonte é orgânica.

A genealogia da teoria psicanalítica leva-nos a uma compreensão mais vasta da afetividade, da ipseidade e do corpo próprio. Ao afirmar, na sua leitura das teses freudianas, que «o Fundo da Psique é a pulsão, mas que esta não é propriamente psíquica senão como afecto, o qual é precisamente o «representante» do sistema bioenergético do organismo na Psique» (Henry, 1985, p. 106), a fenomenologia radical permite pensar, a partir das teses da psicanálise, a existência de uma conexão essencial entre a Força e o Afeto. É esta conexão que constitui o Fundo da Psique ao qual a psicanálise deu o nome de inconsciente. «A significação do conceito de inconsciente para o conhecimento do homem consiste assim em remeter, no ser deste, para um domínio mais profundo que o da consciência clássica, quer dizer do pensamento entendido como conhecimento objectivo, como representação. Já que o mundo da representação e das suas determinações não é inteligível senão a partir de uma instância que lhe é irredutível, a das pulsões, dos desejos, da necessidade, da acção, do trabalho, que lhe dão a sua forma, uma forma mais antiga que a do pensamento e que este só pode encontrar posteriormente» (Henry, 2004, p. 107). Quanto ao sistema bioenergético de que o afeto é representante, «pode interpretar-se como causa do psiquismo ou ao contrário como simples figura deste, figura construída a partir dele e reveladora da sua *natureza* própria» (Henry, 2004, p. 107). Esta natureza é uma ação que se efetua como inconsciência, quer dizer fora da representação, agindo na imanência radical de uma subjetividade primordial onde não há nem afastamento nem distância em relação a si, nem intencionalidade nem objeto e onde a luz da objetividade e da consciência representativa nunca chega. Trata-se da Noite do corpo, onde prevalece um poder que é coeso consigo numa auto-afeção que se investe na exterioridade do mundo.

## 3. Saber da vida e crise do encontro

Aqui se encontra «um saber primitivo e essencial, o saber da vida» (Henry, 2004, p. 103) que acompanha a humanidade desde as suas origens, lhe permite habitar a terra e que consiste num fazer. É uma «praxis», irrepresentável em si, «irredutível ao saber do conhecimento científico, que este pressupõe em todas os seus trâmites como condição imperceptível mas incontornável do seu acesso a tudo o que sabe e a tudo o que faz» (Henry, 2004, p. 103). Se assim for, damo-nos depressa conta que é nesta ação fundacional que assentam as formações patológicas motivadoras do trabalho terapêutico, mas que é igualmente nela que repousam as hipóteses teóricas sobre as quais este se apoia e todo o saber que deles resulta. A natureza patológica dos fenómenos que motivam as terapias tem o mesmo «naturante» que o saber necessário à sua resolução, é oriunda do mesmo «Fundo». O outro termo que encontramos é o de «potencialidade» (Henry, 1985, p. 387), que é «vida». «É possível reconhecer, por trás destas construções especulativas [as do freudismo], através destes encaixes de hipóteses ao infinito, a própria figura da vida — a nossa» (Henry, 1985, p. 4). Podemos alargar a conclusão de Henry a qualquer série de hipóteses ou de práticas científicas e clínicas. No trabalho que reúne, testa, discute e elabora as hipóteses científicas, no trabalho que as teoriza a partir da identificação e da delimitação dos seus objetos, exprimem-se sempre a *praxis* humana e o seu dinamismo que é vida, tal como este se exprime na variedade das formações (patológicas) acompanhadas de sofrimento, de dor ou de angústia. Encontra-se também nas queixas de quem está ou crê estar doente. Assim sendo, a relação clínica não escapa à dimensão afetiva de qualquer encontro humano.

Se a ética parece situar-se no "lugar" instaurado pelo encontro de si consigo que é encontro com a vida, isso resulta do facto do encontro com outrem, por aquilo que em nós suscita, ser também encontro com o inesperado da vida. "O que fazer com isto?" poderia, então, ser uma primeira formulação da questão ética, oriunda da crise ou do espanto do encontro com o *fundo pulsional* e impessoal da vida que há que *existir* dando-lhe uma forma e um destino pessoais, segundo as possibilidades da comunidade humana. Trata-se da crise do encontro que pode ser, por isso, a do nascimento do desejo na primeira pessoa, assim como a da origem do imaginário onde se exprime a atração de si por si de uma vida que é sempre (a de) alguém vivendo. Daqui parecem resultar duas coisas: relacionamo-nos com outrem segundo o que entendemos dos dinamismos da vida que temos de viver (a partir da tensão entre pessoal e impessoal que se joga no afeto e a partir da relação da natureza com a liberdade), mas relacionamo-nos igualmente com outrem tendo em conta que também ele está, apesar da complexidade da sua relação connosco e com o mundo que nos é comum, numa relação com a vida de cujos dinamismos se vai apropriando pela *passibilidade* de si próprio e a auto-afeção da sua carnalidade. O que fazer então para reconhecer e acompanhar outrem no seio das manifestações da sua vida, e para o ter em conta como igual a mim, na relação particular (a relação clínica) em que o seu viver ou o seu bem viver depende da minha intervenção?

«Sem dúvida que será então necessário que o terapeuta se encontre submetido, pela duplicidade fenomenológica do que se propõe à sua arte, a um constrangimento duplo: utilizar da forma mais informada os recursos que as tecno-ciências lhe propõem para restituir a integralidade perdida do corpo objectivo e saber esquecê-los ao mesmo tempo, de modo a disponibilizar-se inteiramente para a escuta da palavra viva que, aquém do mundo e da sua linguagem, a subjectividade carnal do paciente exprime ininterruptamente» (Henry, 1985, p. 160). Talvez aí e por aí o médico possa compreender as nuances e as formas de amor ou de desamor próprio, de amizade ou de ini-mizade consigo próprio, pelas quais uma subjetividade viva se afeta e que se expressam tanto na doença como na relação clínica. E o que torna o sujei-to médico capaz de ouvir e de compreender esta expressividade silenciosa? Seguramente, o facto de estar numa comunhão com o doente, comunhão que não é assegurada nem pela partilha de princípios, nem pela partilha de valores que orientam o mundo. A empatia na clínica resulta simplesmente do sujeito médico também estar vivo. E é na vida, se aceitar escutar em si e no outro a identidade e complexidade das suas dinâmicas, que poderá encontrar a maneira de acompanhar o sujeito doente e o sentido a dar à relação clínica. «Por trás da cena do mundo em que se dão a ver e a compreender o conjunto das relações sociais e por exemplo a relação entre o doente e o seu terapeuta, permanece em segredo o elo primordial que une cada um a todos os outros, todos iguais porque todos *egos* transcendentais gerados pela vida, nesta esfera de realidade primitiva onde, para retomar os termos de Paulo, não já há nem Judeu nem Grego, nem escravo nem homem livre, nem homens nem mulheres» (Henry, 1985, p. 158)[2], mas onde também não há nem Cristãos, nem Gentios, nem Índios, nem Negros, nem Brancos, nem Ocidentais, nem Orientais. Na terminologia de Henry, esta realidade é a Potencialidade da Vida, dinamismo e fonte do manifesto percetível e representável. É também esfera invisível na qual se situa o encontro clínico, como qualquer encontro, e que pede ao *olhar*

---

[2] O texto de Paulo encontra-se na Epístola aos Gálatas, 3-28.

médico que seja acompanhado por uma *escuta* e um *sentir* capazes de ter em conta a auto-afeção invisível de outrem, no sentido em que, como escreve Michel Henry (2000, p. 221), «nunca ninguém viu um homem... nunca ninguém viu também o seu corpo... real, quer dizer a sua carne».

*A ratio* do mundo humano encontra-se na invisibilidade onde os afetos se dão como expressão da força pulsional e na qual se encontra o «Fundo» psíquico que é «potencialidade» do manifesto. É a mesma «potencialidade» que se exprime na formação dos sintomas e nas faculdades cognitivas que permitem a compreensão dos mesmos. Ela é «vida» afetando-se nas suas diversas formas, que «existimos» numa imanência não «ek-sistente». A originalidade da psicanálise estaria, segundo Henry, na forma como permite evidenciar o papel formador do que escapa à representação. Talvez seja, de igual modo, o caso de qualquer clínica que saiba ter em consideração o que a relação terapêutica tem de central para a evolução do invisível cujas manifestações compõem a positividade objetiva de cada quadro clínico. Ter em conta essa invisibilidade, da qual são oriundas as formas vivas, é ter em conta *quem* está doente. Ter em conta a relação terapêutica, como podendo desempenhar um papel na evolução do quadro clínico, independentemente da ação médica apoiada nos meios objetivos do tratamento, parece ser ter em consideração a hipótese segundo a qual relação entre o médico e o paciente afeta a forma como este se relaciona consigo, porquanto os seus estados podem resultar da relação; é ainda fazer a hipótese que o paciente pode afetar da mesma forma o médico. O «naturante» comum a ambos, por ser a vida das pessoas implicadas na relação clínica, parece não deixar de fora, nem sequer ao nível do saber, uma dinâmica invisível, e empática, entre os sujeitos que nela se encontram.

## 4. A potencialidade da vida e o caminho do mundo

Ter em conta o invisível na relação clínica também deveria ser, sem que para isso pareça haver uma técnica enunciável, ter em conta a possibilidade de reconduzir o sujeito doente (a não ser nos casos em que a morte vem interromper a abertura dos possíveis) a um melhor sentimento de si, que não seja só aquele que a doença lhe assegura, mas que o aproxime da Potencialidade da Vida na qual e pela qual, vem a si. Para além de cuidar, de tratar, o médico poderia abrir o sujeito doente a formas de afeção de si, de aderência a si que não sejam as da doença e do sofrimento. Mas, não é precisamente isso que um sujeito doente procura junto de um médico? Não é esse o apelo que faz chegar sempre com a sua presença? «A impotência do sofrer, o sofrimento, é o ser-dado-a-si-próprio do sentimento, o seu estar-ligado-a-si na aderência perfeita da identidade e, nesta aderência perfeita a si, a obtenção de si, o devir e o surgimento do sentimento em pessoa no gozo do que ele é, é gozo, é alegria» (Henry, 1963, p. 827). O sofrimento é também, apesar do que pode haver de paradoxal ou de chocante nesta afirmação, um gozo, uma alegria, o gozo e a alegria da perfeita aderência a si. Por isso, Vaschalde, ao refletir sobre a passividade e a dor a partir dos escritos de Henry, conclui de uma forma que pode espantar e que aproxima o filósofo de uma hipótese clínica da psicanálise freudiana: «por muito aberrante que possa parecer [...] o sofrimento é uma das vias privilegiadas que a vida toma para exaltar a prova que faz de si própria, para *se assegurar de si e gozar disso* na evidência dessa experiência "pática" incontestável» (Vaschalde, 2006, p. 161).

O que assemelha esta realidade com a do benefício secundário da doença, que evocámos há pouco, ou com o gozo no sofrimento que a psicanálise identifica, não é a ideia de um cálculo desse benefício ou de uma estética do sofrer, não é nem o masoquismo, nem a realidade de formas profundas de depressão. Antes é o facto de a doença definir uma série de possibilidades que, a determinado momento, são um círculo circunscrito por essa modalidade de afeção de si, a única pela qual o sujeito se sente no mais perto de si, a única pela qual lhe é dado a entender o seu viver no mundo. Deixar de estar doente é renunciar a esta forma intensificada de estar consigo. Pode por isso ser uma perda do gozo que lhe é inerente e da estruturação do real que daí resulta. Face a casos semelhantes, escreve Vaschalde (2006, p. 162), «seria impossível terminar um processo terapêutico sem educar o paciente a assumir o risco da cura, indicando-lhe outras formas igualmente possíveis e preferíveis para dar a sentir a si-próprio a exultação de ser si-próprio.

Mas não poderíamos acrescentar, ser si próprio *no mundo*? A diferença parece mínima. Subentende-se que é sempre simultânea a afeção de si por si e pelo mundo, que as tonalidades e as intensidades afetivas acompanham as miríades de manifestações que compõem a vida humana e a vida universal. Pode tratar-se, no entanto, da diferença entre a passagem de um estado de doença e de ensimesmamento àquele a que a cura pode conduzir: passagem de um mundo feito só de sentimentos e de afetos de si a um mundo comum e partilhado, aberto a um tempo por-vir diferente do tempo da circularidade repetitiva e concentrada em si do ser em sofrimento. Binswanger, no texto sobre a psicoterapia ao qual nos referimos, insiste nesta diferença. Não só uma terapia bem-sucedida reabilita a amizade por si-próprio do sujeito (que anteriormente exprimia pelos sintomas da sua doença uma animosidade e uma inimizade para consigo e para com a sua própria vida) como, dessa forma, faz aceder o sujeito a si-próprio pelo mundo. «Qualquer psicoterapia bem compreendida, escreve, é reconciliação do homem consigo mesmo e, por isso, com o mundo, é metamorfose da hostilidade para consigo próprio em amizade consigo próprio e, por isso, com o mundo», já que «o caminho para si próprio passa sempre pelo mundo» (Binswanger, 1971, p. 144). E também: «a psicoterapia, na sua forma e funções próprias, quer dizer suscitando e educando a comunicação, mostra sempre o médico num papel espiritual de mediador entre o doente e o mundo, o mundo comunitário e o mundo ambiente o que, correctamente compreendido, não pode nunca querer dizer outra coisa do que uma mediação entre o doente enquanto não si-próprio e o doente enquanto si-próprio» (Binswanger, 1971, p. 144). Em termos que Binswanger retoma a Heráclito, a terapia deveria permitir a passagem da existência num *idiôs kosmos*, mundo pessoal, isolado, e ilusoriamente só, a um *koinos kosmos*, mundo comum e universal da presença, que é historicidade e comunidade pela compreensão e o *logos*. No primeiro, segundo Binswanger, trata-se de uma vida dobrada sobre si, na corporalidade e na proximidade corporal, arrastando-se num tempo de retorno ao mesmo da pura afetividade e no sentimento de quem está tomado por um corpo estagnado sob o peso da dor ou dos sintomas. O segundo é abertura à temporalidade, pelo que a história de si-próprio *elabora os* e *se elabora nos* dinamismos e nos meandros da historicidade de uma comunidade – da qual médico e paciente fazem parte – e que é abertura e presença à infinidade de formas de existência singulares que a realizam. Pela participação nesta comunidade, o corpo passa a ser *corpo vivido*, o que pressupõe, mas é mais do que, o *corpo vivo*.

O terapeuta partilha a abertura ao mundo e as suas estruturas com o doente e por essa razão será capaz de, *usando e não usando do seu saber*, reconduzir ao mundo comum quem dele foi subtraído pelo ensimesmamento da doença. Mas, para tal, deve poder entender a forma como, no sujeito que acolhe como doente, essa abertura ao mundo comum não se faz. O que supõe que haja formas de empatia na relação clínica. «A doença mental, escreve Binswanger (1970, p. 189), afastada do campo dos factos simplesmente naturais e do campo das coisas mentais, compreende-se e descreve-se a partir das possibilidades do ser humano. Vê-se assim não só que a pessoa mentalmente doente sofre dos mesmos complexos que nós, mas também que se move exactamente nas mesmas direcções espacio-crono-históricas que nós, mesmo se o faz de forma diferente». O que supõe também que do encontro com o sujeito doente, e da evolução da relação clínica, se possam deduzir as formas de o encaminhar para essa nova abertura a si e à comunidade. Como? A esta pergunta responde a sensibilidade e a arte de cada terapeuta. O que podemos entender é que para tal a relação clínica, a partir do encontro inicial, deve ter em consideração *a possibilidade de transformação* que é a dos seres vivos. Só que, porque os seres vivos humanos têm um real relacional, que é parte dos sonhos da nossa vida de acordados, a possibilidade de transformação está também dependente da sua abertura ou da sua obturação no imaginário que se forma a partir da relação clínica e naquilo que desse imaginário o paciente deduz acerca do que lhe é e do que lhe será possível. À figura extrema dessa abertura ao possível e à imprevisibilidade do acontecimento, à disponibilidade para a surpresa e à possibilidade de a acolher, Henri Maldiney dá o nome de *transpassibilidade*. Tê-la em consideração como estrutura fundamental do ser humano enquanto ser relacional é da maior importância para a relação clínica, escreve o psiquiatra R. Kuhn, ao comentar a obra do fenomenólogo francês. Ao retomarmos as razões desta afirmação, vamos reencontrar alguns temas e algumas pistas que a leitura de Henry nos abriu. A partir da «auto-afeção» fundacional, o pensamento de Henry aproxima-se do de Maldiney. Ambos se encontram na caracterização do papel do «fundo pulsional», que há que «existir» na imanência, segundo Henry, ou no acolhimento do inesperado, segundo Maldiney.

## 5. Transpassível e transpossível

Em *Penser l'Homme et la Folie*, Maldiney escreve que a transpassibilidade caracteriza a existência na sua relação com esse fundo dinâmico no qual a vida se dá. «Ex-istir é manter-se fora de... a partir de... um fundo indeterminado. A existência assume o fundo cuja saída nela depende da partida; é a partir desta partida que a sua relação ao fundo se determina, sem notificação de antemão. Para lá de todas as formas possíveis de passividade, a sua relação com o fundo é transpassibilidade» (Maldiney, 1997, p. 81). «Somos passíveis do imprevisível. É a esta capacidade infinita de abertura que damos o nome de transpassibilidade» (Maldiney, 1997, p. 419). O psicoterapeuta «acolhe» um doente e o «sismo» imprevisível que lhe abala o mundo. É precisamente a possibilidade de se acolher e de acolher o inesperado que está em causa, segundo Maldiney, nas formas psico-patológicas e na relação terapêutica com elas. Uma prática clínica aberta à novidade é fundada nesta dimensão. «A transpassibilidade, na qual estou exposto, exclui qualquer tentativa de reconduzir [o evento] a uma expressão já minha — implica pelo contrário que o considere e que dele receba o meu próprio rosto» (Maldiney, 1997, p. 425). A abertura ao nada de onde é originário o evento, a recetividade acolhedora, incluída na transformação do existente, constitui a transpassibilidade deste último. Só assim se podem «existir as pulsões» incluindo-as num destino pela transcendência da presença a si. «A presença expõe-se a si própria segundo um horizonte que está para além de qualquer espera, de onde tudo acontece, de tal forma que existindo-o acontecemo-nos a nós próprios» (Maldiney, 1997, p. 425).

Desde logo, parecem ser duas as razões pelas quais estas hipóteses fenomenológicas podem ter importância para pensar aspetos da relação clínica. Primeiro, ao elaborar as noções de «transpassibilidade» e de «transpossibilidade», o trabalho de Henry Maldiney abre os psicoterapeutas ao acolhimento da «surpresa do inesperado» na qual se revela a autenticidade do doente e permite-lhes aceder assim a um conhecimento imediato das formas próprias ao «sismo» que o abala. Depois, e citando a leitura que o psiquiatra R. Kuhn faz de Maldiney, porque, «todos estes problemas parecem estar intimamente ligados à liberdade. É esta liberdade, escreve, que é um problema para a psicopatologia, pondo em jogo a transpassibilidade e a transpossibilidade [que permite a metamorfose dos possíveis de um ser]. Se o médico tiver em consideração as modificações desta estrutura fundamental na doença mental, que não é uma destruição, o doente sente-se compreendido e respeitado de uma maneira completamente diferente do que se se encontrasse face a um sistema de pensamento teórico no qual o médico o incita a entrar à viva força, tanto no plano psicológico como no plano biológico» (Kuhn, 2001, p. 54). Esta maneira de conhecer é, segundo Kuhn, independente das conceções científicas que – ao reiterarem simplesmente na situação clínica o sistema teórico no qual se fundam – podem impedir o acesso à «novidade» de cada doente e parece servir de fundamento à consideração e à compreensão da singularidade humana, orientando posteriormente o tratamento.

No primeiro caso, para conseguir aceder à singularidade de cada doente, o terapeuta deve saber pôr de lado o saber científico que, num certo sentido, só poderia produzir uma antecipação do que se vai encontrar e uma compreensão dos fenómenos ouvidos e observados segundo a teoria que dá um fundamento científico à sua profissão. As conceções científicas também podem ser obstáculos epistemológicos, e ser fonte prejudicial para o encontro terapêutico, se passarem a preconceitos. Podem, se os terapeutas não as souberem suspender, impedir o encontro com a singularidade de outro existente, e forçá-los a encontrar mais uma vez um "tipo" de doentes acerca dos quais aprenderam muito ou acerca dos quais já formaram uma (pré-)conceção. Claro que a dificuldade não é só epistemológica. Parece ser, também, profundamente existencial e ter consequências éticas: um verdadeiro encontro sacode e transforma o mundo em que vivemos, já que transforma as possibilidades que o definem e aponta para um fundo vivo que cada existente tem de existir. O que não deixa de ser inquietante, mesmo para o pessoal médico. A dificuldade ética para a qual parece apontar é a de, para dizer como o filósofo Lévinas, ser violência feita ao rosto de outrem, entendido como a série em aberto, e por isso não acabada e in-*finita*, das suas manifestações. Impondo-lhe um tipo, estou a querer acolhê-lo só segundo uma forma limitada de apreender essas manifestações, que assim nunca me poderão realmente surpreender e exceder o meu conceito. A estrutura do encontro (e a semelhança com as descrições da epifania do rosto de outrem, segundo Lévinas, são grandes), «como transpassibilidade, implica uma abertura, *ab-soluta* de qualquer projecto. No acolhimento do evento que abre a cada uma das vezes um mundo novo, o estar-aqui, é transformado» (Maldiney, 1997, p. 425). Por sua vez, a caracterização do evento capaz de transformar a nossa existência, é a seguinte: «o evento, o verdadeiro *acontecimento-advento*, expõe-nos ao risco de nos tornarmos outros. É por si só transformador. Abre um mundo ao facto de estar aqui que o acolhe transformando-se e cujo acolhimento consiste nesta mesma transformação, em "tornar-se outro"» (Maldiney, 1997, p. 425).

A autenticidade da pessoa doente é manifestada pela sua transpossibilidade e pela sua transpassibilidade. «De maneira a respeitar essa autenticidade, o terapeuta deve ser capaz de deixar o sistema que, por outro lado lhe é indispensável. Isso permite-lhe ter um conhecimento directo da pessoa (psiquicamente) doente que lhe teria ficado inacessível se tivesse permanecido fechado no interior das suas concepções científicas» (Kuhn, 2001, p. 55). Se isto é verdade, o encontro clínico está carregado de significação de tal forma que as modalidades singulares da existência e da presença da pessoa doente possam ser compreendidas, de forma quase empática. «Este conhecimento da pessoa doente, diz ainda Kuhn, é de uma natureza diferente que o conhecimento exclusivamente científico e é sobre ela que pode propor tal ou tal tratamento da doença (psíquica), em termos biológicos, físicos, psicológicos ou de ambiente. Só assim a pessoa doente poderá participar livremente nestas decisões, tanto mais que não lhe são impostas» (Kuhn, 2001, p. 55). Por fim, Kuhn afirma – alargando o âmbito da análise de Maldiney – que estas noções são importantes para a psiquiatria contemporânea, mas talvez também, para outras formas terapêuticas, porque são úteis para compreender alguns dos riscos do conhecimento psiquiátrico e científico para a psiquiatria clínica e a clínica em geral. «Para ser médico, escreve, é preciso possuir um certo número de conhecimentos estruturados em sistemas teóricos. Há por isso a tendência muito forte de querer enfiar o doente nessas construções. O dizer do doente é tanto mais aceite quanto integra esses sistemas, e são facilmente rejeitados se não estiverem em concordância com eles. O sistema no qual o médico deve organizar-se profissionalmente prefigura-lhe o diagnóstico e as suas indicações terapêuticas. Dessa forma, a surpresa que brota do inesperado, se não se tiver cuidado, é facilmente abafada. Ora, é precisamente aí que se manifesta a autenticidade do doente» (Kuhn, 2001, p. 55). Esta autenticidade, parece-nos, é a verdadeira razão de ser do cuidado e da inquietação ética.

## Bibliografia

Binswanger, L. (1970). Freud et la constitution de la psychiatrie. In *Analyse existentielle et psychanalyse freudienne. Discours, parcours et Freud* (traduction de R. Lewinter). Paris: Gallimard.

Binswanger, L. (1971). De la psychothérapie. In *Introduction à l'analytique existentielle* (trad. J. Verdereaux et R. Kuhn). Paris: Minuit.

Freud, S. & Breuer, J. (2002). Psychothérapie de l'hystérie. In *Études sur l'hystérie*, 1892-1899 (trad. A.Bermann). Paris: PUF.

Henry, M. (1963). *L'essence de la manifestation*. Paris: PUF.

Henry, M. (1985). *Généalogie de la psychanalyse*. Paris: PUF.

Henry, M. (2000). *Incarnation: une philosophie de la chair*. Paris: Seuil.

Henry, M. (2004). *Auto-donation*. Paris: Beauchesne.

Kuhn, R. (2001). L'importance de la philosophie d'Henri Maldiney pour la psychiatrie contemporaine. In H. Maldiney, *Existence: crise et création* (pp. 427-433). La Versanne: Encre Marine.

Maldiney, H. (1997). *Penser l'homme et la folie*. Grenoble: J. Millon.

Proença, N. Miguel (2009). Lecture de Freud sur le transfert et sa liquidation: comment passe-t-on de l'identification à la reconnaissance en situation psychanalytique? In Christian Lazzeri et Soraya Nour (Dir.), *Reconnaissance, Identité et intégration sociale* (pp. 181-192). Paris: Presses Universitaires de Paris-Ouest.

Vaschalde, R. (2006). Maladie: de la phénoménologie à la thérapie. *Phainomenon*, 13, 155-164.

# CAPÍTULO XIII

## ÉTICA Y EDUCACIÓN.
## LA RELACIÓN CON LOS OTROS Y CON LO OTRO

Jose Manuel Muñoz Rodriguez[1] & Cristobal Ruiz Roman[2]

## 1. Planteamiento inicial

Son muchos los aspectos que definen a la especie humana. Uno de ellos, aquel que lo encarna como animal social, es la capacidad de relación. El hombre es, entre otras cosas, relación (Barbera, 2004). Un hecho que desde el punto de vista educativo no pasa desapercibido. La relacionalidad humana, vista a los ojos del panorama educativo, resulta fundamental, tanto por el hecho obvio de que constituye la base sobre la que se desarrollan los procesos de enseñanza-aprendizaje, como porque supone un punto de apoyo a la hora de gestionar y afrontar los problemas y adversidades que van surgiendo en el proceso de construcción de nuestra identidad.

En este juego relacional en el que nos movemos, una de las piezas clave que hemos de contemplar son los valores. En toda relación hemos de poner en juego una serie de pautas de comportamiento, de sentimientos y de juicios morales que nos permitan desplazarnos con la certeza de estar haciendo bien las cosas. Los valores son algo a lo que se llega por consenso, o sin él, en cada época, en cada sociedad y en cada cultura, y se construyen en el seno de las comunidades humanas mediante la comunicación y el diálogo argumentativo. Ahora bien, los valores no pueden existir sin las relaciones y las necesidades. Y viceversa, las relaciones, marcadas desde la experiencia, expresan criterios de valor para la acción humana.

La cuestión es que hoy en día el asunto se torna problemático. No hay verdades absolutas, ni valores universales. Vivimos una época de contingencias

---

[1] Universidad de Salamanca.

[2] Universidad de Málaga.

DOI: https://doi.org/10.14195/978-989-26-1380-2_13

morales. Ya no existe un consenso social acerca de los valores en los que se ha de educar, viviendo, por ello, momentos de desconcierto en nuestro mundo relacional. Por efecto del cambio social se ha roto el consenso social sobre los valores que deben fomentar las instituciones sociales, familiares, educativas. Ya no es posible hablar de referentes morales universales o un modelo ético universal por el que las relaciones se rijan y en el que educar a las nuevas generaciones, lo cual no significa hablar, en absoluto, de problemas irresolubles sino, todo lo contrario, de contingencias sociales y culturales que permiten buscar puntos de encuentro.

Los valores y las relaciones se encuentran en una especie de encrucijada, debido a la volatilidad con que son comprendidas y vividas y a la fragilidad que las sostiene, conduciendo al sujeto en relación a una percepción de ausencia de valor, a una narración pobre del yo-relacional. Pero a su vez, este mismo sujeto actual busca incesantemente presentarse ante los otros y ante lo otro como identidad socialmente comprendida y éticamente encontrada, contextualizada (Bernal, 2003).

En esta tesitura, las relaciones, como ya hemos apuntado, juegan un papel fundamental y son las que deben guiar, en parte, el discurrir ético del ser humano contemporáneo. Y de entre los muchos juegos relacionales a los que está sometida la especie humana, dos son los que sobresalen y nos preocupan preferentemente: la relación con los otros y con lo otro. El sujeto moral se mueve en un arco amplio que va desde la autorreferencia a la heteroreferencia hacia los demás y hacia lo demás. La identidad moral, frágil y contingente, del sujeto, oscila entre comportamientos morales que sólo tienen en cuenta el sí mismo a comportamientos morales en los que los referentes los constituyen exclusivamente el mundo exterior diverso, plural y los otros.

No obstante, el individualismo marca fuertemente la pauta de acción en el mundo contemporáneo siendo así una de las características más notorias de la época actual. Vivimos un momento donde preocuparse por los demás forma parte de una selección de individuos que incluso terminan catalogados como especie en extinción. Si sólo son las actitudes, sentimientos, o preferencias del ego los que orienten la acción, y sólo son criterios puramente individualistas los que juzguen la misma, habrá tantas reglas morales como necesidades individuales tenga cada uno. Ante este individualismo surgen planteamientos críticos que reclaman la necesidad de buscar en el otro y en lo otro un aliado indispensable que saque al sujeto de su propio egocentrismo, de su propia mismidad. La construcción de la moral, de la identidad, desde uno mismo es muy pobre, el sujeto egocéntrico acaba empobrecido, ahogado en su propia mismidad. Para Levinas, la mismidad supone un encadenamiento a si mismo en el que yo se ahoga en sí mismo, escuchando sólo la locura de su deseo, de su interés, sólo tiene la preocupación de sí mismo (Levinas, 1987).

Es por ello por lo que, ante el individualismo como eje sobre el que construir la moral, se hace indispensable dar un paso al frente. La diversidad y las relaciones con los otros no deben ser vistas como un problema a la hora de construir y desarrollar la moral, sino que debe ser vista como una oportunidad y una fuente de riqueza. "En el mundo sólo el rostro de los demás pueden separarme efectivamente de mí mismo y hacerme conocer aventuras que no sean odiseas (...). De manera que el rostro del otro es doblemente saludable en la medida que libera al yo de sí mismo y en la medida en que lo desembriaga de su complacencia y de su soberbia" (Finkielkraut, 1999, p.25).

Los conflictos morales generados por la individualidad del sujeto actual necesitan una respuesta pedagógica diferente a la tradicional transmisión de unos valores uniformes y universales. La sociedad moderna, que tradicionalmente ha ejercido su función desde una monocromática ética de principios, busca respuestas a conflictos derivados de la diversidad que aglutina.

El cambio, la diversidad y la pluralidad biológica, cultural y social de especies relacionales, son hoy en día hechos ineludibles, y ello exige de nuestros profesores, padres y agentes sociales en general, transformar sus prácticas educativas, para pasar de atender a un proceso de socialización convergente en el que se afirmaba el carácter unificador y centralista de la especie humana, a atender a un sujeto que está siendo socializado y educado por un proceso divergente y plural, donde existe una realidad exterior que hay que comprender y de cuya relación de pertenencia se deriva el proceso de construcción de las identidades personales y colectivas (García, 2007). Y para ello, una mirada a la pedagogía desde el mundo de la ética siempre resulta interesante, pues coincidimos con Mèlich (2003, p.34) en que no se puede "tratar de la educación al margen de la ética, por cuanto es precisamente la ética la que distingue la acción educativa del adoctrinamiento".

## 2. Ética y educación: la educación moral como fundamento de la relación

En la mayor parte de los casos, conjugar ética y educación, sin entrar en precisiones terminológicas, nos lleva a adentrarnos en el amplio panorama de la Educación Moral, en cuyo engranaje se encuentran procesos educativos cuyo fin es desarrollar la dimensión moral de la persona de cara a que dicha dimensión constituya un eje vertebrador de la reflexión, el sentimiento y la acción en cualquier proceso tanto intrasubjetivo como intersubjetivo. "La construcción de la personalidad moral cuyo último objetivo se ha centrado en el desarrollo de la sensibilidad valorativo-moral — sentimientos morales, el juicio valorativo moral — juicios morales y la autorregulación o componente volitivo — conducta moral, que comprende la toma de decisiones y la acción consecuente con los sentimientos y juicios morales" (Buxarráis, 2006, p.204).

No es fácil delimitar los diferentes esquemas de pensamiento que han ido surgiendo en torno a la Educación Moral. De lo que no cabe duda es que la Educación Moral es, bajo cualquier esquema conceptual que lo fundamente, uno de los principales propósitos de quien se acerca al desempeño de la educación. Desempeño que ha sufrido un proceso de aceleramiento y de mayor preocupación, al menos en España, en los últimos años. Siguiendo al profesor Puig (1996), podemos hablar de distintos paradigmas o tendencias en la educación moral: la que entiende la educación moral como la socialización y transmisión de valores; la educación moral entendida como proceso dirigido a la clarificación de valores; las teorías que analizan la educación moral desde el desarrollo evolutivo y cognitivo del sujeto; la educación moral vista como formación para la adquisición de hábitos virtuosos y por último, el modelo de educación moral que entiende ésta como un proceso destinado a la construcción de la personalidad moral[3].

Más allá de estos esquemas sobre los que se ha venido apoyando la Educación moral, y movidos por los nuevos y no tan nuevos acontecimientos sociales, problemas de convivencia y civismo, fenómenos globales que nos hacen perder el sentido identitario, pérdida de valores tradicionales y de derechos humanos básicos, desentendimiento del futuro ambiental por vivir bien el presente, etc. hoy en día, aquellos que hunden sus estudios en la Educación Moral, encuadran sus pensamiento y acciones en teorías diversas, discursos filosóficos más o menos actuales, pensadores contemporáneos, con el fin de justificar y razonar sus acciones educativas cuyo eje vertebrador es la Educación Moral. Una vertiente sincrética que nos lleva a apoyarnos en tres de esos ejes actuales sobre los que se viene construyendo la Educación Moral: *la ética de lo incierto, la ética de la alteridad y la ética del procedimiento*.

Las contingencias culturales, sociales y ambientales que determinan la sociedad actual nos obligan, como primer eslabón, a situar la reflexión en una educación ética que se apoya en lo *incierto*, por cuanto huye de dogmatismos irrefutables y se apoya en la ambigüedad y en lo azaroso, que, en definitiva, marcan las formas de pensar y actuar, cambiantes, de la sociedad civil. El devenir en el día a día que vive la especie humana actual obliga al sujeto a buscar puntos de apoyo, principios sólidos, sobre los que fundamentar nuestro mundo de la vida. Ahora bien, en este proceso el comienzo siempre es incierto.

La idea es clara; "ser moral significa estar obligado a elegir en medio de una aguda y dolorosa incertidumbre" (Bauman, 2002, p.68). El hombre puede ser moral porque tiene la opción de elegir en un mundo de posibilidades, generalmente, inciertas. Estamos obligados a interpretar aquello y a aquellos que nos rodean. Buscamos decisiones definitivas pero, la mayor parte de las veces, conformándonos de forma pasiva e incluso optando por ello conscientemente, quizá de forma irresponsable, son provisionales. Lo cual no significa ser ambiguos sino todo lo contrario, apostar por la libertad en todo proceso relacional

---

[3] Por su parte el profesor Escamez habla de que "tres han sido las teorías contemporáneas de la educación moral que han prevalecido sobre las demás hasta mediados de los años noventa del siglo pasado: la formación del carácter, el desarrollo del juicio moral y la filosofía para niños; algunos… también consideran a la clarificación de valores como otra teoría de la educción moral" (Escámez, 2003, p.21).

al que nos sometamos. Una tendencialidad permanente que permite avanzar en direcciones alternativas al progreso y al mismo estado de la cultura, y sin las cuáles, la base de la cultura quedaría paralizada.

En este viaje de constantes idas y venidas inciertas cargadas de toma de decisiones hay dos elementos fundamentales, los otros y lo otro, que son los que nos hacen elegir el segundo eje de sujeción: la ética de la alteridad, basada en los conceptos de acogida y responsabilidad del otro y hacia lo otro. "Si los seres humanos somos seres finitos es, entre otras cosas, porque somos seres en relación con los otros, con lo otro y con nosotros mismos. Pues bien, concibo la ética como un modo de relación con los otros, pero especialmente con una relación de no-indiferencia frente al sufrimiento de la víctima que altera el orden de la razón (Melich, 2003, p.42).

Una ética que se ve reforzada por otros planteamientos análogos como la ética del cuidado y la responsabilidad, la ética de la hospitalidad y la acogida, la ética de la compasión. Sin entrar en delimitaciones, de una u otra forma, lo que señala es que frente a una posición antropológica del alejamiento, se presenta un antropología de la alteridad, "políglota y policéntrica" (Ortega y Mínguez, 2005, p. 863). Frente a los problemas actuales cualquier planteamiento ético para una educación moral debe estar apoyado en la libertad, en el diálogo, en el respeto, en la heteronomía, en la responsabilidad, en la compasión. " Desde esta perspectiva la educación aparece como una relación de alteridad, en la que el yo ha depuesto su soberanía, su orgullo de yo. El yo en la relación educativa se configura como respuesta al otro" (Buxarrais, 2006, p.217).

Y es en esa respuesta donde encuentra cabida nuestro último eje: la ética de *procedimientos*. Más allá de una lógica tecnológica, que se tambalea ante lo incierto; más allá de la razón instrumental, armonizada en base a los medios y los fines; más allá de un reduccionismo o de éticas de máximos, determinadas y deterministas, cerrada a lo contingente, presentamos una ética de mínimos (Cortina, 1997) procedimental y abierta al porvenir. Una ética basada en unos procedimientos que posibiliten el dinamismo y la interacción entre la diversidad y relatividad de principios, valores, presupuestos. Procedimientos, en suma, que faciliten el diálogo y la comunicación intersubjetiva para entender los presupuestos ajenos y contrastar las propias elaboraciones, detectar y enfrentar las contradicciones, distorsiones y malentendidos que aparecen inevitablemente en los procesos de comunicación intra e intercultural en base al concepto de interdependencia (Pérez, 1998).

Esta ética no suprime el conflicto[4] entre los valores de las diferentes culturas y subjetividades, sino que permite el diálogo, la comprensión y la tolerancia de

---

[4] No consideramos el conflicto como algo negativo, sino más bien como algo inherente a la diversidad de la naturaleza humana, y que por lo tanto plantea no sólo algunos inconvenientes, sino también múltiples posibilidades.

la pluralidad. Esta ética facilita el contraste de pareceres y de experiencias entre los individuos y las culturas, pero no garantiza su consecución. Desde esta ética es necesario mantener "el compromiso socrático con el libre intercambio de opiniones, sin el compromiso platónico de un acuerdo universal" (Rorty, 1996, p. 261). Se puede acordar después del debate y de la experimentación los sistemas que no conducen a la satisfacción y no favorecen el intercambio democrático, pero no se puede racionalmente definir en forma positiva y definitiva el sistema concreto adecuado, solamente establecer hipótesis de trabajo y experimentación. Ésta es la grandeza y la miseria de la democracia humana.

Como expone Adela Cortina "estar dispuesto a entablar un diálogo significa estar a la vez dispuesto a aceptar las condiciones que le dan sentido" (1997, p.205). Una ética de procedimientos y de mínimos, de justicia, son, para esta autora, aquellos que precisamos potenciar para que los interlocutores puedan dialogar en pie de igualdad. Sin embargo tales mínimos de justicia, que desde nuestro punto de vista son aquellos que garantizan la libertad y la igualdad de participación en el diálogo con el otro y con lo otro, no son valores universales, ni mínimos definidos de una manera definitiva, sino que los entendemos más bien como valores y condiciones construidos culturalmente, que surgen en el seno de una tradición determinada y que, por lo tanto, no pueden ser impuestos universalmente, debiendo ser revisados, renovados o confirmados continuamente.

A ello dedicaremos las siguientes páginas; analizaremos la influencia que tiene la ética de lo incierto, la ética de la alteridad y la ética de procedimientos en dos de los aspectos cruciales en los que la especie humana interpreta el papel principal: el de las responsabilidad del sujeto respecto del resto de sujetos, y el de las responsabilidad del sujeto con sus alrededores, es decir, responsabilidades con el biodiverso mundo de la vida (García, 2007).

### 3. La Educación Intercultural desde el encuentro con el otro y la ética de procedimientos

Como veníamos argumentando, ante la creciente situación de diversidad sociocultural que estamos viviendo en nuestra sociedad actual, no parece que la respuesta desde la educación moral se deba cimentar, como se propone desde ciertos paradigmas epistemológicos y éticos, en reconquistar una sociedad y una escuela con grandes valores, universalmente aceptados, que sustenten un modelo educativo que de nuevo instruya a los alumnos en dichos valores considerados absolutos y universales.

La heterogeneidad y multiculturalidad que caracteriza nuestras sociedades industrializadas nos ha de impulsar a la búsqueda, no tanto de una ética que se base en principios estáticos, que difícilmente pueden dar respuesta a un contexto social diverso y en constante cambio, sino hacia una ética basada en unos *procedimientos*. Procedimientos que posibiliten la interacción entre la pluralidad de principios, valores, presupuestos, etc.

Esta ética no zanja de raíz el conflicto entre la diversidad de valores como se haría desde la imposición de una moral de máximos, sino que desde el diálogo, se intenta facilitar la comprensión y la tolerancia de la pluralidad. Esta ética facilita el encuentro entre distintos postulados, pero no garantiza que se llegue a un consenso de valores comunes. Como apuntábamos antes, ésta sería la grandeza y la miseria de la ética de procedimientos, que nos dota de herramientas para el diálogo, el encuentro, el respeto y el contraste de ideas, pero no nos garantiza el que se alcance un consenso. Por eso, la ética de procedimientos tiene una base dinámica, haciendo hincapié y fundamentándose en los procesos de búsqueda, diálogo y contrate de pareceres y presupuestos, mientras que una ética de principios se sustentaría en un principio estable, cerrado y estático.

El hacer hincapié en una ética de procedimientos, lo que vemos que implica es no conformarse nunca con una ética de principios estática, porque consciente de la contingencia y diversidad que inunda al ser humano, creemos que siempre podemos encontrarnos con nuevas personas, nuevos ideales... Esta pulsión constante, esta tendencialidad permanente es la que permite avanzar en direcciones alternativas al progreso y al mismo estado de la cultura, y sin las cuáles, la base de la cultura quedaría paralizada. El basarnos en un principio dinámico y de procedimiento, por lo tanto no implica el dejar de buscar un modelo mejor de sociedad, pues como expone Gimeno (2001, pp. 224-225): "la vida humana y la cultura están afectadas por pulsiones que las impelen hacia el 'más allá', y que se concreta en proyectos de vida personal y colectiva que dirigen en alguna forma el proceso de llegar a ser la persona, la sociedad o la cultura que se quiera".

En este sentido, pensamos que la escuela es uno de los espacios públicos propicios para la creación y recreación de estos proyectos de vida personal y colectiva. En efecto, la escuela mediante la participación y el contraste de diversidad de ideas y pensamientos, debe ayudar a desarrollar y compartir procesos educativos de construcción de la moral de los educandos:

> Potenciar la reflexión, explicitar lo silenciado y cuestionar lo consolidado. Vivir la cultura en la escuela, interpretarla, reproducirla y recrearla, más que aprenderla académicamente, requiere la misma amplitud y flexibilidad que la vida, es decir, concebir el aula como un foro abierto y democrático de debate, contraste y recreación de las diferentes perspectivas presentes con mayor o menor implantación en la comunidad multicultural.[...] Esta tarea tan digna y tan compleja: facilitar a cada individuo su proceso singular de construcción de su identidad subjetiva, de recreación de la cultura, requiere la atención cercana y constante en un espacio social de intercambios experimentales y alternativos, de vivencias compartidas y contrastes intelectuales, difícilmente sustituibles. (Pérez, 1998, p. 260)

Este diálogo creador y re-creador requiere un espacio que posibilite la diversidad de recursos, la posibilidad de reflexión y contraste, y la libertad para re-construir individual y colectivamente los significados. Sin duda la opción de una comunidad democrática de aprendizaje, abierta al contraste y a la participación real de los miembros que la componen, hasta el punto de aceptar que se cuestione su propia razón, resulta esencial para tal proceso de aprendizaje (Martínez, Puig y Trilla, 2003). En este clima democrático, el diálogo permanente e inacabado debe ser la estrategia a seguir, al objeto de facilitar tal proceso de redescripción inter e intrasubjetiva, de redefinición constante de las condiciones, procesos y resultados de la comunicación e interacción humana.

> La cultura de la colaboración tiene dos aspectos fundamentales que se implican mutuamente en todo proceso educativo: por un lado el contraste cognitivo, el debate intelectual que provoca la descentración y la apertura a la diversidad; por otro el clima afectivo de confianza que permite la apertura del individuo a experiencias alternativas, la adopción de riesgos y el desprendimiento personal sin la amenaza del ridículo, la explotación, la devaluación de la propia imagen o la discriminación. (Pérez, 1998, p.172)

Para que todos los miembros de la comunidad educativa participen realmente en la construcción y desarrollo de un proyecto común, es necesario crear nuevos espacios y ámbitos de relación de padres, profesores y alumnos. Espacios en los que el clima de confianza y respeto mutuo ayude a poner en crisis los propios esquemas, ideas, valores, y donde las condiciones *a priori* de libertad e igualdad, sean un garante que minimicen la posibilidad de que se devalúen unas posturas sobre otras. Sin la libertad para crear y para expresar las propias convicciones, la comunicación carece de interés; sin la igualdad de oportunidades de los interlocutores, la comunicación se desequilibra y se desliza hacia la persuasión, el dominio y la imposición.

Por ello, los maestros, padres y todos los miembros de la comunidad educativa han de emprender un camino cuya meta es seguir siempre caminando, desde una respetuosa colaboración, hacia la búsqueda de los valores y del tipo de ser humano que queremos educar, conscientes de que el modelo que pensamos será contingente, abierto y deberá ser revisado.

Emprender este modo de educación moral desde la *ética de lo incierto* y los *procedimientos* no implica tener que dejar la educación moral a expensas de un relativismo inconmensurable. Las posturas completamente relativistas, que niegan cualquier posibilidad de criticar los valores o presupuestos ajenos a los propios, por no compartir los mismos significados y subjetividades; la idea de que todo juicio remite a un modelo particular de entender las cosas tiene desagradables consecuencias: el hecho de poner límite a la posibilidad de examinar de un modo crítico las obras humanas nos desarma, nos deshumaniza, nos incapacita para tomar parte de una interacción comunicativa, hace imposible la crítica de cultura a cultura, y de cultura o subcultura al interior de ella misma (Geertz, 1996). Por ello, apostamos por posturas que sí crean en la posibilidad del diálogo intercultural e intracultural desde la plena conciencia de que es un diálogo en el que ambas partes ofrecen una visión parcial, subjetiva, posicionada intrínseca o extrínsecamente al valor cultural discutido en sí y en el que los consensos son posibles, necesarios, válidos y éticos, siempre que se entiendan contingentes y abiertos a la crítica. Por eso "cada oferta de vida buena debe reflexionar seriamente cuando alguno de los mínimos le parecen inaceptables en su propuesta, por ver si es ella la que está equivocada, o si, por el contrario, tiene argumentos para hacer una propuesta todavía más justa que la comúnmente aceptada, todavía más humanizadora" (Cortina, 1997, p. 216) Para todo ello, es imprescindible un principio que permita este inagotable dinamismo. Un principio que como venimos argumentando en estas páginas debe ser un principio procedimental, que permita la interacción entre culturas o personas.

Toda esta ética basada en los *procedimientos*, demanda del docente una forma muy concreta de entender su tarea. Así, el maestro, desde estos principios, elabora, propicia, desarrolla y gestiona un conocimiento práctico siempre tentativo y provisional, que se legitima de la voz del educando y del diálogo democrático y respetuoso con los otros (Freire, 1997).

En efecto, el maestro ha de dejar un lugar para *lo incierto,* para lo no dicho, o lo que es lo mismo, para lo que el mismo discípulo puede decir. No reduce el saber a lo dicho, sino que transmite un saber, siempre por venir, siempre por decir. Por eso es importante que el maestro practique la ética del silencio, que sepa callar y ponerse a las espaldas del ruido: el maestro debe aprender a callar para que el aprendiz encuentre su voz y pueda ser escuchado (Bárcena y Mèlich, 2000).

Esta ética exige que los maestros entendamos el proceso educativo como un camino que debemos recorrer junto al educando: el camino de su educación y maduración personal. Pero no para decirle de manera positiva cómo son las cosas, antes bien, para explicarles una visión del mundo, la nuestra, que no es la única, y que aprenda a descubrir, criticar, acoger, tolerar e interpretar otras, así como a construir la suya misma. "Los alumnos no pueden quedar como sujetos pasivos, sino que se han de convertir en protagonistas de su educación" (Martínez, Puig y Trilla, 2003, p. 77). Si el maestro, como dice Mèlich, "dijera la última palabra, si, el discípulo no fuera capaz de crear a partir de o en contra de la palabra del Maestro, no habría ni transmisión, ni Magisterio. Solamente repetición de lo Mismo, adoctrinamiento y sumisión" (2001, p.78). Educar, sería entonces introducir a los nuevos en la cultura, "por tanto, dar la palabra, hacer hablar, dejar hablar, transmitir la lengua común para que en ella cada uno pronuncie su propia palabra" (Larrosa, 2001, p.428).

A nuestro entender, el apego acérrimo a las ideas, al estatus social, a una identidad estática y clausurada... nos separa del otro, hace que tengamos que estar en actitud defensiva para con el otro, por temor a perder lo nuestro. Y es que estimular el espíritu crítico no es tarea fácil: es casi seguro que el maestro tenga ciertas creencias y haya prestado su adhesión a ciertas normas, valores, ideas, que no esté dispuesto a someter a la crítica. Estas creencias y reglas pueden conectarse estrechamente con temas que el alumnado desea particularmente discutir en términos críticos: el sexo, la política o la religión, por ejemplo. Si el maestro se niega a permitir la discusión crítica sobre éstas o similares cuestiones, si reacciona con actitudes a la defensiva, de enojo, encubrimiento o reprobación frente al disentimiento, tiene pocas probabilidades de fomentar entre sus alumnos/as el espíritu crítico. Por eso, para que se dé un verdadero aprendizaje también se hace necesario el desapegarse de las pertenencias, que no vaciarse de ellas. Sólo aquel que no tiene miedo a perder algo, porque es consciente de su relatividad y contingencia, que no queremos decir falsedad, es realmente libre para luchar por entero por alcanzar otras. Por eso, para construir, primero es necesario de-construir; para vivir, des-vivirse; para aprender, dejar las seguridades y ponerse en actitud de apertura. Sólo el desapegarse de las propias pertenencias, de los acérrimos individualismos nos permitirá abrirnos al otro.

Como decían Bárcena y Mélich es necesario que en el proceso educativo exista un espacio y un tiempo que deje las puertas abiertas a un saber que está por decir, que está por venir. Para María Zambrano el por venir es lo que va de lo imposible a lo verdadero, lo que ni siquiera es todavía pensable. Coincidimos, en este sentido, con Jorge Larrosa en que la educación como espacio de construcción de un sujeto único e irrepetible implica dejar espacio para *lo incierto,* para "la venida del porvenir, de lo que no se sabe y no se espera, de lo que no se puede proyectar, ni anticipar, ni prever, ni prescribir, ni predecir, ni planificar o, en otras palabras, de lo que no depende de nuestro saber, ni de nuestro poder, ni de nuestra voluntad" (2001, p. 420.) La educación intercultural, a nuestro juicio, implica necesariamente valorar lo que está por saber, lo que está por venir. En efecto, como expone Peters (1977), ser educado no es haber llegado a un destino; es viajar con una manera diferente de ver el mundo y la vida, y las personas. Y es que si en la educación en general, y en la educación intercultural en particular todo está pre-visto, pre-escrito, pre-dicho, pre-juzgado, difícilmente podrá entenderse como educación (puesto que no se deja espacio para la re-creación de los significados por parte del individuo), y difícilmente podrá entenderse como intercultural, puesto que anulando la palabra del otro, terminamos con el otro.

Para Levinas, citado por García (2001), "frente al yo, el rostro del otro tiene su propia exigencia". En efecto, la ética de la alteridad a través del rostro del otro tiene sus propios requerimientos que nos sacan de los nuestros mismos. El rostro del otro nos habla, pregunta o pide y exige contestación.

El rostro del otro es el más claro indicio de que no estoy yo solo, o de que hay alguien además de mí; y es a partir de aquí, desde donde Levinas, trata de fundamentar una antropología no subjetivista, en la que el yo no es constituido desde sí mismo y para sí mismo, sino desde los otros y para ellos. Es desde aquí, desde donde partiría una ética de la alteridad.

Entender a los "otros" no es algo que resulte del simple contacto con ellos, sino que requiere de un tiempo, que se vuelve sumamente gratificante cuando se convierte en un tiempo de adopción del punto de vista ajeno y en un tiempo de reflexión reposada.

Que la educación supone interacción entre educadores y educandos es algo que resulta obvio. La cuestión es ver si esa interacción es sólo un mero contacto entre sujetos-objetivados que llevan a cabo un intercambio que no va más allá del previsto en el rol que desempeñan. O si, por el contrario la interacción es un verdadero encuentro entre individuos singulares. Es decir, una relación cara-a-cara entre dos sujetos que a través del rostro, el gesto y la palabra crean un vínculo mutuo y se implican en una situación — no totalmente programada — de participación conjunta en una tarea formativa (Martínez, Puig y Trilla, 2003, p. 69).

En definitiva, pensamos que desde la educación moral y la ética de la alteridad hay que ofrecer la oportunidad de vivir la experiencia del encuentro con el "otro". Como nos interpela Machado en Proverbios y Cantares, es necesario decir y decirnos: busca en tu espejo al "otro", al "otro" que va contigo. Es necesario que todos, sujetos y comunidades, padres, profesores y alumnos, sin dejar de ser nosotros, seamos capaces de descentrarnos, de extrañarnos, de sentir, de mirar y vivenciar a "otro" y descubrir que en él hay algo de mi "yo".

## 4. La reconstrucción del discurso teórico de la Educación Ambiental en el encuentro con lo otro desde la Ética Ecológica

### 4. 1. Ética Ecológica y Educación Ambiental

Nadie pone en duda que en cualquier proceso educativo, el encuentro con lo otro, aquello que nos rodea, nos acoge, los alrededores de la especie humana en definitiva, es crucial. En lo que no existe tal acuerdo es en descifrar el papel que le corresponde a lo otro en dicha relación y, más aún, el nivel de relación óptimo al que hemos de llegar para poder justificar el sentido de lo otro dentro del proceso educativo.

Para buscar tal propósito, resulta pertinente acercarnos a la Ética, enraizada en los tres ejes planteados con anterioridad, y dibujada bajo el marco de comprensión que nos ofrece la Ética Ecológica. Superando el tradicional discurso ético, regulado con base en las relaciones del ser humano con sus semejantes y de éste con la sociedad y las instituciones, la Ética Ecológica ha ido planteando preguntas respecto de las relaciones del ser humano con su medio, buscando razones para regularlas, justificarlas y fundamentarlas. "Si la Ética se propone indagar sobre los fines de la actividad humana y, en su discurso, dudamos, pero dudamos razonadamente; y si la Moral se nos ofrece como un conjunto de pautas y valores elegibles, una Ética Ecológica, podría, sencillamente, ayudarnos a esclarecer los términos de nuestras elecciones y opciones" (Sosa, 1990, int).

La idea es clara: ante las limitaciones para articular una perspectiva convencional de la dimensión ética de la relación entre el ser humano y todo aquello que le rodea, lo otro, debido a que el primero tiene conciencia y razón, mientras el segundo es un eco-organizador inconciente de la naturaleza (Morin, 2006), Habermas nos plantea un desafío ético sin precedentes: cambiar la lógica misma de nuestra racionalidad de corte unilateral e instrumental, por otra regida por un enfoque estratégico, de procedimiento.

Con el avance del conocimiento, se invirtió una vulnerabilidad histórica: ya no es el ser humano el que está indefenso frente a las fuerzas de la Naturaleza, sino que su destino ahora está en nuestras manos. El poder que nos fue conferido a través de la ciencia tiene un precio, que conlleva asumir — en base a la ética de lo incierto, de la alteridad y de procedimientos —, la *responsabilidad* de nuestras actuaciones ante lo otro, no sólo porque debemos respetar la vida y mantener el equilibrio del planeta como tales, ni tampoco porque en ello va la preservación de nuestra propia existencia como especie sino, sobre todo, porque somos una especie más perteneciente a la trama de la vida, sin necesidad de diferenciar entre seres humanos y el resto de seres vivos. Se trata de hablar de "... un carácter unitario de la vida, un único mundo de la vida" (García y Muñoz, 2009, p. 67).

En esta unicidad de la vida, desde los planteamientos éticos presentados anteriormente, nos presenta, pues, la *co-responsabilidad y la solidaridad* como los valores que pueden aportarnos la base para sostener una relación interdependiente entre la especie humana y el resto de especies vivas. La ciencia nos colocó hace 300 años en la condición de dueños y señores del planeta, pero ella también nos ha dado los conocimientos necesarios para determinar las consecuencias de nuestras acciones frente a la Naturaleza y nosotros mismos. Ese es el desafío ético de nuestro tiempo: la toma de conciencia y de responsabilidad respecto de lo otro, de la Tierra-Patria, como diría Morin (2006) y la construcción de un humanismo de pertenencia al mundo de la vida como base de cualquier planteamiento educativo-ambiental.

El lenguaje del medio (Muñoz, 2005) obliga a buscar nuevas formas de construcción de la especie humana, cuyos principios vienen dispuestos, en buena medida, desde la Ética Ecológica que plantea la posibilidad de una Educación Ambiental que permita, a su vez, juzgar, bajo una nueva perspectiva, las interrelaciones entre los seres humanos, el entorno natural y el resto de seres vivos. Se trata de aprender a entender y comprender la vida, partiendo de una profunda reflexión ética que abra un nuevo campo a la deliberación moral y al principio de responsabilidad, en un grado de desarrollo económico y social sin precedentes, donde nuestra propia especie se ha convertido en una amenaza para sí misma y para la conservación de la vida sobre el planeta.

Estamos en un momento en que la centralidad de la Ética Ecológica en todo proceso cuyo objetivo sea la Educación Ambiental es de obligado cumplimiento, tanto en la reflexión teórica como en la práctica educativa. Somos conscientes de que lo que realmente importa no son los conocimientos sino las actitudes y prácticas sociales. Pero, tampoco podemos obviar que los valores se construyen desde el conocimiento, que produce, a su vez, diálogo, toma de conciencia individual y social, y comunicación argumentativa.

### 4. 2. El discurso teórico de la Educación Ambiental respecto de lo otro

Un conocimiento que se ha ido construyendo en el discurso educativo-ambiental al unísono con los que han ido siendo las directrices que aparecen en las distintas conferencias y seminarios internacionales que han ido celebrándose al respecto. "Como en todas las áreas de la Pedagogía, en la educación ambiental han coexistido (…) distintos discursos, desde aquellos que han hecho hincapié en la conservación ecológica, hasta los que han articulado la problemática del deterioro con el conjunto de condiciones sociales, económicas y culturales prevalecientes. Así, hemos visto proyectos de lo más variopinto, con tendencias hacia la enseñanza de las ciencias naturales u otros con rasgos vinculados a reivindicaciones comunitarias" (Gónzález, 2002, pp.76-77).

En un primer momento, el medio ambiente, observado desde el prisma que proporciona la Pedagogía, dio un paso importante al dejar de ser concebido como "… una realidad bio-psicológica (el activismo) o una situación psico-social (el grupo) para convertirse en el ejecutor funcional del educar" (Colom y Sureda, 1981, p. 23). Lo otro pasó a adquirir protagonismo, pues se interpretó como posibilitador de cambio en la acción educativa, adquiriendo así la condición de "… receptáculo ambiental, envolvente de protagonistas, estructura de organizaciones sociales" (García, 1990, p. 99).

En este sentido el objetivo educativo se vuelve a favor de lo otro: educar a las personas para conservar lo otro. Se insiste en cambiar de enfoque y pasar de posturas antropocentristas a puntos de vista en los que el medio ocupe un lugar central, aunque, "… comenzando la década de los setenta, todavía pervive de algún modo aquella visión antropocéntrica que hace que los bienes naturales sean reconocidos como algo que está por ser explotado por los seres humanos…" (Novo, 1995, p. 36). Es así como se empieza a reconocer la Educación Ambiental, promoviendo actitudes y valores a partir de los cuales las personas, desde una perspectiva ecológica, convivan con el medio ambiente. "La educación ambiental es consecuencia del cambio de lectura que el hombre empieza a realizar, a fines de la década de los sesenta, del escenario de su vida" (Sureda y Colom, 1989, p.90).

En un segundo momento, la concepción respecto de lo otro adquirió una visión más amplia en la reflexión teórica de la educación, pues se empezó a comprobar que existe una relación directa entre calidad educativa y función del medio ambiente. Más aún, el medio ambiente no sólo es concebido como la realidad físico-natural sino, también, como social y cultural, superando tanto el ámbito escolar como el estrictamente científico, desplazando el eje de sujeción al terreno de las responsabilidades morales (Sosa, 1997). La Pedagogía Ambiental pasó a ser concebida como la posibilidad de desarrollo de una educación sistémica y pedagógica que explica "… las posibilidades tecnológicas y de control de las variables ambientales intervinientes en el proceso educativo" (Sureda y Colom, 1989, p. 10), amparada en unos principios básicos desde el punto de vista ético y sostenida metodológicamente con base en presupuestos coherentes con sus bases éticas y conceptuales, en nada neutrales (Novo, 1995).

Es la etapa de educar sobre lo otro, es decir, educar para concienciar a las personas sobre lo que significa el medio en la vida de los seres humanos en cuanto que sistema del que dependen y que deben comprender. Se apostó porque la Educación Ambiental fuera considerada una pieza indiscutible en la educación permanente que todo ciudadano necesita para convivir responsablemente con el entorno físico y natural, humano y social. La especie humana debe comprender los problemas básicos que afectan a la sociedad, para lo cual la educación ha de proporcionar unos principios éticos, conocimientos técnicos y una serie de cualidades y competencias para hacer al ser humano un ser responsable. Había que empezar a ayudar a comprender la interdependencia entre los ámbitos económico, político, social y ecológico, considerando lo otro desde una concepción global, basada en principios éticos de respeto, responsabilidad y participación.

Ya en la actualidad, se percibe un giro en las estructuras del pensamiento y la acción educativa-ambiental. Se trata de una Educación Ambiental que se explica desde la necesaria praxis social posibilitadora de nuevas perspectivas de acción de la especie humana y formas alternativas de interpretar educativamente nuestra relación con el medio ambiente. Un planteamiento que integra conocimiento, pensamiento y acción, y que sitúa en los ámbitos locales como lugar privilegiado para la acción educativa (Santos, 2009; Aznar, 2002), buscando promover, desde un sentido crítico, el análisis de las realidades ambientales, sociales, económicas, y políticas, incluso, que envuelven a las personas, buscando promulgar un itinerario discursivo destinado a producir cambios globales desde los ámbitos locales; es decir, respuestas múltiples a las contradicciones de los modelos de desarrollo vigentes (Gutierrez y Pozo, 2006).

Es la etapa de educar para el desarrollo sostenible. Una etapa en la que el medio ambiente es analizado desde una doble perspectiva: económica, en relación con el concepto de desarrollo, y comportamental-actitudinal, en conexión con la sustentabilidad. Para ello, se necesita de dos estrategias: una económica y otra educativa; esta última, en cuanto que propone "… una nueva forma de pensar a través de unos contenidos éticos específicos" (Colom, 1998, p.37).

### 4. 3. El papel de lo otro en la Educacíon Ambiental desde los postulados éticos

El tiempo avanza y, aún hoy, por muchos esfuerzos y planteamientos novedosos que se han ido proponiendo, a la Educación Ambiental le sigue costando superar la disociación tradicional del ser humano respecto de lo otro. En el debate actual sobre Educación Ambiental los enfoques predominantes hasta ahora, de corte político, económico o social, son insuficientes para acoger los argumentos de unos y otros a propósito de los modos y formas de convivencia y relación entre el sujeto y su medio. Parte de los planteamientos siguen reduciendo su ámbito de actuación a la mejora de la relación del sujeto respecto del medio ambiente, apoyándose en una concepción reduccionista de éste.

La raíz de la exigencia de una Educación Ambiental depende de una corrección de la perspectiva desde la que se considera la propia condición humana respecto de lo otro, que venía siendo planteada dentro de la confrontación entre naturaleza y cultura. Junto a una Educación Ambiental apoyada sólo en conocimientos y valores, en procedimientos y actitudes, hemos de plantear postulados teóricos que reformulen la acción educativo-ambiental, dando paso a la trama comunicacional que se establece entre sujeto y medio ambiente, a la necesaria interdependencia que existe entre ambos.

La Educación Ambiental, apoyada en los planteamientos de la Ética Ecológica anteriormente mencionados, debe entrelazar la educación y la cultura, lo físico y lo social, superando una concepción de desarrollo meramente económico, recreando una nueva epistemología basada en la interrelación, superadora de la razón disociatoria, y promulgadora de un humanismo de pertenencia al mundo de la vida, con base en el principio de responsabilidad (Jonas, 1995). La Educación Ambiental necesita de la Ética Ecológica para trascender la concepción restringida de lo que ha venido siendo una Ética medio-ambiental, superando así la razón instrumental, orientada a un humanismo disociado de la naturaleza.

Expresado en otros términos, presentamos la Educción Ambiental desde una concepción ética y crítica y, en cuanto que discurso teórico de lo educativo-ambiental, como aquel ámbito de conocimiento que ha de deliberar sobre los aspectos insostenibles de la cultura y el estilo de desarrollo vigente, justificando la educación ambiental desde el principio de interdependencia de toda forma de biodiversidad; es decir, considerando a los seres humanos insertos en esa biodiversidad interdependiente, concibiendo que entre el sujeto y lo otro existen tramas de interdependencia vital.

Por esta vía, la sostenibilidad se ha ido transformando en un asunto pedagógico y el fomento de actitudes biorresponsables se convierte en objetivo de la reflexión teórica sobre la educación ambiental, porque constituye un principio moral, un momento particular e ineludible en el proceso de humanización y construcción de las identidades personales y colectivas. Indagar en la sostenibilidad desde el terreno de la educación obliga a identificar las redes de interdependencia entre todos los elementos implicados, principalmente el sujeto y lo otro, en cuanto que elementos clave.

El medio ambiente puede y debe ser considerado como algo integrado por aspectos tanto biológicos como culturales, sociales y económicos, políticos y ecológicos, en nada extraño en muchos de los planteamientos educativos actuales. Ahora bien, el cambio no vendría en el sentido de interpretar las tramas relacionales de esos factores o componentes del medio sino, más bien, en otorgar a la educación el papel de catalizador de esos factores. No debemos quedarnos sólo en los debates que se pueden establecer entre ecología y economía o biología y cultura, sino obtener el beneficio que pueden aportarnos esos factores en una explicación educativa.

No se trata de situarnos en orientaciones cercanas a un antropocentrismo fuerte, donde los intereses y necesidades del ser humano se consideran incuestionables, porque la especie humana funciona como determinante del valor, cuyo correlato educativo se correspondería con una interpretación de la educación y de los procesos educativos en términos de individualismo. Nos posicionamos desde un antropocentrismo débil, "sabio" a decir de otros (Sosa, 1989; Norton, 1984), en el que el interés humano se pondera en el conjunto de una visión más global, justificada y abierta del medio, una visión básicamente social, dando así cabida al medio y a la dimensión espacial constitutiva del ser humano como elementos a considerar en los procesos educativo-ambientales. La pertenencia humana a la trama de la vida proporciona el criterio para superar la perspectiva de responsabilidad respecto del medio, "ecología periférica", hasta llegar a la "ecología profunda" (Ferry, 1992), donde advertimos que tanto las personas individuales como las sociedades están inmersas y acopladas a los procesos cíclicos de la vida (García y Muñoz, 2009).

El eje sobre el que gravita esta reflexión se halla en el concepto de interdependencia. Una interdependencia que viene justificada por un humanismo de pertenencia al mundo de la vida del que hemos hablado anteriormente, que ayuda a la persona en su relación con lo otro, a sentirse como en casa y, en consecuencia, a adquirir ciertos hábitos de conducta que mejorarán las interrelaciones con él. "Cuando esa síntesis es percibida, el proceso de alineación va cediendo lugar al proceso de integración y de comprensión, y el individuo recupera la parte de su ser que parecía perdida" (Santos, 2000, p. 280). No tenemos más que observar que muchas de las manifestaciones emocionales que expresan los sujetos respecto de los otros y, principalmente, de lo otro – miedo, asco, agresividad, respeto, etc. – son producto de la interrelación que se mantiene entre ambos protagonistas: sujeto-medio; dicho de otro modo, si una persona asume una conducta de respeto y empatía hacia su entorno inmediato es en respuesta a los inductores situacionales del propio medio de referencia, cuyos estímulos son competentes y le permiten reconocerse en él.

De esta forma podremos pasar de entender la vida de las personas dentro del medio a una concepción del medio como vida para las personas (Ramírez,

1999). La multiplicidad de las dimensiones semántico-educativas se extiende más allá del medio físico, con el objetivo de alcanzar un semema global del mismo, traducible en términos de lenguaje educativo (Muñoz, 2005). El medio ambiente y las experiencias que provoca no son procesos aislados sino que se relacionan con otros procesos sociales, formando parte de una lógica común de relación y comunicación que puede ayudar a la convivencia de ambos sistemas.

> La comunicación es un intercambio de mensajes, de información, un diálogo del hombre consigo mismo y con su mundo. Su mundo son los demás hombres, las instituciones, los valores... y también su entorno. La comunicación es un proceso de interacción (...). Cabría entender esa comunicación en términos de percepción, es decir, de disponibilidad y capacidad para ver y sentir... El medio siempre responde. (Sosa, 2000, pp. 319-320)

## 5. A modo de conclusión

Tras el planteamiento efectuado nos encontramos ante un auténtico proceso de socialización divergente: por una parte, vivimos en unas sociedades pluralistas, en las que distintos grupos sociales, con potentes medios de comunicación a su servicio, defienden modelos contrapuestos de educación, en los que se da prioridad a valores distintos cuando no contradictorios; por otra parte, la aceptación de la diversidad biológica y humana propia de unas sociedades multiculturales y necesitadas de sostenibilidad nos fuerzan a replantearnos los modelos de educación dentro y fuera de la escuela (Esteve, 2003).

A nuestro juicio, la respuesta a esta situación de pluralidad, sostenibilidad y cambio social, no parece consistir, como se propone desde ciertos paradigmas epistemológicos y éticos, en re-conquistar una sociedad y patrones educativos con grandes valores, universalmente aceptados, que sustenten un modelo educativo que de nuevo instruya a la sociedad en dichos valores considerados absolutos y universales. Hasta hace bien poco todo proyecto de vida se cifraba en leer ésta desde una perspectiva lineal y de dominancia tanto de la especie humana sobre el resto de especies, como de la cultura dominante sobre el resto de culturas. Esto lógicamente dista mucho de la nueva forma de entender las relaciones que en este trabajo hemos visto que nos proponen la ética de procedimientos, la ética de alteridad y la ética de lo incierto.

El siglo XXI, a través de la interculturalidad y el desarrollo de una cultura sostenible, tendrá que ser el siglo del desarrollo de la responsabilidad y de la necesaria deliberación ética. En este trabajo hemos observado cómo la corresponsabilidad y la solidaridad son dos cuestiones éticas ineludibles si queremos dar respuesta a los retos que plantean el desarrollo sostenible y la sociedad multicultural. El llamamiento ético a la responsabilidad y solidaridad para con los otros y con lo otro deviene de una ética de la alteridad, en la que el yo descubre que para un mundo de vida feliz no puede enrocarse sobre sí mismo, sino que el mundo de la vida requiere de una convivencia armónica con los otros y con lo otro. Esa búsqueda de un modo relación menos dominadora con lo otro y con los otros es la que despiertan la ética de la alteridad (donde el subjetivismo deja paso al cuidado por el otro), *la ética de los procedimientos* (donde la imposición moral deja paso al diálogo y el entendimiento) *y la ética de lo incierto* (donde no todo queda preestablecido por el yo).

La Pedagogía, en la medida en la que se entiende como pensamiento crítico, afronta la deliberación acerca de cómo dar una respuesta ética y educativa sobre los aspectos de la relación con los otros (interculturalidad) y con lo otro (cultura sostenible). La justificación de la sostenibilidad y la interculturalidad puede ser real y plena si se funda en la interdependencia de toda forma cultural y de biodiversidad, es decir, si los seres humanos se consideran insertos en esa biodiversidad y mestizaje cultural del que forman parte, con el que mantienen relación de interdependencia y por el que han de responder de/con los otros y de/con lo otro. Por esta vía, la interculturalidad y la sostenibilidad se transforman en asunto de educación moral. El fomento de actitudes de acogida, cuidado y diálogo con el otro y de comportamientos biorresponsables se convierten en objetivos de la educación moral, por cuanto multiculturalidad y sostenibilidad son cualidades que de manera ineludible caracterizan las relaciones, y por cuanto ambas definen un espacio de relaciones morales en el que se ha de forjar los procesos de construcción de las identidades personales y colectivas en su relación con los otros y con lo otro.

## Referencias Bibliográficas

Arteta, A. (1997). *La compasión. Apología de una virtud bajo sospecha.* Barcelona: Paidós.

Aznar, P. (2002). La escuela y el desarrollo humano sostenible: retos educativos a nivel local. *Teoría de la Educación. Revista Interuniversitaria*, 14, 151-183.

Babera, G. (2004). El Hombre como relación: una opción antropológica. *Revista de Educación*, 24, 157-164.

Bárcena, F. y Mèlich, J. C. (2000). *La educación como acontecimiento ético.* Barcelona: Paidós.

Barman, Z. (2002). *La ambivalencia de la modernidad y otras conversaciones.* Barcelona: Paidós.

Bernal, A. (2003). La construcción de la identidad personal como proyecto de educación moral. Supuestos teóricos y delimitación conceptual. *Teoría de la Educación. Revista Interuniversitaria*, 15, 129-160.

Buxarráis, M. R. (2006). Por una ética de la compasión en educación. *Teoría de la Educación. Revista Interuniversitaria*, 18, 201-227.

Colom, A. J. y Sureda, J. (1981). *Hacia una teoría del medio educativo. (Bases para una pedagogía ambiental).* Palma de Mallorca: Servicio de Publicaciones Universidad de Palma de Mallorca.

Colom, A. J. (1998). El desarrollo sostenible y la educación para el desarrollo. *Pedagogía Social. Revista Interuniversitaria*, 2, 31-50.

Cortina, A. (1997). *Ciudadanos del mundo. Hacia una teoría de la ciudadanía.* Madrid: Alianza Editorial.

Escámez, J. (2003). Pensar y hacer hoy educación moral. *Teoría de la Educación. Revista Interuniversitaria,* 15, 21-31.

Esteve, J. M. (2003). *La tercera revolución educativa.* Barcelona, Paidós.

Ferry, L. (1992). La ecología profunda. *Vuelta,* 192, 31.43.

Finkielkraut, A. (1999). *La sabiduría del amor.* Barcelona, Gedisa.

Freire, P. (1997). *Pedagogía de la autonomía.* Madrid, Siglo XXI.

García, J. (1990). Educación y Ambiente. El medio educativo. En N. M. Sosa (coord.). *Educación Ambiental. Sujeto, entorno, sistema* (pp. 95-122). Salamanca: Amarú.

---------- (2001). *Introducción a la filosofía de Levinas.* Pamplona: Universidad de Navarra.

---------- (2007). *Leer en la cara y en el mundo.* Barcelona: Herder.

García, J y Muñoz, J. M. (2009). Antropología y Educación. El ser humano como producto de la evolución y su pertenencia al mundo de la vida en el 150 aniversario de la obra de Darwin y en el 200 aniversario de su nacimiento, *Bordon. Revista de Pedagogía,* 61/3, 59-72.

Geertz, C. (1996). *Los usos de la diversidad.* Barcelona, Paidós.

Gilligan, C. (2003). *El nacimiento del placer. Una nueva geografía del amor.* Barcelona, Paidós.

Gimeno, J. (2001). *Educar y convivir en la cultura global.* Madrid, Morata.

González, E. (2002). Educación Ambiental para la biodiversidad: reflexiones sobre conceptos y prácticas. *Tópicos en Educación Ambiental,* 4(11), 76-85.

Gutierrez, J. y Pozo, M. T. (2006). Modelos teóricos contemporáneos y marcos de fundamentación de la educación ambiental para el desarrollo sostenible. *Revista Iberoamericana de Educación,* 41, 21-68.

Innerarity, D. (2008). *Ética de la hospitalidad.* Madrid: Quinteto.

Jonas, H. (1995). *El principio de responsabilidad. Ensayo de una ética para la civilización tecnológica.* Barcelona: Herder.

Larrosa, J. (2001). *Habitantes de Babel: Políticas y poéticas de la diferencia.* Barcelona: Laertes.

Levinas, E. (1987). *De otro modo que ser, o más allá de la esencia.* Salamanca: Sígueme.

Martínez, M.; Puig, J. M. y Trilla, J. (2003) Escuela profesorado y educación moral. *Teoría de la educación. Revista Interuniversitaria,* 15, 57-94.

Mèlich, J. C. (2001). *La ausencia de testimonio. Ética y pedagogía de los relatos del Holocausto.* Barcelona: Anthropos.

---------- (2003). La sabiduría de lo incierto. Sobre ética y educación desde un punto de vista literario. *Educar,* 31, 33-45.

Morin, E. (2006). *El Método. Etica.* Madrid, Cátedra.

Muñoz, J. M. (2005). El lenguaje de los espacios: Interpretación en términos de educación. *Teoría de la Educación. Revista Interuniversitaria,* 17, 209-226.

Naranjo, C. (2004). *Cambiar la educación para cambiar el mundo.* Vitoria: La Llave.

Novo, M. (1995). *La educación Ambiental. Bases éticas, conceptuales y metodológicas.* Madrid: Universitas.

Norton, B. (1984). Environmental Ethics and weak anthropocentrism. *Environmental Ethics,* 6, 131-148.

Ortega, P. y Mínguez, R. (1999). The Role of Compasion in Moral Education. *Journal of Moral Education,* 28, 5-17.

------------ (2005). La educación moral, ayer y hoy. *Revista Galega do Ensino,* 46, 863-885.

Pérez, A. I. (1998). *La cultura escolar en la sociedad neoliberal.* Madrid: Morata.

Peters, R. (1977). *Filosofía de la Educación.* México D.F: Fondo de cultura económica.

Puig, J. M. (1996). *La construcción de la personalidad moral.* Barcelona: Paidós.

Rorty, R. (1996). *Objetividad, Relativismo y Verdad.* Barcelona: Paidós.

Santos, M. (2000). *La naturaleza del espacio. Técnica y tiempo. Razón y emoción.* Barcelona: Ariel.

Santos, M. A. (2009). Migraciones, sostenibilidad y educación. *Revista de Educación, n.º extra,* 123-145.

Sosa, N. M. (1989). La ética en la Educación Ambiental. In N. M. Sosa (coord.), *Educación Ambiental. Sujeto, Entorno, Sistema* (pp. 140-163). Salamanca: Amarú.

---------- (1990). *Ética Ecológica. Necesidad, posibilidad, justificación y debate.* Madrid: Libertarias.

---------- (1997). El análisis interdisciplinar y la problemática medio-ambiental: perspectiva ética, en M. Novo, y R. Lara (coords.), *El análisis interdisciplinar de la problemática medio-ambiental, I.* Madrid: Fundación Universidad-Empresa.

---------- (2000). Ética Ecológica: entre la falacia y el reduccionismo. *Laguna. Revista de Filosofía,* VI, 318/320, 307-327

Sureda, J. y Colom, A. J. (1989). *Pedagogía Ambiental.* Barcelona: CEAC.

Van Manen, M. (1998). *El tacto en la enseñanza. El significado de la sensibilidad pedagógica.* Barcelona: Paidós.

Zambrano, M. (1996) *Horizonte del liberalismo.* Madrid: Morata.

www.ingramcontent.com/pod-product-compliance
Lightning Source LLC
Chambersburg PA
CBHW061726270326
41928CB00011B/2124